教育部 财政部职业院校教师素质提高计划职教师资培养资源开发项目
“会计学”专业职教师资培养资源开发(VTNE073)
21 世纪全国高等院校财经管理系列实用规划教材

成本会计实务

总主编　潘林芝
主　编　刘斌红　金高军　贾明月

北京大学出版社
PEKING UNIVERSITY PRESS

内 容 简 介

本书以制造业成本核算为主线，注重理论与实务相结合，重点阐述了企业成本会计的基础工作、成本核算的一般程序、生产费用的归集和分配过程、成本报表分析等，介绍了产品成本计算的基本方法和辅助方法，以及标准成本制度和作业成本法。全书贯穿“任务驱动”下的项目教学理念和基于企业模拟情境的角色仿真教学形式，从情境引例、知识准备、业务操作、知识拓展四个方面展开项目教学内容，使学生在完成一个个情境教学任务的过程中，达到理论知识学习和成本核算技能训练的教学目标。

本书既可作为高等院校会计专业及经管类专业的教材或教学参考书，也可作为有关理论研究工作者、企业管理者和营销人员的参考读物。

图书在版编目 (CIP) 数据

成本会计实务 / 刘斌红，金高军，贾明月主编．—北京：北京大学出版社，2017.7
（21世纪全国高等院校财经管理系列实用规划教材）
ISBN 978-7-301-28450-6

Ⅰ．①成…　Ⅱ．①刘…　②金…　③贾…　Ⅲ．①成本会计—高等学校—教材　Ⅳ．① F234.2

中国版本图书馆 CIP 数据核字 (2017) 第 144139 号

书　　名　成本会计实务
CHENGBEN KUAIJI SHIWU
著作责任者　刘斌红　金高军　贾明月　主编
策划编辑　王显超
责任编辑　李瑞芳
标准书号　ISBN 978-7-301-28450-6
出版发行　北京大学出版社
地　　址　北京市海淀区成府路 205 号　100871
网　　址　http://www.pup.cn　新浪微博：@ 北京大学出版社
电子信箱　pup_6@163.com
电　　话　邮购部 62752015　发行部 62750672　编辑部 62750667
印 刷 者　北京鑫海金澳胶印有限公司
经 销 者　新华书店
787 毫米 ×1092 毫米　16 开本　14.25 印张　336 千字
2017 年 7 月第 1 版　2017 年 7 月第 1 次印刷
定　　价　32.00 元

教育部 财政部

职业院校教师素质提高计划成果系列丛书

项目牵头单位：浙江师范大学

项 目 负 责 人：潘林芝

出 版 说 明

《国家中长期教育改革和发展规划纲要(2010—2020年)》颁布实施以来，我国职业教育进入到加快构建现代职业教育体系、全面提高技能型人才培养质量的新阶段。加快发展现代职业教育，实现职业教育改革发展新跨越，对职业学校“双师型”教师队伍建设提出了更高的要求。为此，教育部明确提出，要以推动教师专业化为引领，以加强“双师型”教师队伍建设为重点，以创新制度和机制为动力，以完善培养培训体系为保障，以实施素质提高计划为抓手，统筹规划，突出重点，改革创新，狠抓落实，切实提升职业院校教师队伍整体素质和建设水平，加快建成一支师德高尚、素质优良、技艺精湛、结构合理、专兼结合的高素质专业化的“双师型”教师队伍，为建设具有中国特色、世界水平的现代职业教育体系提供强有力的师资保障。

目前，我国共有60余所高校正在开展职教师资培养，但由于教师培养标准的缺失和培养课程资源的匮乏，制约了“双师型”教师培养质量的提高。为完善教师培养标准和课程体系，教育部、财政部在“职业院校教师素质提高计划”框架内专门设置了职教师资培养资源开发项目，中央财政划拨1.5亿元，系统开发用于本科专业职教师资培养标准、培养方案、核心课程和特色教材等系列资源。其中，包括88个专业项目，12个资格考试制度开发等公共项目。该项目由42家开设职业技术师范专业的高等学校牵头，组织近千家科研院所、职业学校、行业企业共同研发，一大批专家学者、优秀校长、一线教师、企业工程技术人员参与其中。

经过三年的努力，培养资源开发项目取得了丰硕成果。一是开发了中等职业学校88个专业(类)职教师资本科培养资源项目，内容包括专业教师标准、专业教师培养标准、评价方案，以及一系列专业课程大纲、主干课程教材及数字化资源；二是取得了6项公共基础研究成果，内容包括职教师资培养模式、国际职教师资培养、教育理论课程、质量保障体系、教学资源中心建设和学习平台开发等；三是完成了18个专业大类职教师资资格标准及认证考试标准开发。上述成果，共计800多本正式出版物。总体来说，培养资源开发项目实现了高效益：形成了一大批资源，填补了相关标准和资源的空白；凝聚了一支研发队伍，强化了教师培养的“校—企—校”协同；引领了一批高校的教学改革，带动了“双师型”教师的专业化培养。职教师资培养资源开发项目是支撑专业化培养的一项系统化、基础性工程，是加强职教教师培养培训一体化建设的关键环节，也是对职教师资培养培训基地教师专业化培养实践、教师教育研究能力的系统检阅。

自2013年项目立项开题以来，各项目承担单位、项目负责人及全体开发人员做了大量深入细致的工作，结合职教教师培养实践，研发出很多填补空白、体现科学性和前瞻性的成果，有力推进了“双师型”教师专门化培养向更深层次发展。同时，专家指导委员会的各位专家以及项目管理办公室的各位同志，克服了许多困难，按照教育部、财政部对项目开发工作的总体要求，为实施项目管理、研发、检查等投入了大量时间和心血，也为各个项目提供了专业的咨询和指导，有力地保障了项目实施和成果质量。在此，我们一并表示衷心的感谢。

编写委员会

2016 年 3 月

前　言

根据《教育部 财政部关于实施职业院校教师素质提高计划的意见》（教职成〔2011〕14号），“十二五”期间，中央财政安排专项资金，重点建设职教师资培养培训基地，开发职教师资本科专业的培养标准、培养方案、核心课程和特色教材（以下简称“本科专业职教师资培养资源开发项目”），具体包括88个专业项目和12个公共项目。通过开发，在大量实证调研基础上形成系列成果，这对职教师资培养工作的科学化、规范化、特色化，完善职教师资培养体系具有重要意义。

按照项目实施办法，专业项目要取得四部分成果：一是该专业的教师标准；二是该专业的培养标准；三是该专业的人才培养质量评价方案；四是至少五本该专业师资培养的核心课程教材及数字化资源。

“成本会计实务”课程资源建设是本项目的核心成果之一。本书的编写遵循高等职业教育人才培养目标和职教师资培养模式改革的重点，突出专业性、职业性和师范性。围绕形成师范生的“专业实践能力”和“专业问题的解决能力”进行开发。成本核算是中小企业会计活动的重要内容，本书将企业成本核算的内容以任务驱动的形式进行编排，使学生了解成本核算的基本理论、相关成本开支制度规定，理解成本核算的基本步骤，掌握费用归集和分配的基本方法，熟练掌握各成本费用明细账及分配表的填制。教材编写的指导思想是突出任务驱动，以情境教学为背景，强调实践性和动手能力。改变以往教材中过于注重理论的现状，突出成本核算的操作性，并力求通俗易懂，关注和培养学生的学习兴趣，并适应不同地区对成本核算的要求，使学生扎实掌握成本会计实务基础内容，提高性内容以拓展形式展示。

全书分为六个项目，项目一“成本核算认知”，从成本与费用区别到成本核算基本要求及主要账户设置流程进行解析，让学生对成本核算有基本的理解。项目二“品种法产品成本核算”、项目三“分批法产品成本核算”、项目四“分步法产品成本核算”分别介绍了企业产品成本核算中三种基本成本核算方法的核算流程及应用。由于品种法是最基本的核算方法，故内容安排上按照企业产品成本核算工作任务流程，从基本的料、工、费成本项目入手进行核算讲解，再到综合性费用的归集与分配，最后分配计算完工产品与月末在产品成本的完整过程。分批法与分步法也按工作任务流程安排，但着重讲解与品种法核算的不同之处。项目五和项目六介绍了作业成本法、标准成本法，是当前国外企业普遍应用的成本核算的辅助方法。教材中的每一个项目首先明确职业能力目标，从专业能力、教学能力、社会能力三个方面进行说明。接着明确每一个项目的工作任务分析。在每一个子项目中，由情境引入相关的核算内容，根据核算所需的知识展开讲解，做好知识准备，再根据情境引例相关内容进行业务操作的讲解，以培养学生实际核算技能。对于每一个项目中超出课堂教学基本要求的内容，以拓展阅读的形式放在最后，作为学生课外的兴趣培养。最后由小结来汇总每一个项目的重点和难点内容。

本书总体上体现了知识目标、能力目标、素质目标的统一。具体有四个特色：一是采用任务驱动模式，按照工作任务流程导向编排。以案例的形式引出任务，引发学生思考，让学生带着任务听课。二是教材中体现实践教学环节，教学内容的设计以真实的成本核算工作任务及其工作过程为依据，先单项实训、后综合实训；综合实践教学和模拟对抗软件教学作为该课程的后续环节，充分体现职业岗位的要求，先低级岗位、后高级岗位。三是通过完成渐进复杂的工作任务，不仅能提高学生的专业能力、团队合作与交流沟通能力，而且能培养学生获取信息、分析和解决问题的能力。四是教材体系中的课外实践教学环节让学生走出校门到工厂、到车间、到真实的工艺环境和会计工作环境中，在企业、车间师傅和会计老师的指导下开展实训，实现教、学、做的有机结合，以及理论与实践的一体化。

本书的编写者都是长期从事成本会计教学的一线专业教师，具有多年的教学经验。在共同讨论、反复研究的基础上设计了全书的内容框架，又到企业进行了多次调研，针对企业成本会计实务中的主要内容调整了教材框架。在写作过程中大量查阅了中外各种版本的成本会计教材，精心组织各项目的内容。

在本书的编写过程中得到了财经商贸类专家指导小组郭杰忠教授、石伟平教授、夏金星教授、刘君义教授、王继平教授、师慧丽老师的悉心指导和热忱帮助。三年多来，专家们渊博的职业知识、循循善诱的职业素养、诲人不倦的职业精神，指导和激励我们完成项目开发的每一个工作。可以说，项目的每一个进展，都凝聚着专家们的心血，在此向他们致以诚挚的感谢。

本书由潘林芝总体设计，刘斌红、金高军、贾明月主要负责编写。其中，刘斌红编写项目一、项目二（部分）、项目五、项目六；金高军编写项目二（部分）、项目三、项目四，贾明月编写项目二的成本报表部分。同时也得到了教材研发组成员张晖、罗素清等的支持，以及尖峰集团原财务总监付志坚，安泰会计师事务所的夏祖兴所长大力支持。

本书在编写过程中参阅了相关文献资料，得到了有关领导、专家的支持，在此一并表示感谢！

编　者

2016 年 6 月

目　录

项目一

成本核算认知

职业能力目标

- **专业能力**
  - 能区分成本与费用的不同内涵
  - 理解企业成本核算工作流程及基本核算任务
  - 掌握成本核算过程中费用界限划分标准
  - 掌握成本核算所运用的基本账户
  - 培养学生对成本核算基本知识的认识
- **教学能力**
  - 熟悉成本核算认知的相关内容
  - 结合专业知识和学习情况对成本核算认知进行教学设计
  - 营造良好的教学氛围、创设情境进行教学实施
  - 选择恰当的方式进行教学评价
- **社会能力**
  - 能根据企业生产情况进行费用与成本的区分
  - 能结合企业实际情况进行基本成本核算岗位设置
  - 结合企业成本核算过程理解费用界限划分的必要性
  - 根据企业的规模和管理要求确定成本项目

工作任务分析

- 了解成本核算的任务
- 熟悉成本费用的划分

- 熟悉成本核算岗位设置及任务分工
- 理解成本核算流程及基本核算账户

1.1 成本与费用

引例

学生在学校读书期间，都有哪些开支？主要有学费开支、伙食费开支、日常生活用品开支、交通费开支、通信费开支等。虽然在同一所学校读书，但每位同学每个月或每个学期的开支是有差异的，为什么？这些问题在企业经营中也同样存在。生产产品需要耗用材料、人工、水电费等，不同企业生产耗费的项目和水平是有差异的，如何准确合理核算产品成本？人们常说的成本与费用是否是同一含义？企业核算成本需经过哪些岗位，每个岗位的核算内容及核算要求有哪些？本项目以制造型企业为例对以上问题进行分析解答。制造型企业主要生产经营活动的基本流程如图 1－1 所示。

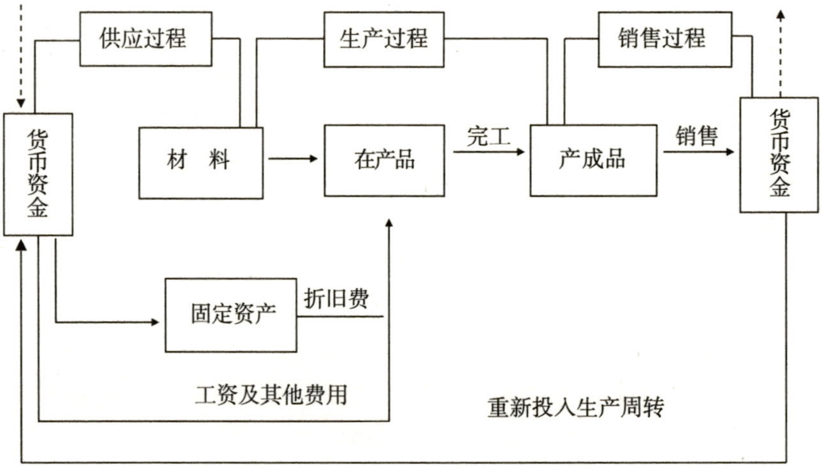

图 1－1　制造型企业生产经营流程

知识准备

一、成本与费用区分

平时我们经常听到成本、费用两个术语，它们是同一个概念吗？在企业日常使用中，二者常常不加以区分，即两个词是通用的。但是从专业角度来说，成本与费用是两个既有紧密联系又有一定区别的概念。正确区分成本与费用是学习成本核算的重要前提。

不同的行业成本的构成有所不同，但是成本的经济内容归纳起来有两个共同点：一是成本的形成是以某种目标为对象的，最终成本都应归属于某个对象来承担；二是成本是为实现一定的目标而发生的耗费，没有目标的支出是一种损失，不能叫作成本。

费用是指企业在获取当期收入的过程中，对企业所拥有或控制的资产的耗费，是会计期间与收入相配比的支出。成本是指生产某种产品、完成某个项目或者做成某件事情所花费的代价，也即发生在某个对象上的耗费总和，是对象化的费用。所以费用一般与某一期间联系，经常表述为“一个年度的费用”“一个月的费用”等，而成本一般与特定产品或项目联系，经常表述为“甲产品的成本”“乙产品的成本”等。费用与成本的关系如图1－2所示。

思考：一定期间的所有费用最后都会对象化为成本吗?

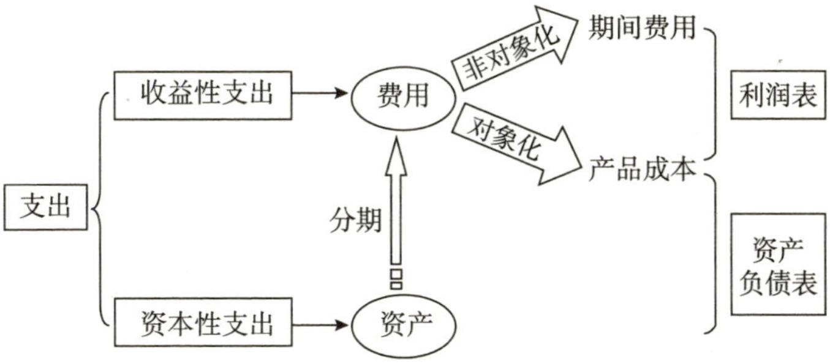

图1－2　支出费用与成本的关系

二、企业成本核算岗位设置及核算要求

（一）成本核算岗位设置

企业成本核算岗位应根据企业生产经营实际情况来设置，规模大、生产情况复杂的企业可以按核算内容完整设置岗位，一人一岗。规模小业务简单的企业可以将相关岗位合并设置，可以一人多岗。一般情况下，企业的成本核算岗位及工作任务见表1－1，但根据企业实际情况，在具体设置时可以进行合并。

表1－1　企业成本核算岗位及工作任务

岗位一	职责：材料核算	
	工作任务	根据物资科领用材料明细表编制当月领用材料汇总表
		根据汇总表进行领用材料的账务处理
		负责财务与仓库各种材料账的对账工作
		组织材料盘点工作，督促相关部门执行
		针对材料盘点工作结果，提出书面报告，报领导审批
岗位二	职责：职工薪酬核算	
	工作任务	按成本项目、部门归集工资、奖金及加班费，进行分配并进行账务处理
		提取公积金并进行账务处理
		提取职工住房补贴并进行账务处理
		提取工会经费并进行账务处理
		搜集工资情况资料、分析工资情况，形成工资支付情况报告

续表

岗位三	职责：制造费用核算	
	工作任务	归集各生产车间的共同性费用
		选择制造费用分配的标准，并收集分配标准数据
		审核无误后，对制造费用进行分配，并完成账务处理
		分析制造费用计划完成情况
岗位四	职责：辅助生产费用核算	
	工作任务	按辅助生产车间归集各车间发生的费用
		根据辅助生产费用性质选择确定分配方法
		负责收集分配依据相关数据
		编制辅助生产费用分配表
		完成账务处理
岗位五	职责：生产损失核算	
	工作任务	负责可修复废品生产费用的归集
		负责不可修复废品生产成本的分离核算
		编制生产损失成本计算表
岗位六	职责：生产费用分配核算	
	工作任务	进行在产品数量核算
		根据材料、人工等分配表进行生产成本表的登记
		进行完工产品成本与月末在产品成本的分配
		进行完工产品入库账务处理
岗位七	职责：产品成本核算	
	工作任务	确定本企业各产品成本计算方法
		根据选定的成本计算方法进行产品成本核算
		登记生产成本明细账
岗位八	职责：成本报表编制	
	工作任务	编制主要产品单位成本计算表
		编制全部产品成本计算表
		编制管理费用、销售费用、财务费用明细表
		编制产品成本与预算比较表
岗位九	职责：成本分析	
	工作任务	进行本期与上期成本资料分析
		进行本期实际与计划成本分析
		进行可比产品成本比较分析

（二）成本核算基本要求

1. 算管结合、算为管用

成本核算应当与企业经营管理相结合，成本核算的信息要满足企业经营管理和决策的需要。因为成本核算的结果是管理的依据，核算什么要取决于管理的需要，所以成本核算方法也是应管理需要而产生和发展的。

2. 正确划分各种费用界限

1）正确划分收益性支出与资本性支出的界限

资本性支出是指受益期超过一年或一个营业周期的支出，如企业为取得固定资产、无形资产等而发生的支出。资本性支出应先计入资产账户，然后在其使用期内，通过折旧摊销等形式逐步分摊转作费用。收益性支出指各受益期不超过一年或一个营业周期的支出，如企业的工资支出、机器设备日常维护保养支出、保险费用支出等。收益支出全部列作当期的成本、费用，与当期的营业收入相配比，故也称作营业内支出。营业外支出是指与企业生产经营无关的其他支出，如非常损失。处理固定资产损失等支出与生产经营有关，所以不能作为企业的成本或费用。该项界限的划分，明确了成本核算范畴。

如果混淆这一界限将会对成本核算产生什么影响?

如美国世通公司财务舞弊案，故意将巨额的收益性支出划入资本性支出，从而使得账面上本期费用大幅下降，长期资产虚增，本期盈利虚增，掩盖了巨额亏损的真相。

2）正确划分生产成本和期间费用的界限

产品生产成本是指企业为制造产品在生产过程中所消耗的直接材料、直接人工和制造费用。期间费用是指在会计期间内为企业提供一定生产条件，以保持产品产销能力所发生的费用，如管理费用、财务费用、销售费用等。期间费用全部由当期产品销售利润项目扣除，而不计入产品成本。凡属于生产成本的，发生时应该记入“生产成本”账户，产品完工后再转入“库存商品”账户。销售后再转入“主营业务成本”账户，期末结转“本年利润”账户。凡在非生产领域中发生的管理费用、销售费用和财务费用都属于期间费用，处理方法比较简单，在期末一次全部转入“本年利润”账户，一次冲减当期损益。

3）正确划分各个月份的费用界限

根据分期原则，为了及时反映和考核费用开支情况，需要定期分月进行成本计算。根据权责发生制原则，发生的费用应该按受益原则分配到有关的月份中去。

4）正确划分不同产品的成本界限

如果企业只是生产一种产品，那么全部生产成本就是这种产品的成本。但一般的企业都不止生产一种产品，这就需要把全部生产成本在几种产品之间进行分配，凡能分清应由哪种产品负担的费用，应直接计入该种产品的成本。凡由几种产品共同负担的费用，则要采用恰当的标准(根据谁受益谁负担的原则)进行分配，最终把各种产品的成本计算出来。

5）正确划分完工产品与在产品成本的界限

每月生产的某种产品如果月末全部完工，则其成本全部为产成品成本；如果这种产品全部未完工，则其成本全部为在产品成本。但通常情况下，往往是既有产成品，又有在产品，这就需要把总的产品成本在产成品和在产品之间进行分配。

成本、费用、支出之间的关系如图 1 -3 所示。

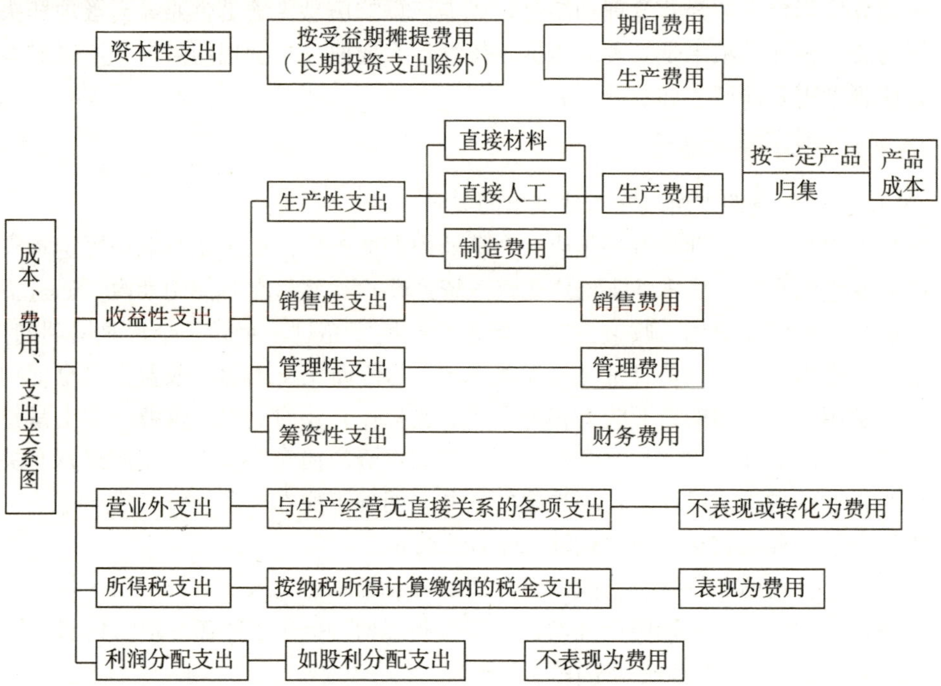

图 1 -3　成本、费用、支出之间的关系

（三）正确确定财产物资的计价和价值结转的方法

财产物资计价正确与否会影响其计入产品成本或期间费用的数额，如固定资产原值项目、原材料成本组成等。价值结转方法会对不同会计期间的成本、费用产生影响，如折旧计算方法、材料发出计价方法等。

（四）做好各项基础工作

成本核算基础工作是指企业进行成本核算时，对基本资料收集所进行的各种活动，为企业产品成本核算提供必要的数据资料。

（1）做好定额的制定和修订工作。

（2）建立和健全材料物资的计量、收发、领退和盘点制度。

（3）建立和健全原始记录工作。

（五）选择适当的成本计算方法

企业生产组织方式和生产类型不同，所用的成本计算方法也有所不同。应该根据具体的经营组织方式选择适当的成本计算方法，如品种法、分批法、分步法等，才能为成本管理提供有用的成本信息。

1. 品种法

（1）定义：以产品品种作为成本计算对象，计算产品单位成本和总成本的一种成本计算方法。

（2）成本对象：品种法的成本计算对象为产品品种。实际工作中，可以将品种法之下的成本对象变通应用为产品类别、产品品种和产品品种规格。

（3）计算方法及要点：品种法在实际工作中的应用要点为，以“品种”为对象开设生产成本明细账、成本计算单；成本计算期一般采用“会计期间”；以“品种”为对象归集和分配费用；以“品种”为主要对象进行成本分析。

（4）适用范围：品种法适合于大批大量、单步骤生产的企业，如发电、采掘业。也适用于管理上不要求分步计算成本的多步骤生产企业，如只要求考核最终产品的企业。

2. 分批法

（1）定义：以产品批别作为成本计算对象的一种成本计算方法。

（2）成本对象：以产品的批别作为成本计算对象。在实际工作中，分批法下的批有“批号”“批次”的定义。一般会根据客户订单来确定批别，但也有可能将不同客户的相同产品订单进行合并，或订单进行拆分的情况。

（3）计算方法及要点：分批法在实际工作中的应用以“批号”“批次”为成本计算对象开设生产成本明细账、成本计算单。成本计算期一般采用“工期”，所以与“会计期间”往往不一致，故一般不存在月末时进行生产费用在完工产品和在产品之间分配的问题。若存在跨期陆续完工并交货的情况，生产费用在完工产品、在产品间分配可参照定额法、计划成本、约当产量法等。

（4）适用范围：单件、小批生产企业，多见于按照客户订单组织生产的企业，因而也称“订单法”。

3. 分步法

（1）定义：以产品生产“步骤”作为成本计算对象，计算产品成本的一种方法。

（2）成本对象：分步法下的“步”同样是广义的，在实际工作中有丰富的、灵活多样的具体内涵和应用方式。分步法下之“步”在实际应用中，可以定义为部门即计算考核“部门成本”、车间、工序、特定的生产、加工阶段、工作中心等含义。

（3）计算方法及要点：在分步法下，按照“步”作为成本计算对象，归集费用、计算成本。成本计算期一般采用“会计期间”法，期末往往存在本期完工产品、期末在产品，所以在月末时需要采用一定的方法将生产费用分配给完工产品和月末在产品。

（4）适用范围：大批大量多步骤多阶段生产的企业；管理上要求按照生产阶段、步骤、车间计算成本；冶金、纺织、造纸企业、其他一些大批大量流水生产的企业等。

1.2 成本核算工作流程

引例

祥瑞公司产品生产中要耗费各种费用，有些与产品生产直接相关，如产品耗用的材料、生产工人的工资。有些与产品没有直接关系，如厂房损耗、车间照明用的电费等。这些费用应该如何计入产品成本？分配时有没有规定的顺序要求，即哪个先分配哪个后分配？核算时分别用到哪些账户？如果你是该公司的成本核算员，该按什么流程组织成本核算上述工作？

知识准备

一、成本核算一般程序

成本核算程序是指从生产费用发生开始，到算出完工产品总成本和单位成本为止的整个成本计算的步骤。成本核算程序一般分为五个步骤。

（1）生产费用支出的审核。对发生的各项生产费用支出，应根据国家、上级主管部门和本企业的有关制度、规定进行严格审核，对不符合制度和规定的费用，以及各种浪费，损失等加以制止或追究经济责任。

（2）确定成本计算对象和成本项目，开设产品成本明细账。企业的生产类型不同，对成本管理的要求不同，成本计算对象和成本项目也就有所不同，应根据企业生产类型的特点和对成本管理的要求，确定成本计算对象和成本项目，并根据确定的成本计算对象开设产品成本明细账。

（3）进行要素费用的分配。对发生的各项要素费用进行汇总，编制各种要素费用分配表，按其用途分配计入有关的生产成本明细账。对能确认某一成本计算对象耗用的直接计入费用，如直接材料、直接人工，应直接记入“基本生产成本”账户及其有关的产品成本明细账；对于不能确认对象的共同性费用，则应按其发生的地点进行归集分配，先记入“制造费用”账户。

（4）进行共同性费用的分配。对记入“制造费用”账户的共同性费用，月终采用一定的分配方法进行分配，记入“基本生产成本”及有关的产品成本明细账。

（5）进行完工产品成本与在产品成本的划分。通过要素费用和共同性费用的分配，所发生的各项生产费用均已归集在“基本生产成本”账户及有关的产品成本明细账中。在本月全部产品都完工的情况下，产品成本明细账所归集的生产费用即为完工产品总成本；在有在产品的情况下，就需将产品成本明细账所归集的生产费用按一定的划分方法在完工产品和月末在产品之间进行划分，从而计算出完工产品成本和月末在产品成本。

二、成本核算主要账户

为了进行成本核算，企业一般应设置“生产成本——基本生产成本”“生产成本——辅助生产成本”“制造费用”“销售费用”“管理费用”“财务费用”等账户。如果需要单独核算废品损失和停工损失，还应设置“废品损失”和“停工损失”账户。其中“生产成本——基本生产成本”“生产成本——辅助生产成本”也可直接设置“基本生产成本”“辅助生产成本”一级账，本教材设为一级账。

（一）“基本生产成本”账户

基本生产是指为完成企业主要生产目的而进行的商品产品生产。为了归集基本生产所发生的各种生产费用，计算产品生产成本，应设置“基本生产成本”账户。该账户借方登记企业为进行基本生产而发生的各种生产费用；贷方登记转出的完工入库的产品成本；余额在借方，表示基本生产的在产品成本。

“基本生产成本”应按产品品种或产品批别、生产步骤等成本计算对象设置产品成本明细分类账(或称产品成本计算单)，账内按产品成本项目分设专栏或专行。

（二）“辅助生产成本”账户

辅助生产是指为基本生产服务而进行的产品生产和劳务供应。辅助生产所提供的产品和劳务，有时也对外销售，但这不是它的主要目的。为了归集辅助生产所发生的各种生产费用，计算辅助生产所提供的产品和劳务的成本，应设置“辅助生产成本”账户。该账户的借方登记为进行辅助生产而发生的各种耗费；贷方登记完工入库产品的成本或分配转出的劳务成本；余额在借方，表示辅助生产在产品的成本。

“辅助生产成本”账户应按辅助生产车间和生产的产品、劳务分设明细分类账，账中按辅助生产的成本项目或费用项目分设专栏或专行，进行明细登记，其基本格式与基本生产成本明细账相同。

（三）“制造费用”账户

为了核算企业为生产产品和提供劳务而发生的各项间接费用，应设置“制造费用”账户。该账户的借方登记实际发生的制造费用；贷方登记分配转出的制造费用；一般情况下，该账户月末应无余额。

“制造费用”账户应按车间、部门设置明细分类账，账内按费用项目设立专栏进行明细登记。

（四）“废品损失”账户

需要单独核算废品损失的企业，应设置“废品损失”账户。该账户的借方登记不可修复废品的生产成本和可修废品的修复费用；贷方登记废品残料回收的价值、应收的赔款以及转出的废品净损失；该账户月末应无余额。

“废品损失”账户应按车间设置明细分类账，账内按产品品种分设专户，并按成本项目设置专栏或专行进行明细登记。

（五）“销售费用”账户

为了核算企业在产品销售过程中所发生的各项费用，应设置“销售费用”账户。该账户的借方登记实际发生的各项销售费用；贷方登记期末转入“本年利润”账户的销售费用；期末结转后该账户应无余额。

“销售费用”账户的明细分类账，应按费用项目设置专栏，进行明细登记。

（六）“管理费用”账户

为了核算企业行政管理部门为组织和管理生产经营活动而发生的各项管理费用，应设置“管理费用”账户。该账户的借方登记发生的各项管理费用；贷方登记期末转入“本年利润”账户的管理费用；期末结转后该账户应无余额。

“管理费用”账户的明细分类账，应按费用项目设置专栏，进行明细登记。

（七）“财务费用”账户

为了核算企业为筹集生产经营所需资金而发生的各项费用，应设置“财务费用”账户。该账户的借方登记发生的各项财务费用；贷方登记应冲减财务费用的利息收入、汇兑收益以及期末转入“本年利润”账户的财务费用；期末结转后该账户应无余额。

“财务费用”账户的明细分类账，应按费用项目设置专栏，进行明细登记。

业务操作

（1）如何区分费用与成本？

（2）成本核算过程中哪些费用界限必须划分清楚？为什么？

（3）从生产费用到产品成本基本核算流程有哪几步？

知识拓展

成本会计的发展及世通公司财务舞弊案

一、成本会计的产生和发展

成本会计先后经历了早期成本会计、近代成本会计、现代成本会计和战略成本会计四个发展阶段。成本会计的方式和理论体系，随着发展阶段的不同而有所不同，见表 1－2。

表 1－2　成本发展阶段划分汇总表

阶段划分	生产特征	成本核算特征
早期成本管理会计阶段（1880—1920 年）	手工工场（摇篮）－产业革命（萌芽）－规模生产（产生）	记录型的成本会计，主要确定产品生产成本及销售成本
近代成本管理会计阶段（1921—1945 年）	泰勒－标准成本制度（事前、事中、事后）	成本会计的职能主要是管理成本和降低成本
现代成本管理会计阶段（1945—1980 年）	第二次世界大战后经济发展－生产力发展－跨国公司－作业成本	预测、决策为主的成本管理，注重成本动因管理
战略成本会计阶段（1980 年至今）	全球化经营环境－个性化需求－用户满意	市场导向型的成本管理，为企业战略管理提供成本信息

（一）早期成本会计阶段(1880—1920 年)

随着英国产业革命的完成，机器代替了手工劳动，工厂制代替了手工工场，会计人员为了满足企业管理上的需要，在会计账簿之外用统计的方法来计算成本，成本会计出现了萌芽。从成本会计的方式来看，在早期成本会计阶段，主要是采用分批法或分步法成本会计制度；从成本会计的目的来看，早期成本会计通过计算产品成本以确定存货成本及销售成本。因此，初创阶段的成本会计也称为记录型成本会计。

（二）近代成本会计阶段(1921—1945 年)

19 世纪末、20 世纪初，在制造业中发展起来的以泰勒为代表的科学管理方法，对成本会计的发展产生了深刻的影响。标准成本法的出现使成本计算方法和成本管理方法发生了巨大的变化，成本会计进入了一个新的发展阶段。近代成本会计主要采用标准成本制度和成本预测，为生产过程的成本控制提供条件。

（三）现代成本会计阶段(1946—1980 年)

自 20 世纪 50 年代起，西方国家的社会经济进入了新的发展时期。随着管理的现代化发展，运筹学、系统工程和电子计算机等各种科学技术成就在成本会计中得到了广泛应用，从而使成本会计发展到一个新的阶段，即成本会计发展重点已由如何对成本进行事中控制、事后计算和分析，转移到如何预测、决策和规划成本，形成了新型的以管理为主的现代成本会计。

（四）战略成本会计阶段(1981 年以后)

20 世纪 80 年代以来，随着电脑技术的进步、生产方式的改变、产品生命周期的缩短，以及全球性竞争的加剧，大大改变了产品成本结构与市场竞争模式。成本管理的视角由单纯的生产经营过程管理和重股东财富，扩展到与顾客需求及利益直接相关的、包括产品设计和产品使用环节的产品生命周期管理，更加关注产品的顾客可察觉价值；同时要求企业更加注重内部组织管理，尽可能地消除各种增加顾客价值的内耗，以获取市场竞争优势。此时，战略相关性成本管理信息已成为成本管理系统不可缺少的部分。

二、世通公司财务舞弊案

世通公司(World Com)是一家美国的通信公司，于 2003 年破产。在 2006 年 1 月被 Verizon以 76 亿美金收购，重组成为其下属的事业部门。世通公司经历了美国电信业半个世纪以来的风风雨雨，该公司一度是仅次于 AT&T 的美国第二大长途电话公司。1997 年 11 月 10 日，世通与 MCI 通信公司对外宣布了价值 370 亿美元的合并计划，创出当时美国收购交易的历史纪录。1998 年 9 月 15 日，新公司 MCI 世通正式营业。然而，在公司收购 MCI 后不久，美国通信业步入低迷时期。2000 年，对 SPRINT 的收购失败更使公司发展战略严重受挫。从 1999 年开始，直到 2002 年 5 月，在公司财务总监 Scott Sullivan、审计官 David Myers 和总会计师 Buford Yates 的参与下，公司采用虚假记账手段掩盖不断恶化的财务状况，虚构盈利增长以操纵股价。他们主要采用两种手段进行财务欺诈：一是少记“线路成本”（与其他电信公司网络互连所产生的费用），将这部分费用计入固定资产；二是假造“企业未分配收入”科目虚增收入。在 2002 年 6 月的一次例行的资本支出检查中，公司内部审计部门发现了 38.52 亿美金数额的财务造假，随即通知了外部审计毕马威（毕马威当时接替安达信成为公司的外部审计）。丑闻迅即被揭开，Sullivan 被解职，Myers 主动辞职，安达信收回了 2001 年的审计意见。美国证券管理委员会（SEC）于 2002 年 6 月 26 日发起对此事的调查，发现在 1999 年到 2001 年的两年间，世通公司虚构的营收达到 90 多亿美元。截至 2003 年年底，公司总资产被虚增约 110 亿美元。

小　　结

一、教学内容

（1）成本费用的区分。

（2）成本核算界限划分。

（3）成本核算岗位设置及任务。

（4）成本核算流程及主要账户。

二、教学重点

（1）费用的归属。

（2）成本核算中的界限划分。

（3）成本核算流程。

（4）成本核算的主要账户运用。

三、教学难点

（1）成本与费用的理解。

（2）成本核算岗位设置及分工。

四、教学建议

（1）实例引导增强感性认知。

（2）运用多种教学方法强化理论联系实际。

训练题

一、单项选择题

1. 下列支出中，属于资本性支出的有（　　）。
   A. 固定资产的支出　　B. 所得税的支出
   C. 违约金、赔偿金的支出　　D. 工资、材料费用的支出
2. 商品的理论成本是指（　　）。
   A. 已耗费的生产资料转移的价值
   B. 劳动者为社会劳动所创造的价值
   C. 已耗费的生产资料转移的价值和劳动者为自己劳动所创造的价值
   D. 劳动者为自己劳动所创造的价值
3. 成本会计的对象是（　　）。

A. 诸会计要素的增减变动　　B. 各项期间费用的支出及归集过程
C. 产品生产成本的形成过程　　D. 企业生产成本和有关的经营管理费用

4. 成本会计最基本的职能是(　　)。
A. 成本预测　　B. 成本决策
C. 成本核算　　D. 成本计划

5. 成本会计是会计的一个重要分支，是以(　　)为对象的一种专业会计。
A. 企业　　B. 利润
C. 成本　　D. 资金

6. 下列属于成本核算基础工作的是(　　)。
A. 确定固定资产折旧计算方法　　B. 进行费用的分摊
C. 确定成本计算方法　　D. 进行工时登记

7. 在一般情况下，理论成本包括的内容和实际工作中的成本开支范围(　　)。
A. 是完全一致的　　B. 是毫无关系的
C. 是相互可以替代的　　D. 是有一定差别的

8. 下列各项中，属于生产费用要素的有(　　)。
A. 期间费用　　B. 外购材料
C. 废品损失　　D. 直接人工

9. 下列各项中，属于产品成本项目的有(　　)。
A. 折旧费　　B. 外购燃料和动力
C. 直接人工　　D. 期间费用

10. 下列项目中，不能计入产品成本的费用是(　　)。
A. 燃料和动力　　B. 生产工人职工薪酬
C. 车间、分厂管理人员职工薪酬　　D. 期间费用

二、多项选择题

1. 期间费用是指(　　)。
A. 销售费用　　B. 人工费用
C. 管理费用　　D. 财务费用
E. 材料费用

2. 成本会计的职能包括(　　)。
A. 成本预测、决策　　B. 成本计划
C. 成本核算　　D. 成本控制
E. 成本分析和成本考核

3. 下列项目中，属于产品成本项目的有(　　)。
A. 制造费用　　B. 折旧费用
C. 管理费用　　D. 直接材料
E. 外购材料

4. 为了正确计算产品成本，必须正确划分(　　)方面的费用界限。

A. 资本性支出和收益性支出
B. 应计入产品成本和不应计入产品成本
C. 各个会计期间
D. 各种产品之间
E. 完工产品与在产品

5. 企业发生的下列支出中，不得计入产品成本的有(　　)。
A. 财务费用
B. 制造费用
C. 对外投资支出
D. 管理费用
E. 各种罚款、赞助、捐赠支出

三、判断题

1. 企业某一会计期间实际发生的产品生产费用总和等于该期产品成本的总和。(　　)
2. 成本预测和成本计划是成本会计的最基本任务。(　　)
3. 期间费用不计入产品成本，但它也属于成本会计的对象。(　　)
4. 在实际工作中，不形成产品价值的废品损失也应计入产品成本。(　　)
5. 费用要素和成本项目只是同一耗费不同分类的结果，二者包含的内容是一样的。(　　)
6. 产品成本项目只能按国家规定设置直接材料、直接人工、制造费用三项。(　　)
7. 制造费用是指直接用于产品制造过程，可直接计入产品成本的费用。(　　)
8. 对制造企业生产经营的费用进行合理的分类，其中最基本的方法是按照费用的经济内容和经济用途划分。(　　)
9. 企业行政部门为组织管理生产经营活动发生的管理费用，应计入“制造费用”账户，然后，再分配计入产品成本。(　　)
10. 成本计算基本方法和辅助方法的区分是看计算产品成本时是否必不可少。(　　)

项目二

品种法产品成本核算

职业能力目标

- **专业能力**
  - 理解品种法的特点及基本核算程序
  - 掌握品种法下成本核算工作任务流程的各项费用归集与分配
  - 掌握品种法下生产费用在完工产品与在产品之间的分配方法
  - 掌握品种法下生产成本明细账的登记方法
  - 能进行品种法下成本核算
- **教学能力**
  - 熟悉品种法下费用核算的任务流程
  - 结合专业知识和学习情况对品种法成本核算进行教学设计
  - 营造良好的教学氛围、创设情境进行教学实施
  - 选择恰当的方式进行教学评价
- **社会能力**
  - 能根据企业生产情况确定品种法的选用
  - 能结合企业实际情况进行品种法下各项费用的核算
  - 熟悉制造企业品种法下生产成本明细账的设置和登记
  - 结合企业生产情况进行品种法下完工产品成本与在产品成本的分配

工作任务分析

- 熟悉品种法下成本核算的任务流程
- 能进行各项费用的归集和分配核算

- 能熟练登记品种法下生产成本明细账
- 能根据企业生产情况进行完工产品与在产品成本分配
- 能进行品种法下相关账务处理

2.1 材料费用核算

引例

祥瑞公司生产A、B两种产品，3月份根据仓库的发料统计数据，仓库共发出甲材料100 000元，其中除了产品生产领用的9 000元外，行政管理部门和车间一般性消耗领用各500元。那么，3月份发出的100 000元甲材料费用是如何计算出的？3月份A、B产品应负担的材料成本应该是多少？在此材料费用核算过程中，企业哪些岗位和这一业务有关系？

知识准备

一、品种法的特点及适用范围

（一）品种法的特点

品种法是指以产品品种为成本计算对象计算成本的一种方法。它适用于大量大批的单步骤生产企业。在这种类型的生产中，产品的生产技术过程不能从技术上划分为步骤，如企业或车间的规模较小，或者车间是封闭式的，也就是从原材料投入到产品产出的全部生产过程都是在一个车间内进行的，或者生产是按流水线组织的，管理上不要求按照生产步骤计算产品成本的多步骤生产类型企业，都可以按品种法计算产品成本。品种法有以下特点。

（1）成本计算对象是产品的品种。按品种设置成本明细账，归集生产费用和计算产品成本。

（2）品种法下一般定期(每月月末)计算产品成本。由于品种法所适用的大量大批生产，通常是不间断的连续生产过程，按产品生产周期来归集生产费用、计算产品成本，较为困难，所以一般按会计期间定期计算比较方便。

（3）如果企业月末有在产品，要将生产费用在完工产品和在产品之间进行分配。生产费用是否要在完工产品与月末在产品之间分配，视生产与管理的具体情况而定。如果月末没有在产品，不需进行生产费用在完工产品与在产品之间分配。如果每个步骤有可能存在月末在产品，就需要将生产费用在完工产品与月末在产品之间进行分配。

（二）品种法核算程序

（1）按产品品种开设产品成本明细账。在采用品种法计算产品成本的企业或车间中，如果只生产一种产品，成本计算对象就是这种产品的产成品成本。计算产品成本时，只需要为这种产品开设一种产品成本明细账，账内按照成本项目设立专栏或专行。在这种情况下，发生的生产费用全部都是直接计入费用，可以直接计入产品成本明细账，而没有在各成本计算对象之间分配费用的问题。如果生产的产品不止一种，就要按照产品的品种分别开设产品成本明细账，发生的直接计入费用应直接计入各产品成本明细账，间接计入费用则要采用适当的分配方法，在各成本计算对象之间分配，然后计入各产品成本明细账。

（2）生产费用在各种产品之间的归集和分配。生产费用发生后，按照产品品种确定的成本计算对象，在各种产品之间进行分配后，分别计入各种产品成本明细账中。

（3）生产费用在完工产品与在产品之间的归集和分配。在月末计算产品成本时，如果没有在产品，或者在产品数量很少，则不需要计算月末在产品成本。这样，各种产品成本明细账中按照成本项目归集的全部生产费用，就是各产品的产成品总成本。除以产品产量，就是各产品的单位成本。如果有在产品，而且数量较多，还需要将产品成本明细账中归集的生产费用，采用适当的分配方法在完工产品和月末在产品之间进行分配，以便计算完工产品成本和月末在产品成本。

（4）将完工产品成本转入“库存商品”账户。

品种法下成本核算流程如图2－1所示。

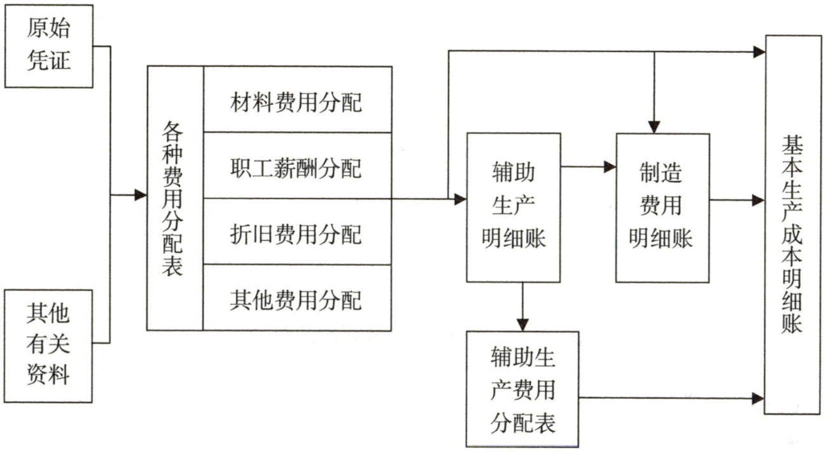

图2－1　品种法下成本核算流程图

二、材料费用归集的基础工作

（1）建立和健全发出材料的计量制度（永续盘存制和实地盘存制）。

（2）建立和健全领发料凭证制度（领料单、限额领料单和领料登记表等）。

（3）建立和健全材料退库和盘点制度（“假退料”手续）。

三、材料费用的归集

材料费用应按发生的用途及地点进行归集，一般仓库发出材料有如下用途，分别计入不同的账户。

（1）基本生产车间领用的直接用于产品，构成产品实体或有助于产品形成的原料及主要材料、辅助材料、半成品、燃料等，应直接归集在“生产成本——基本生产成本”或“基本生产成本”账户。

（2）辅助生产车间为进行辅助产品或劳务生产而领用的各种材料，应归集在“生产成本——辅助生产成本”或“辅助生产成本”账户。

（3）各生产车间或分厂为组织、管理生产和维护机器设备而领用的各种材料，应归集在“制造费用”账户。

（4）专设销售机构因销售产品而领用的材料，应归集在“销售费用”账户。

（5）企业行政管理部门领用的材料，应归集在“管理费用”账户。

原材料归集基本流程如图 2－2 所示。

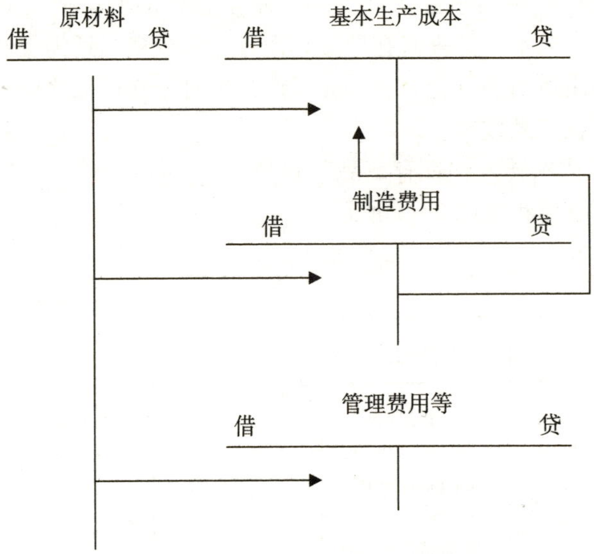

图 2－2 原材料归集基本流程图

四、材料购入的核算

企业获取材料的主要方式是外购，外购材料入库时通常有实际成本计价和计划成本计价两种方式。表 2－1 为原材料按实际成本和计划成本计价购入核算的比较。

表 2－1 原材料按实际成本和计划成本计价购入核算的比较

	按实际成本计价核算	按计划成本计价核算
特点 （不相同）	材料的核算，从收发凭证到明细账、总账，全部按实际成本计价	材料的核算，从收发凭证到明细账、总账，全部按计划成本计价
适用范围 （不一样）	一般只适用于材料收发业务较少的企业	一般适用于材料收发频繁的大中型企业
设置使用的账户 （不完全相同）	设置“原材料”“在途物资”等科目 “原材料”科目借方登记验收入库原材料的实际成本，贷方登记本月发出原材料的实际成本，期末余额在借方反映库存原材料的实际成本	设置“材料采购”“原材料”“材料成本差异”等科目 “原材料”科目借方登记验收入库原材料的计划成本，贷方登记本月发出原材料的计划成本，期末余额在借方反映库存原材料的计划成本

续表

	按实际成本计价核算	按计划成本计价核算
购料，款项结清，同时料已验收入库（账务处理不同）	借：原材料（实际采购成本） 　　应交税费——应交增值税（进项税额） 　贷：银行存款（或其他货币资金、应付票据、应付账款）等	借：材料采购（实际采购成本） 　　应交税费——应交增值税（进项税额） 　贷：银行存款（或应付票据）等 借：原材料（计划成本） 借（或贷）：材料成本差异（上下差额） 　贷：材料采购（实际采购成本）
购料，款项结清，但料未到或尚未入库	借：在途物资（实际采购成本） 　　应交税费——应交增值税（进项税额） 　贷：银行存款（或应付票据）等	借：材料采购（实际采购成本） 　　应交税费——应交增值税（进项税额） 　贷：银行存款（或应付票据）等
在途材料运到并验收入库时	借：原材料（实际采购成本） 　贷：在途物资（实际采购成本）	借：原材料（计划成本） 借（或贷）：材料成本差异（上下差额） 　贷：材料采购（实际采购成本）
料先到并已入库，但至月末仍未收到发票账单	按暂估价入账 借：原材料 　贷：应付账款——暂估应付款	按计划成本暂估入账 借：原材料 　贷：应付账款——暂估应付款
对于本月发出的原材料（账务处理不同）	月末，根据“发料凭证汇总表”，结转发出材料实际成本 借：生产成本（实际成本） 　　制造费用 　　管理费用 　　销售费用 　　在建工程 　　其他业务成本等 　贷：原材料（实际成本）	月末，根据“发料凭证汇总表”，完成结转 （1）结转发出材料计划成本 借：生产成本（计划成本） 　　制造费用 　　管理费用 　　在建工程等 　贷：原材料（计划成本） （2）结转发出材料应负担的成本差异 借：生产成本（计划成本×差异率） 　　制造费用 　　管理费用 　　在建工程 　　其他业务成本等 　贷：材料成本差异（成本差异额，超支用蓝字，节约用红字）

1. 实际成本计价法

实际成本法是指企业对各种材料的收、发、存均按实际成本在其明细账和总账中予以登记。这种方法一般适用于规模较小、存货品种简单、收发业务不多的企业。一般设置“原材料”“在途物资”等科目核算。

“原材料”科目，用于核算库存各种材料的收发与结存情况。在原材料按实际成本核算时，本科目的借方登记实际增加的库存材料的成本，贷方登记实际减少的库存材料的成本。期末余额在借方，反映企业库存材料的实际成本。

“在途物资”科目，用于核算企业采用实际成本法进行材料、商品等物资的日常核算，货款已付尚未验收入库的各种物资的采购成本。本科目借方登记企业购入尚未入库物资的实际成本，贷方登记企业验收入库材料的实际成本。期末余额在借方，反映企业尚未验收入库的物资的实际成本。

2. 计划成本计价法

计划成本法是指企业对于库存的各种原材料均按计划成本在其明细账和总账中予以登记，原材料的实际成本与计划成本的差异，通过“材料成本差异”科目核算。这种方法适用于材料品种繁多、收发频繁的大中型企业，或者管理上需要分别核算材料计划成本和成本差异的企业。一般设置“原材料”“材料采购”“材料成本差异”等科目。

“原材料”科目，核算企业库存各种材料的收发存情况，在材料采用计划成本核算时，本科目的借方登记入库材料的计划成本，贷方登记发出材料的计划成本，期末余额在借方，反映企业库存材料的计划成本。

“材料采购”科目，借方登记采购材料的实际成本，贷方登记入库材料的计划成本。借方大于贷方表示超支，从本科目贷方转入“材料成本差异”科目的借方；贷方大于借方表示节约，从本科目借方转入“材料成本差异”的贷方。期末为借方余额，反映企业在途材料的采购成本。

“材料成本差异”科目，本科目是表示实际成本与计划成本的差异，借方反映超支额，贷方反映节约额。期末余额如为借方余额，则反映实际成本大于计划成本，表超支；期末余额如为贷方余额，则反映实际成本小于计划成本，表节约。

五、材料发出的核算

根据领料填制的原始凭证列明的领料用途分别确定不同的对象进行归集，如表 2－2 至表 2－4 所示。

表 2－2　领料单（一次性使用）

编号：42056

领料单位：第一车间　　用途：生产 S 产品　　日期：2015. 3. 1　　发料仓库：1 号仓库

材料编号	材料类别	名称	规格	计量单位	数量		成本（元）	
					请领	实发	单价	金额
021	型钢	螺纹钢	ф25	千克	5 000	5 200	3.5	18 200

发料人：李 **　　领料人：马 **　　领料单位负责人：林 **

一次性使用的领料单在企业中一般适用于未制定消耗定额或不经常使用的材料。

表 2-3　领料凭证（多次使用）

编号：42056

领料单位：第一车间　　用途：生产 S 产品　　日期：2015.3.1　　发料仓库：1 号仓库

材料类别	材料编号	材料名称	规格	计量单位
圆钢	020	线材	φ8	千克
日期	领用数量	累计领用数量	领料人	发料人
3 月 1 日	20	20	王 *	陈 *
3 月 11 日	15	35	王 *	陈 *
3 月 15 日	30	65	李 *	陈 *
3 月 27 日	32	97	王 *	陈 *
材料单价（元）	3.46	合计金额（元）	335.62	

表 2-4　限额领料单

年　　月　　日

领料部门：　　编号：

用途：　　仓库：

材料类别	材料编号	材料名称及规格	计量单位	领用限额	实际领用	单价	金额	备注

供应部门负责人：　　生产部门负责人：

日期	领用				退料			限额结余
	请领数量	实发数量	发料人签章	领料人签章	退料数量	退料人签章	收料人签章	

多次使用的领料凭证和限额领料单适用于经常领用的消耗材料。一个月内连续使用，月末汇总记账。

六、材料费用的分配

材料费用分配是指企业将一定时期所耗用的直接材料、间接材料费用按不同方式计入产品成本。其主要内容有分配原则、分配对象以及分配方法。

（一）分配原则

1. 直接计入原则

构成产品实体并能直接确定归属对象的材料费，应直接计入各产品成本明细账的“直接材料”成本项目；对于几种产品共同耗费的间接材料费，应选择适当的分配标准分配计入各产品成本明细账的“直接材料”成本项目。

2. 重要性原则

凡在产品成本中占有较大比重的，应该以单独的成本项目“直接材料”列示，而对于那些比重较小的材料费用，即使是直接计入费用，为了简化成本核算，也可将其列入制造费用，与其他制造费用一起进行分配。

（二）分配标准的合理与简便

（1）合理性：所选择的分配标准与所应分配的费用大小有密切联系。

（2）简便性：作为分配标准的资料容易取得。

（三）材料费用分配标准的类型

定额消耗量比例、系数比例、产品产量比例、重量比例、体积比例等。

（四）定额消耗量比例分配法

计算公式如下：

$$某种产品材料定额消耗量 = 该种产品实际产量 \times 单位产品材料消耗定额$$

$$材料费用分配率 = \frac{材料实际总消耗量(或实际成本)}{各产品材料定额消耗量之和(或定额成本)之和}$$

$$某种产品应分配的材料数量 = 该种产品的材料定额消耗量 \times 材料消耗量分配率$$

$$某种产品应分配的材料费用 = 该种产品应分配的材料数量 \times 材料单价$$

以上方法可考核材料消耗定额的执行情况，有利于加强成本管理。为了简化核算工作，也可采用按定额消耗量的比例直接分配材料费用的方法。

注意：如分配率为近似数，则用倒挤的方式消除尾差影响。

计算公式如下：

$$某种产品材料定额消耗量 = 该种产品实际产量 \times 单位产品材料消耗定额$$

$$材料费用分配率 = 材料实际总消耗量 \times 材料单价 \div 各产品材料定额消耗量之和$$

$$某种产品应分配的材料费用 = 该种产品的材料定额消耗量 \times 材料单价$$

业务操作

任务一：材料购入的成本核算

1. 任务描述

假设祥瑞公司 2014 年 12 月份从 AB 公司购入甲、乙两种材料。甲材料 2 400 千克，单价 50 元；乙材料 1 600 千克，单价 100 元。增值税率 17%。材料已验收入库，款项以银行存款支付。

2. 任务要求

（1）确定该批材料的采购成本。

（2）进行材料入库的账务处理。

3. 任务分析

材料采购成本是指企业从外部购入原材料等所实际发生的全部支出，包括购入材料支付的买价和采购费用(如材料购入过程中的运输费、装卸费、保险费，运输途中的合理损耗，入库前的整理挑选费等)，但不包括增值税。

该业务一方面使企业的材料采购成本买价增加 280 000(120 000 + 160 000)元，增值税进项税额增加 47 600 元(280 000 × 17%)；另一方面也使企业的银行存款减少 327 600 元。涉及“原材料”“应交税费——应交增值税(进项税额)”和“银行存款”三个账户。

4. 任务操作

借：原材料——甲材料　　120 000

　　　　　——乙材料　　160 000

　　应交税费——应交增值税(进项税额)　　47 600

　贷：银行存款　　327 600

任务二：材料发出的核算

1. 任务描述

祥瑞公司生产 A、B 两种产品，本月生产及经营过程中领用乙材料 156 210 元。具体数据见表 2 – 5 材料费用分配表。

表 2 – 5　材料费用分配表

单位：元

应借账户		成本项目	直接计入	分配计入	费用合计
基本生产成本	A 产品	原材料	75 600	22 680	98 280
	B 产品	原材料	41 700	12 510	54 210
	小计		117 300	35 190	152 490
制造费用	基本生产车间	机物料消耗	2 360		2 360
销售费用		包装物	500		500
管理费用		其他材料	860		860
合计			121 020	35 190	156 210

2. 任务要求

(1) 熟悉材料费用分配表格式及填制。

(2) 能根据材料费用分配表进行账务处理。

3. 任务分析

材料费用分配表应列明应借账户，根据消耗材料的对象确定账户名称，产品耗用的计入“基本生产成本”，车间一般耗用的计入“制造费用”，销售部门耗用的计入“销售费用”，行政部分耗用的计入“管理费用”。分配表中还应区分是直接计入还是通过分配计入的数额。明确发出材料数量及单价确定方法。

1）材料发出的数量

原始凭证：领料单、限额领料单、领料登记表。

成本核算原则：成本分期原则、权责发生制原则。

成本核算要求：分清本期和下期成本。

$$材料发出数量=领料单数量-退料单数量$$

2）材料发出的单价

存货的日常核算可以按实际成本，也可以按计划成本来进行。采用计划成本进行核算时，应当按期结转其成本差异，将计划成本调整为实际成本。

4. 任务操作

1）实际成本计价材料发出

按实际成本计价发出材料，总账、明细账均按实际成本计价。发出材料的成本，企业可按实际情况采用个别计价法、先进先出法、加权平均法等计算登记。月末，根据全部发料凭证汇总编制材料费用分配表并进行账务处理。表2－2材料费用分配表的账务处理如下。

借：基本生产成本——A产品	98 280	
——B产品	54 210	
制造费用	2 360	
销售费用	500	
管理费用	860	
贷：原材料		156 210

2）计划成本计价材料发出

材料的总账及明细账必须是根据收、发料凭证或收、发料凭证汇总表按计划成本登记。月末调整材料成本差异，计算发出材料的实际成本。

$$材料成本差异率=\frac{月初结存材料成本差异+本月收入材料成本差异}{月初结存材料计划成本+本月收入材料计划成本}\times100\%$$

$$发出材料成本差异=发出材料计划成本\times材料成本差异率$$

【训练】

假设祥瑞公司月初A材料的计划成本为20 000元，材料成本差异借方余额为1 000元，本月购进甲材料一批，其实际成本为32 360元，计划成本为38 000元。本月生产车间领用A材料的计划成本为16 000元，管理部门领用A材料的计划成本为8 000元。该公司期末A材料的实际成本是多少元?

材料成本差异率＝[1 000＋(32 360－38 000)]÷(20 000＋38 000)×100%＝－8%

发出材料的计划成本＝16 000＋8 000＝24 000(元)

发出材料的差异＝24 000×(－8%)＝－1 920(元)

发出材料的实际成本＝24 000＋(－1 920)＝22 080(元)

期末库存A材料的实际成本＝(20 000＋1 000)＋32 360－22 080＝31 280(元)

任务三：材料费用按定额分配法进行分配

1. 任务描述

祥瑞公司生产 A、B 两种产品，共同耗用甲材料 9 000 千克，每千克 1.44 元，共计 12 960元。生产 A 产品 1 800 件，单件 A 产品原材料消耗定额为 3 千克；生产 B 产品 1 200 件，单件 B 产品原材料消耗定额为 1.5 千克。

2. 任务要求

运用定额消耗比例法进行甲材料费用的分配。

3. 任务分析

定额消耗量是指一定产量下按照消耗定额计算可以消耗的数量。费用定额和定额费用，则是消耗定额和定额消耗量的货币表现。

按材料定额消耗量比例分配材料费用的计算公式如下：

某种产品材料定额消耗量 = 该种产品实际产量 × 单位产品材料消耗定额

材料消耗定额分配率 = 材料实际总耗用量 ÷ ∑各种产品材料定额消耗量

某种产品应分配的材料数量 = 该种产品的材料定额消耗量 × 材料消耗量分配率

某种产品应分配的材料费用 = 该种产品应分配的材料数量 × 材料单价

4. 任务操作

甲材料费用分配计算如下：

A 产品原料定额消耗量 = 1 800 件 × 3 千克/件 = 5 400 千克

B 产品原料定额消耗量 = 1 200 件 × 1.5 千克/件 = 1 800 千克

甲材料消耗量分配率 = 9 000 千克 ÷ (5 400 + 1 800) 千克 = 1.25

A 产品分配原材料数量 = 5 400 千克 × 1.25 = 6 750 千克

B 产品分配原材料数量 = 1 800 千克 × 1.25 = 2 250 千克

A 产品分配原材料费用 = 6 750 千克 × 1.44 元/千克 = 9 720 元

B 产品分配原材料费用 = 2 250 千克 × 1.44 元/千克 = 3 240 元

定额消耗量比例法分配原材料费用也可以直接按原材料定额消耗量分配，计算如下：

甲材料费用分配率 = 12 960 元 ÷ (5 400 + 1 800) 千克 = 1.8 元/千克

A 产品分配原材料费用 = 5 400 千克 × 1.8 元/千克 = 9 720 元

B 产品分配原材料费用 = 1 800 千克 × 1.8 元/千克 = 3 240 元

在各种产品共同耗用原材料的种类较多的情况下，为了进一步简化分配计算工作，也可以按照各种材料的定额费用的比例分配材料实际费用。计算公式如下：

某种产品某种材料定额费用 = 该种产品实际产量 × 单位产品该种材料费用定额
= 该种产品实际产量 × 单位产品该种材料消耗定额 × 该种材料的计划单价

材料费用分配率 = 各种产品各种材料实际费用总额 ÷ ∑各种产品各种材料定额费用

某种产品分配负担的材料费用 = ∑该种产品各种材料定额费用 × 材料费用分配率

【训练】

祥瑞公司生产 A、B 两种产品，共同耗用甲、乙两种主要材料共计 65 400 元。A 产品的实际产量为 200 件，单位消耗定额为甲材料 5 千克，乙材料 8 千克。B 产品的实际产量为 100 件，单位消耗定额为甲材料 7 千克，乙材料 9 千克。甲、乙两种材料的计划单价分别为 10 元和 15 元。分配计算 A、B 两种产品负担的材料费用。

A 产品甲材料定额费用 $=200\times5\times10=10\ 000$(元)

A 产品乙材料定额费用 $=200\times8\times15=24\ 000$(元)

A 产品材料定额费用合计 $=10\ 000+24\ 000=34\ 000$(元)

B 产品甲材料定额费用 $=100\times7\times10=7\ 000$(元)

B 产品乙材料定额费用 $=100\times9\times15=13\ 500$(元)

B 产品材料定额费用合计 $=7\ 000+13\ 500=20\ 500$(元)

材料费用分配率 $=65\ 400\div(34\ 000+20\ 500)=1.2$

A 产品分配负担材料费用 $=34\ 000\times1.2=40\ 800$(元)

B 产品分配负担材料费用 $=20\ 500\times1.2=24\ 600$(元)

2.2 人工费用核算

引例

每个企业的生产经营过程都需要有生产工人、管理人员等参与，他们的工资、奖金等构成了企业的人工费用。成本核算中如何区分生产成本中的人工和经营费用中的人工？共同发生的人工费用如何分配计入各产品？这就是人工费用核算的主要内容。

知识准备

一、工资总额及计算方法

（一）工资及工资总额

工资是企业支付给职工的劳动报酬，是企业对职工在工作中使用知识、技能，消耗时间、精力等给予的一种补偿。

工资总额是企业在一定时期内支付给全体职工的劳动报酬总额。包括计时工资、计件工资、奖金、津贴与补贴、加班加点工资和特殊情况下支付的工资。

（二）应付工资的计算方法

1. 计时工资的计算方法

计时工资是指按计时工资标准和职工工作时间支付的劳动报酬。计算计时工时的方法有月薪制和日薪制两种。

（1）月薪制（“扣缺勤法”“倒扣法”）。职工只要出全勤，就可以得到固定的月标准工资。如有缺勤，按规定标准扣薪。

计算公式如下：

$$应付计时工资=月标准工资-缺勤应扣工资$$

$$缺勤应扣工资=缺勤天数\times 日工资\times 应扣比例$$

$$日工资=\frac{月标准工资}{月工作天数}$$

月工作天数确定方法有如下两种。

①按月平均日历天数计算，即每月30天。

注意：对出勤期间的双休日和节假日均作出勤处理；对缺勤期间的双休日和节假日均作缺勤处理。

②按月平均实际工作日数计算，即每月20.9天[（365－104－10）÷12]。

注意：无论出勤或是缺勤均不考虑双休日与节假日的因素。

缺勤包括旷工、事假、六个月以内的短期病假和超过六个月的长期病假。

（2）日薪制（“出勤工资累计法”“顺算法”）。按职工的出勤天数和日标准工资计算应付工资。如有病假，按病假期间应发工资比例加计应付工资。

计算公式如下：

$$应付计时工资=出勤天数\times 日工资+病假应发工资$$

$$病假应发工资=病假天数\times 日工资\times 病假应发比例$$

2. 计件工资的计算方法

计件工资是按照工人生产的产品数量、产品质量和单位计件工资标准计算的劳动报酬。企业计算计件工资的依据是产量记录和单位计件工资标准。计件工资的计算包括个人计件工资的计算和集体计件的计算。

（1）个人计件工资的计算。

$$个人计件工资=\sum[（合格品数量+废品数量）\times 单位计件工资]$$

（2）集体计件工资的计算。

对需要两人以上共同生产产品的计件工资，要采用集体计件工资的计算方法进行计算。

集体计件工资的计算程序及相关公式如下：

①计算集体计件工资，其计算公式与个人计件工资计算公式相同。

②计算集体计时工资总额，公式如前所述。

③计算计件工资分配率的公式如下：

$$计件工资分配率=\frac{集体计件工资}{集体计时工资总额}$$

④计算每人应得计件工资的公式如下：

$$某人应得计件工资=该人计时工资\times 计件工资分配率$$

3. 其他应付工资的计算

其他应付工资包括奖金、津贴与补贴、加班加点工资和特殊情况下支付的工资。

特殊情况下支付的工资是指对职工非劳动时间所支付工资，如职工享受国家规定的休假期间；女职工的产假期间；因公受伤治疗休养期间；职工外出学习、参观、进修、开会期间等所支付的工资（可视同出勤处理）。

（三）社会保险费及住房公积金的计算方法

企业为职工交纳的医疗保险费、养老保险费、失业保险费、工伤保险费、生育保险等社会保险费和职工住房公积金，以及按规定计提的工会经费及职工教育费，均由企业按国家规定的比例进行计算提取。

社会保险费用和住房公积金要按规定交纳给社会劳动保障机构及住房公积金管理部门；工会经费及职工教育费按规定处理。

上述各项的计算比较简单，只要以工资总额乘以规定比例即可。

二、人工费用分配与核算

月度终了时，要计算出全体职工的应付职工薪酬，根据职工的工作岗位，在受益对象中进行分配。

（1）直接从事产品生产的工人工资由各种产品负担。

（2）辅助生产车间人员的工资由各辅助车间的劳务或产品负担。

（3）各生产车间管理人员的工资由制造费用负担。

（4）从事基本建设工作的人员工资由在建工程负担。

（5）销售人员的工资由销售费用负担。

（6）企业管理人员工资由管理费用负担。

（一）计时工资分配与核算

在计时工资制的企业中，将基本生产车间生产工人工资计入产品成本有两种方法。

（1）只生产单一产品的车间，将生产工人工资直接计入该产品成本计算单中的“直接人工”成本项目。

（2）同时生产两种或两种以上产品的车间，将生产工人的工资分配后计入各个产品成本计算单中的“直接人工”成本项目。

工资费用进行分配的分配标准有实际工时和定额工时两种。计算公式如下：

$$\text{工资费用分配率}=\frac{\text{被分配的生产工人工资费用}}{\text{各种产品实际工时(或定额工时)之和}}$$

$$\text{某产品应负担工资费用}=\text{该产品实际(定额)工时}\times\text{工资费用分配率}$$

（二）计件工资分配与核算

由于计件工资制只适用于产品生产工人的工资计算，因此，计件工资的分配只涉及基本生产车间生产工人的工资分配。

无论是个人计件工资还是集体计件工资，都能够分清受益产品，可以将计件工资直接计入各产品成本计算单的“直接人工”成本项目。

对生产工人的奖金、补贴、津贴及特殊情况下支付的工资，比照计时工资分配方法进行分配后，再计入各产品的成本之中。

（三）社会保险费及住房公积金的核算

社会保险费及住房公积金的核算包括计提的核算与交纳的核算，在本教材中只说明社会保险费及住房公积金计提的核算，因为社会保险费及住房公积金的计提与成本费用的处理相关。

企业按规定标准计提的社会保险费用、住房公积金及工会经费等，计提后要由各个工资费用受益对象承担，计入相关的成本费用。

三、账户设置及账务处理

（一）账户设置

（1）“生产成本”账户。

（2）“应付职工薪酬”账户。

（二）账务处理

1. 计提工资时

借：生产成本（生产工人工资）
　　制造费用（车间管理人和辅助人员工资）
　　管理费用（管理人员工资）
　　销售费用（销售人员工资）
　贷：应付职工薪酬——工资

2. 发放工资时

借：应付职工薪酬——工资（应发工资数）
　贷：库存现金/银行存款（实发工资数）
　　　其他应付款——养老/医疗等（代扣代缴金额）
　　　其他应付款——住房公积金（代扣代缴金额）
　　　应交税费——应交个人所得税（代扣代缴金额）

3. 计提企业缴纳的五险一金

借：生产成本（生产工人）
　　制造费用（车间管理人员）
　　管理费用（管理部门）
　　销售费用（销售部门）
　贷：其他应付款——养老/医疗等
　　　其他应付款——住房公积金

4. 实际交纳五险一金

借：其他应付款——养老/医疗等
　　其他应付款——住房公积金

应交税费——应交个人所得税

贷：银行存款

业务操作

任务一：计时工资的计算

1. 任务描述

职工张三工龄 7 年，月标准工资为 652.5 元，本月 31 天，其中有 8 天双休日和 1 天节假日，考勤记录表明，张三本月出勤天数为 17 天。请事假 6 天(其中双休日 2 天)，病假 2 天(其中节假日 1 天)，其病假工资扣发比例为 10%。计算应付张三的计时工资。

2. 任务要求

分别按 30 天和 20.83 天计算月薪制和日薪制，计算张三应得的计时工资。

3. 任务分析

注意日薪制("出勤工资累计法""顺算法")。按职工的出勤天数和日标准工资计算应付工资。如有病假，按病假期间应发工资比例加计应付工资。

计算公式如下：

应付计时工资 = 出勤天数 × 日工资 + 病假应发工资

病假应发工资 = 病假天数 × 日工资 × 病假应发比例

4. 任务操作

(1) 按 30 天计算日工资。

日工资 = 652.5 ÷ 30 = 21.75(元)

月薪制：

张三本月应得计时工资 = 652.5 − 6 × 21.75 − 2 × 21.75 × 10%

= 652.5 − 130.5 − 4.35 = 517.65(元)

日薪制：

张三本月应得计时工资 = (17 + 6) × 21.75 + 2 × 21.75 × 90%

= 500.25 + 39.15 = 539.4(元)

(2) 按 20.83 天计算日工资标准。

日工资标准 = 652.5 ÷ 20.83 = 31.33(元)

月薪制：

张三本月应得计时工资 = 652.5 − 4 × 31.33 − 1 × 31.33 × 10% = 524.05(元)

日薪制：

张三本月应得计时工资 = 17 × 31.33 + 1 × 31.33 × 90% = 560.81(元)

2.3　固定资产折旧费用核算

引例

祥瑞公司本月报废了机器设备一台，原价500 000元。为维持与市场匹配的生产规模，本月新购进设备一台，价值800 000元，预计可使用10年，预计净残值50 000元。该公司本月应计提的折旧额为多少？

知识准备

由于固定资产可以在企业生产经营过程中长期使用，并可以在多个会计期内为企业带来经济利益，因而在企业采用权责发生制原则核算条件下，按照配比原则的要求，需要将固定资产的价值按一定的分配方式在固定资产的折旧年限内进行分配，以正确计算产品成本和当期损益。

固定资产折旧费就是将记入固定资产价值的金额，随着固定资产的使用、损耗，将购置价款采用折旧的方法逐步转移到生产成本和相关费用中去。

影响固定资产折旧的因素包括固定资产原值、净残值、使用年限和折旧方法等四个方面。但要注意的是，企业应合理地确定固定资产预计使用年限和预计净残值，并选择合理的折旧方法，经股东大会或董事会、经理(厂长)会议或类似机构批准，作为计提折旧的依据。上述方法一经确定不得随意变更。

一、折旧的范围界定

（一）计算折旧的基数

计算折旧的基数为固定资产的计税基础。《中华人民共和国企业所得税法实施条例》第五十八条规定，固定资产按照以下方法确定计税基础。

（1）外购的固定资产：以购买价款和支付的相关税费以及直接归属于使该资产达到预定用途发生的其他支出为计税基础。

（2）自行建造的固定资产：以竣工结算前发生的支出为计税基础。

（3）融资租入的固定资产：以租赁合同约定的付款总额和承租人在签订租赁合同过程中发生的相关费用为计税基础，租赁合同未约定付款总额的，以该资产的公允价值和承租人在签订租赁合同过程中发生的相关费用为计税基础。

（4）盘盈的固定资产：以同类固定资产的重置完全价值为计税基础。

（5）通过捐赠、投资、非货币性资产交换、债务重组等方式取得的固定资产：以该资产的公允价值和支付的相关税费为计税基础。

（6）改建的固定资产：除已足额提取折旧的固定资产的改建支出以及租入固定资产的改建支出外，以改建过程中发生的改建支出增加计税基础。

（二）计算折旧的范围

1. 计提折旧的固定资产

（1）房屋建筑物。

（2）在用的机器设备、食品仪表、运输车辆、工具器具。
（3）季节性停用及修理停用的设备。
（4）以经营租赁方式租出的固定资产和以融资租赁式租入的固定资产。

2. 不计提折旧的固定资产

（1）已提足折旧仍继续使用的固定资产。
（2）以前年度已经估价单独入账的土地。
（3）提前报废的固定资产。
（4）以经营租赁方式租入的固定资产和以融资租赁方式租出的固定资产。

3. 特殊情况

（1）已达到预定可使用状态的固定资产，如果尚未办理竣工决算，应当按照估计价值暂估入账，并计提折旧。待办理了竣工决算手续后，再按照实际成本调整原来的暂估价值，不需要调整原已计提的折旧额。当期计提的折旧作为当期的成本、费用处理。

（2）处于更新改造过程停止使用的固定资产，应将其账面价值转入在建工程，不再计提折旧。更新改造项目达到预定可使用状态转为固定资产后，再按照重新确定的折旧方法和该项固定资产尚可使用寿命计提折旧。

（3）因进行大修理而停用的固定资产，应当照提折旧，计提的折旧额应计入相关资产成本或当期损益。

（三）计算折旧的起止时间

《中华人民共和国企业所得税法实施条例》第五十八条规定，企业应当自固定资产投入使用月份的次月起计算折旧。停止使用的固定资产，应当自停止使用月份的次月起停止计算折旧。即企业应当按月计提固定资产折旧。当月增加的固定资产，当月不计提折旧，从下月起计提折旧。当月减少的固定资产，当月仍计提折旧，从下月起停止计提折旧。固定资产折旧计提时间判断的关键点在于固定资产折旧计算的基数是按月初固定资产价值计算的。当月增加的固定资产月初数中并未体现，故本月不计提折旧。而当月减少的固定资产月初数中包含在内，故当月照提折旧。

二、计算折旧的方法

《中华人民共和国企业所得税法实施条例》第五十九条规定，固定资产按照直线法计算的折旧，准予扣除。《中华人民共和国企业所得税法》第三十二条规定，企业的固定资产由于技术进步等原因，确需加速折旧的，可以缩短折旧年限或者采取加速折旧的方法。《中华人民共和国企业所得税法实施条例》第九十八条规定，可享受加速折旧法的固定资产包括两类：一是由于技术进步，产品更新换代较快的固定资产；二是常年处于强震动、高腐蚀状态的固定资产。加速折旧法的具体方法有三种：缩短折旧年限法、双倍余额递减法以及年数总和法。其中，采取缩短折旧年限方法的，最低折旧年限不得低于《中华人民共和国企业所得税法》第六十条规定的折旧年限的60%，最低折旧年限一经确定，一般不得变更。选用双倍余额递减法或者年数总和法的，一经确定，一般不得变更。

因此固定资产折旧方法基本上可以分为两类，即直线法(包括年限平均法和工作量法)和加速折旧法(包括年数总和法和双倍余额递减法)，企业应当根据固定资产所含经济利益预期实现方式选择不同的方法。企业折旧方法不同，计提折旧额相差很大。

1. 直线折旧法

1）年限平均法

年限平均法是指将固定资产的应计折旧额均衡地分摊到固定资产预定使用寿命内的一种方法。采用这种方法计算的每期折旧额相等。计算公式如下：

年折旧率 =(1 - 预计净残值率）÷预计使用寿命(年)×100%

月折旧率 = 年折旧率 ÷12

月折旧额 = 固定资产原价 × 月折旧率

2）工作量法

工作量法是根据实际工作量计算每期应提折旧额的一种方法。计算公式如下：

单位工作量折旧额 = 固定资产原价 ×(1 - 预计净残值率）÷ 预计总工作量

某项固定资产月折旧额 = 该项固定资产当月工作量 × 单位工作量折旧额

2. 加速折旧法

1）年数总和法

年数总和法也称合计年限法，是指将固定资产的原价减去预计净残值后的净额，乘以一个以各年年初固定资产尚可使用年限作分子，以预计使用年限逐年数字之和作分母的，逐年递减的分数，来计算每年折旧额的一种方法。计算公式如下：

年折旧率 = 尚可使用年限/预计使用年限的年数总和 ×100%

预计使用年限的年数总和 = n ×（n +1）÷2

月折旧率 = 年折旧率 ÷12

月折旧额 =(固定资产原价 - 预计净残值）× 月折旧率

2）双倍余额递减法

设备入账账面价值为 X，预计使用 N(N 足够大)年，残值为 Y。

则第一年折旧 C1 = X ×2 ÷N

第二年折旧 C2 =(X - C1）×2 ÷N

第三年折旧 C3 =(X - C1 - C2）×2 ÷N

……

最后两年需改为直线法折旧。

业务操作

任务一：固定资产折旧计算

1. 任务描述

祥瑞公司一台设备原价为 80 000 元，预计净残值为 5 000 元，预计使用年限为 5 年。

2. 任务要求

分别按年限平均法、双倍余额递减法和年数总和法计算 5 年的折旧额。

3. 任务分析

年限平均法又称直线法，是指将固定资产的应计折旧额均衡地分摊到固定资产预计使用寿命内的一种方法。采用这种方法计算的每期折旧额均相等。要点是预计净残值要从固定资产原价中扣除。

双倍余额递减法是在不考虑固定资产残值的情况下，用直线法折旧率的两倍作为固定的折旧率乘以逐年递减的固定资产期初净值，得出各年应提折旧额的方法。与加速折旧法类同，可在第一年折减较大金额。双倍余额递减法是加速折旧法的一种，是假设固定资产的服务潜力在前期消耗较大，在后期消耗较少，为此，在使用前期多提折旧，后期少提折旧，从而相对加速折旧。注意：实行双倍余额递减法计提的固定资产，应当在固定资产折旧年限到期以前两年内(最后两年)，将固定资产账面净值扣除预计净残值后的余额平均摊销。

年数总和法是指将固定资产的原值减去残值后的净额乘以一个逐年递减的分数计算每年的折旧额，这个分数的分子代表固定资产尚可使用的年数，分母代表使用年数的逐年数字总和。

4. 任务操作

(1) 平均年限法每年折旧额 = (80 000 - 5 000) ÷ 5 = 15 000(元)

(2) 双倍余额递减法。

第一年折旧 80 000 × (2 ÷ 5) = 32 000(元)

第二年折旧(80 000 - 32 000) × (2 ÷ 5) = 19 200(元)

第三年折旧(80 000 - 32 000 - 19 200) × (2 ÷ 5) = 11 520(元)

第四年折旧(80 000 - 32 000 - 19 200 - 11 520 - 5 000) ÷ 2 = 6 140(元)

第五年折旧同第四年。

(3) 年数总和法。

第一年折旧 = (80 000 - 5 000) × (5 ÷ 15) = 25 000(元)

第二年折旧 = (80 000 - 5 000) × (4 ÷ 15) = 20 000(元)

第三年折旧 = (80 000 - 5 000) × (3 ÷ 15) = 15 000(元)

第四年折旧 = (80 000 - 5 000) × (2 ÷ 15) = 10 000(元)

第五年折旧 = (80 000 - 5 000) × (1 ÷ 15) = 5 000(元)

任务二：固定资产折旧账务处理

1. 任务描述

上述祥瑞公司一台设备原价为 80 000 元，预计净残值为 5 000 元，预计使用年限为 5 年。

2. 任务要求

按平均年限法的计算结果编制会计分录(该设备由基本生产车间使用)。

3. 任务分析

固定资产折旧账务处理涉及借方科目为成本费用类科目，由于该设备由基本生产车间使用，因此应该计入“制造费用”；贷方应计入“累计折旧”账户。

4. 任务操作

会计分录：

借：制造费用　　15 000

　贷：累计折旧　　15 000

2.4　制造费用核算

引例

祥瑞企业在生产过程中，除了前述章节已经归集分配的材料、人工费用外，在生产过程中还有一些费用，如机器折旧费用、保险费用、车间的管理费用、采暖费用、车间电话费用等。如该企业三车间生产甲、乙两种产品，本月共发生上述车间共同性费用27 600元，两种产品共计生产工时6 000小时，其中甲产品3 500小时，乙产品2 500小时。这些在产品生产中产生的费用，也需要归集和分配到产品中。但这些费用在发生时无法精确归集于某种产品。如何分配上述费用？

知识准备

一、制造费用的归集

（一）制造费用

制造费用是指各个生产单位(一般指生产车间)为生产产品或提供劳务而发生的，应间接计入产品生产成本的各项生产费用，一般称之为生产过程的共同性费用。

（二）制造费用项目

制造费用一般包括生产单位不能直接计入产品成本的工资及福利、折旧费、修理费、租赁费、保险费、机物料消耗、低值易摊销、运输费、取暖费、水电费、劳动保护费、办公费、差旅费、设计制图费、试验检验费、季节性及修理期间的停工损失等。

（三）制造费用的归集方法

制造费用的归集和分配，应通过“制造费用”科目进行。借方用于归集企业在一定时期内发生的全部制造费用，贷方反映制造费用的分配，除季节性生产的企业外，制造费用账户期末应无余额(所以经常表述为月末一般无余额)。制造费用发生时，根据有关的凭证和各种费用分配表，借记“制造费用”科目，贷记“原材料”“应付职工薪酬”“累计折旧”“银行存款”等科目。

（四）制造费用归集流程

制造费用的归集范围主要是生产车间发生的一般性耗费，包括一般性的材料消耗、管理人员的工资等，以及车间发生的直接支付的一般性费用。这些费用最终应该由产品承担，但不能直接计入产品成本。先通过每个车间的制造费用明细账进行归集，归集后再分配计入产品成本。制造费用归集流程如图 2－3 所示。

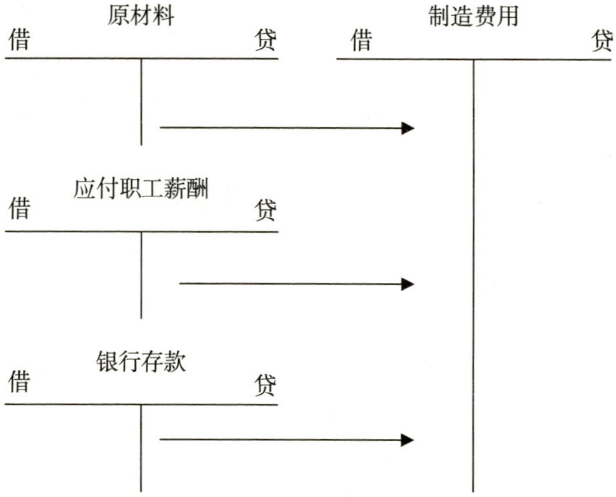

图 2－3　制造费用归集流程图

（五）制造费用明细账

制造费用明细账见表 2－6。

表 2－6　制造费用明细账

车间：×××车间　　　　年　　月　　　　单位：元

摘要	费用项目							
	机物料消耗	水电费	职工薪酬	折旧费	修理费	保险费	办公费	其他	合计
合计									

辅助生产车间发生的制造费用，如果通过“制造费用”账户单独核算，则应比照基本生产车间发生的制造费用核算；如果不通过则应全部记入“辅助生产成本”账户及其明细账的有关成本或费用项目。

二、制造费用的分配

制造费用是产品成本的一项重要成本项目(最基本的成本项目为直接材料、直接人工、制造费用)，但制造费用又是一项共同性费用，不能直接计入产品生产成本(除单一产品生产企业外，只生产一种产品的车间所发生的制造费用可以直接计入该种产品的生产成本)。为了正确的计算产品成本，必须合理地分配制造费用。由于各车间制造费用水平不同，制造费用的分配应该按车间分别进行，而不应将各车间的制造费用汇总起来，在整个企业范围内统一分配。

根据费用分配的一般原则，需确定待分配费用总额和分配标准。在制造费用分配中，按生产单位(如车间)为分配范畴，某生产单位归集的费用在该生产单位内加工的产品间进行分配。待分配费用总额即某生产单位归集的制造费用数额，需选择与制造费用的发生有密切关系的分配标准。常用的标准有生产工时、生产工人工资、机器工时等。这些标准可以按实际发生的数量分配，也可以按计划发生的数量分配，由此产生了实际分配率法和计划分配率法。实际分配率法中根据所选择的分配标准不同又可分为生产工时比例法、生产工人工资比例法、机器工时比例法。制造费用分配一般的计算公式如下：

$$制造费用分配率=制造费用总额\div 分配标准之和$$

$$某产品应分配制造费用=该种产品分配标准\times 制造费用分配率$$

根据分配标准及分配数额的特征，可以分为实际分配率法和标准分配率法。

业务操作

任务一："制造费用"归集

1. 任务描述

根据祥瑞公司生产车间基本情况，设置制造费用明细账并进行归集登记。

2. 任务要求

熟悉"制造费用"账户的核算内容及账户格式。

3. 任务分析

为了归集制造费用，控制制造费用总额，正确计算产品成本，在"制造费用"总分类账户下，企业应当按照生产单位(车间)设置制造费用明细账，并按制造费用明细项目设专栏组织制造费用的明细核算。

制造费用主要费用项目如下。

(1) 固定资产折旧费用：固定资产折旧费用是通过按月编制的"折旧费用计算表"确定本期折旧费用后，计入制造费用的借方。

(2) 固定资产修理费用：生产单位为确保固定资产的正常工作状况而发生的修理费用等后续支出。

(3) 管理人员薪酬和其他费用：制造费用中，生产单位管理人员的工资等薪酬，应当根据"工资结算汇总表"和"职工福利费(以及社会保险费等)计算表"等应付职工薪酬计算和分配表，编制会计分录，记入制造费用明细账；办公费、水电费、差旅费、取暖费、运输费、设计制图费、试验检验费、劳动保护费和财产保险费等，通常以现金或银行存款支付，应当根据有关付款凭证，记入制造费用明细账。

（4）机物料消耗：制造费用中的机物料消耗，包括用于机器设备的润滑油和清洁工具等。机物料消耗一般可以根据“耗用材料汇总表”确定的金额，直接记入制造费用。

4. 任务操作

1）制造费用明细账登记示例

制造费用明细登记见表2－7。

表2－7　制造费用明细登记表

单位：元

20××年		凭证字号	摘要	费用明细项目							
月	日	略		职工薪酬	折旧	修理费	机物料消耗	…	水电费用	其他	合计
*	31		计提折旧		5 940						5 940
	31		设备维修			1 000					1 000
	31		分配水电费用						2 200		2 200
	31		领用消耗材料				4 700				4 700
	31		分配职工薪酬	4 750							4 750
	31		本月合计	4 750	5 940	1 000	4 700	…	2 200		18 590

2）制造费用归集核算

某基本生产车间生产甲、乙、丙三种产品，本月发生如下各种间接费用。

（1）以银行存款支付劳动保护费2 400元。

（2）车间管理人员工资3 000元。

（3）以银行存款支付办公费、水电费、邮电费及其他支出等共计1 880元。

（4）车间一般消耗材料2 000元。

（5）车间固定资产折旧费1 800元。

要求：根据上述资料，编制制造费用发生的会计分录，并登记制造费用明细账（分录中“基本生产成本”列出费用项目明细账），见表2－8。

表2－8　制造费用明细账

单位：元

摘要	工资	折旧费	机物料消耗	劳动保护费	办公费等		合计
支付的劳动保护费				2 400			2 400
管理人员工资	3 000						3 000
支付办公费等					1 880		1 880
车间一般物料消耗			2 000				2 000
折旧费		1 800					1 800
本月合计	3 000	1 800	2 000	2 400	1 880		11 080

任务二：生产工时比例法应用

1. 任务描述

祥瑞公司第一基本生产车间，为生产甲、乙两种产品5月共发生制造费用68 000元。甲产品生产工时为13 000小时，乙产品生产工时为7 000小时。

2. 任务要求

采用生产工时比例法计算甲、乙两种产品5月份应承担的制造费用，并编制相应的会计分录。

3. 任务分析

生产工时比例法是按照各种产品所耗用工时（实际或定额）的比例分配制造费用的方法。

4. 任务操作

（1）计算两种产品应承担的制造费用。

制造费用分配率＝68 000÷20 000＝3.4

甲产品应负担的制造费用＝13 000×3.4＝44 200（元）

乙产品应负担的制造费用＝7 000×3.4＝23 800（元）

根据资料编制生产工时比例法的制造费用分配，见表2－9。

表2－9　制造费用分配表（生产工时比例法）

车间：基本生产车间

应借科目	生产工时（小时）	分配金额（分配率3.4）（元）
基本生产成本——甲产品	13 000	44 200
基本生产成本——乙产品	7 000	23 800
合计	20 000	68 000

（2）根据制造费用分配表，编制会计分录如下。

借：基本生产成本——甲产品　　44 200

　　　　　　　　——乙产品　　23 800

　贷：制造费用　　68 000

这种分配方法的优点是资料容易取得，方法比较简单。在原始记录和生产工时统计资料比较健全的车间，都可以采用这种方法来分配制造费用。

任务三：生产工人工资比例法

1. 任务描述

承任务一，祥瑞公司基本生产车间，为生产甲、乙两种产品本月共发生制造费用68 000元。假设甲产品生产工人工资为12 000元；乙产品生产工人工资为9 250元。

2. 任务要求

采用生产工人工资比例法计算甲、乙两种产品应承担的制造费用，并编制相应的会计分录。

3. 任务分析

生产工人工资比例法简称生产工资比例法，是按照计入各种产品成本的生产工人实际工资的比例分配制造费用的方法。其计算公式如下：

制造费用分配率 = 制造费用总额 ÷ ∑产品生产工人工资总额

某种产品应分配的制造费用 = 该种产品生产工人工资 × 制造费用分配率

4. 任务操作

（1）计算两种产品应承担的制造费用。

制造费用分配率 = 68 000 ÷ 21 250 = 3.2

甲产品应负担的制造费用 = 12 000 × 3.2 = 38 400（元）

乙产品应负担的制造费用 = 9 250 × 3.2 = 29 600（元）

根据资料编制生产工时比例法的制造费用分配见表 2－10。

表 2－10　制造费用分配表（生产工人工资比例法）

车间：基本生产车间　　　　单位：元

应借科目	生产工人工资	分配金额（分配率 3.2）
基本生产成本——甲产品	12 000	38 400
基本生产成本——乙产品	9 250	29 600
合计	21 250	68 000

（2）根据制造费用分配表，编制会计分录如下。

借：基本生产成本——甲产品　　38 400

　　　　　　　　——乙产品　　29 600

　贷：制造费用　　68 000

生产工人工资资料在职工薪酬分配表中有相关数据，因而该分配法比较简单。这种方法主要适用于各种产品机械化程度大致相同的情况，否则影响制造费用分配的合理性。

在生产机械化程度较高的车间，折旧费、修理费的数额与机器运转的时间密切相关。采用这种方法时必须正确记录各种产品所耗机器工时。机器工时比例法是按照各种产品生产所用机器工时的比例分配制造费用的一种方法。其计算公式如下：

制造费用分配率 = 制造费用总额 ÷ ∑产品耗用机器工时之和

某种产品应负担的制造费用 = 该产品耗用的机器工时 × 制造费用分配率

任务四：计划分配率法

1. 任务描述

企业一车间全年预算制造费用额为528 000元，全年各种产品计划产量为：甲产品5 000件，乙产品8 000件；单位产品的工时定额为甲产品8小时，乙产品6小时。

1月份实际产量为：甲产品300件，乙产品600件；本月实际发生制造费用38 000元。

2. 任务要求

（1）计算该车间制造费用年度计划分配率。

（2）采用年度计划分配率法计算甲、乙两种产品承担的制造费用。

3. 任务分析

由于计划资料一般都在年度开始前确定，所以计划分配率法又称年度计划分配率分配法，是按照年初所确定的计划分配率分配制造费用的一种方法。采用这种方法，每月各种产品所分配的制造费用都按年度计划分配率计算。如果出现制造费用实际发生数和按计划分配率计算的转出数之间有差额的情况，一般就在年末调整计入12月份的产品成本中，借记"基本生产成本"科目，贷记"制造费用"科目。如果实际发生额大于计划分配额，用蓝字补加，否则用红字冲减。其计算公式如下：

年度计划分配率 = 年度制造费用计划总额 ÷ 年度计划产量下各种产品定额工时总额

某月某产品分配的制造费用 = 该月该产品实际产量下的定额工时 × 年度计划分配率

4. 任务操作

（1）制造费用年度计划分配率 = 528 000 ÷ (5 000 × 8 + 8 000 × 6) = 6

（2）1月份甲产品分配的制造费用 = 300 × 8 × 6 = 14 400(元)

1月份乙产品分配的制造费用 = 600 × 6 × 6 = 21 600(元)

该车间1月份按计划分配率转出的制作费用 = 14 400 + 21 600 = 36 000(元)

1月份实际制造费用38 000元大于按年度计划分配率转出的制造费用36 000元，因此，采用这种分配方法，年度内制造费用账户就可能有余额，而且既可能是借方余额，也可能是贷方余额。

5. 训练

企业一车间全年预算制造费用为48 000元，各种产品全年定额工时为20 000小时。12月份甲产品定额工时为1 000小时，乙产品定额工时为2 000小时。年末核算时，该车间全年"制造费用"账户借方发生额合计为50 000元，贷方发生额合计为49 000元。

1）要求

根据上述资料，采用年度计划分配率法：

（1）计算该车间制造费用年度计划分配率。

（2）计算甲、乙两种产品12月份分配的制造费用，并做出相关的会计处理。

（3）年末计算制造费用差异额，并做出相关的会计处理。

2）操作

（1）制造费用年度计划分配率＝48 000÷20 000＝2.4

（2）12 月份甲产品分配的制造费用＝1 000×2.4＝2 400(元)

12 月份乙产品分配的制造费用＝2 000×2.4＝4 800(元)

借：基本生产成本——甲产品　　2 400

　　　　　　　　——乙产品　　4 800

　贷：制造费用　　7 200

（3）全年制造费用差异额＝50 000－49 000＝1 000(元)

借：基本生产成本　　1 000

　贷：制造费用　　1 000

采用计划分配率法分配制造费用，不必每月计算分配率，简化和加快了制造费用的分配工作，并能及时反映各月制造费用预算数与实际数的差异。特别是在季节性生产或季节性费用比重较大的车间，采用计划分配率方式可以避免各月制造费用分配率相差悬殊的弊病。采用这种分配法要求企业的计划或定额管理工作水平较高，以保证分配标准的准确性。

2.5　辅助生产费用核算

引例

祥瑞公司有供水和供电两个辅助生产车间，主要为本企业基本生产车间、行政管理部门和销售部门服务，供电和供水车间每月均发生材料耗费、燃料耗费和职工薪酬耗费等支出。如何计算各受益部门应承担的辅助生产成本?

知识准备

一、辅助生产的内涵及类型

辅助生产是指为企业内部基本生产车间、企业行政管理等部门服务而进行的产品生产和劳务供应。辅助生产有的只生产一种产品或劳务，如供电、供水、供气、运输等辅助生产；有的则生产多种产品或劳务，如从事工具、模型、备件的制造以及机器设备的修理等辅助生产。

辅助生产提供的产品和劳务，有时也对外销售，但主要是为基本生产车间和管理部门使用和服务。另外，某些辅助生产车间之间也有相互提供产品和劳务的情况。例如，锅炉车间为供电车间供气取暖，供电车间也为锅炉车间提供电力。这样，为了计算供气，就要确定供电成本；为了计算供电成本，又要确定供气成本。这里就存在一个辅助生产成本在各辅助生产车间交互分配的问题。由于辅助生产产品和劳务成本的高低，会影响到企业产品成本和期间费用的监督，所以正确、及时地组织辅助生产费用的核算，加强对辅助生产费用的监督，对于正确计算产品成本和各项期间费用有着重要意义。

二、辅助生产费用归集的内容

辅助生产费用是辅助生产车间在一定时期内为基本生产车间和行政管理等部门提供劳务或产品而发生的各种耗费。具体包括两部分内容：一是该车间自身发生的各种费用，如耗用的各项要素费用，包括直接材料、直接人工和制造费用等；二是从其他辅助生产车间分进来的费用，是指当存在多个辅助生产车间时，由于相互提供劳务或产品而从其他辅助生产车间分进来的交互服务费用。

三、辅助生产费用账户的设置及归集程序

辅助生产费用的归集和分配，是通过“辅助生产成本”账户进行的。该账户一般应按辅助生产车间设置，车间下再按产品或劳务种类设置明细账，账中按照成本项目或费用项目设立专栏进行明细核算。辅助生产发生的各项生产费用，应记入“辅助生产成本”账户的借方进行归集。

辅助生产费用归集的程序有两种，相应地，“辅助生产成本”明细账的设置方式也有两种。两者的区别在于辅助生产制造费用归集的程序不同。在一般情况下，辅助生产车间的制造费用应先通过“制造费用——辅助生产车间”账户进行单独归集，然后将其转入相应的“辅助生产成本”明细账，从而计入辅助生产产品或劳务的成本，如图 2－4 所示。

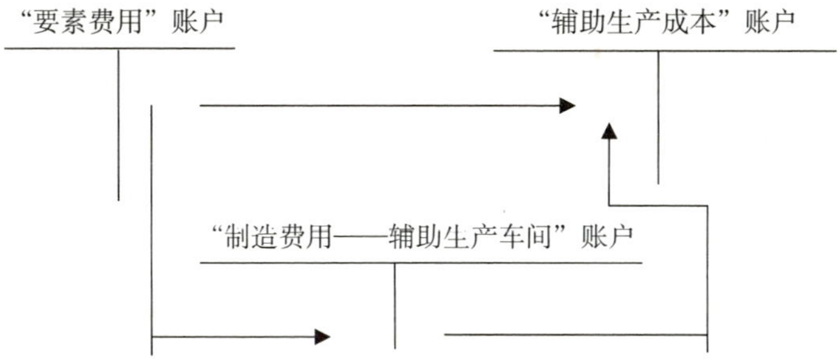

图 2－4　设置“制造费用——辅助生产车间”账户

如果辅助生产车间规模小、制造费用少，而且辅助生产不对外提供商品，则不需要按照规定的成本项目计算产品成本。此时，为了简化核算工作，辅助生产的制造费用可以不通过“制造费用——辅助生产车间”明细账单独归集，而直接记入“辅助生产成本”明细账，如图 2－5 所示。

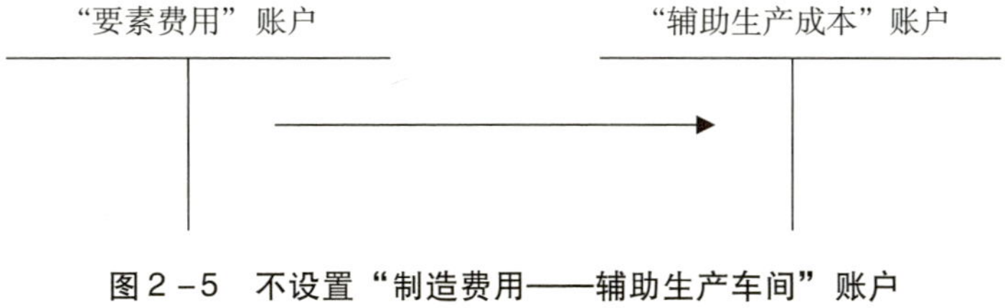

图 2－5　不设置“制造费用——辅助生产车间”账户

四、辅助生产费用的账务处理

1. 设置“制造费用——辅助生产车间”账户的账务处理

（1）对于在“辅助生产成本”明细账中设有专门成本项目的辅助生产费用，如原材料费用、动力费用、工资及福利费用等，发生时应记入“辅助生产成本”总账和所属明细账相应成本项目的借方，其中，直接计入费用应直接计入，间接计入费用则需分配计入。

（2）对于未专设成本项目的辅助生产费用，发生时应先计入“制造费用——辅助生产车间”账户归集，然后再从该账户的贷方直接转入或分配转入“辅助生产成本”总账和所属明细账的借方。

借：辅助生产成本
　　制造费用
　贷：原材料
　　　燃料
　　　应付职工薪酬
　　　累计折旧
　　　其他支出

2. 不设置“制造费用——辅助生产车间”账户的账务处理

“辅助生产成本”总账和明细账内按若干费用项目设置专栏。对于发生的各种辅助生产费用，直接计入或间接分配计入“辅助生产成本”总账以及所属明细账的相应费用项目。

借：辅助生产成本——供电车间
　贷：原材料
　　　燃料
　　　应付职工薪酬
　　　累计折旧
　　　其他支出

五、辅助生产费用的期末结转

辅助生产费用的期末结转分为如下两种情况。

（1）如果辅助生产车间为基本生产车间生产材料、模具、包装物等，这些产品完工以后要先入库，基本生产车间需要时再从库房领用。当辅助生产车间生产的材料、模具、周转材料等完工入库时做如下分录。

借：原材料
　　周转材料等
　贷：辅助生产成本

（2）如果辅助生产车间为基本生产车间和各部门直接提供产品或劳务（如供电、供水、机修、运输等），应区别情况进行处理。机修车间为企业内部服务发生的辅助生产费用应在管理费用和销售费用之间进行分配。按照新会计准则，生产车间和管理部门发生的修理费应直接计入管理费用，与专设销售机构相关的固定资产修理费应计入“销售费用”账户。其他各辅助生产车间，如供电、供水、供气等车间为企业内部服务发生的辅助生产费用，期末要向基本生产成本等各受益对象进行分配结转。期末结转后，这些辅助生产费用明细账账户应无余额。期末结转辅助生产费用做如下分录。

借：基本生产成本
　　制造费用——基本生产车间
　　管理费用
　　销售费用等
　贷：辅助生产成本

六、辅助生产费用的分配方法

辅助生产费用的分配是通过编制辅助生产费用分配表进行的。通常采用的辅助生产费用的分配方法有直接分配法、交互分配法、顺序分配法、代数分配法和计划成本分配法。

业务操作

任务：分配辅助生产费用

1. 任务描述

祥瑞企业有供水和供电两个辅助生产车间，主要为本企业基本生产车间、行政管理部门和销售部门服务，根据“辅助生产成本”明细账汇总的资料，供电车间本月发生费用为：材料耗费550元，燃料耗费12 000元，职工薪酬耗费7 700元，折旧费3 400元，其他支出5 150元；供水车间本月发生费用为：材料耗费340元，燃料耗费2 100元，职工薪酬耗费8 400元，折旧费1 300元，其他支出4 360元。供电车间计划单位成本为0.45元/度，供水车间计划单位成本为5.25元/吨。各辅助生产车间供应产品或劳务数量见表2－11。

表2－11　辅助生产车间供应产品数量

受益单位		耗电(度)	耗水(立方米)
基本生产——A产品		42 000	
基本生产车间		3 000	2 800
辅助生产车间	供电		825
	供水	9 600	
行政管理部门		2 000	300
销售部门		1 000	200
合计		57 600	4 125

2. 任务要求

(1) 用直接分配法分配辅助生产费用。

(2) 用交互分配法分配辅助生产费用。

(3) 用顺序分配法分配辅助生产费用。

(4) 用代数分配法分配辅助生产费用。

(5) 用计划成本分配法分配辅助生产费用。

3. 任务分析

1) 直接分配法

直接分配法，是指不考虑各辅助生产车间之间相互提供劳务的情况，而是将各种辅助生产费用直接分配给辅助生产车间以外的各受益单位的一种分配方法，如图 2-6 所示，其单位成本分配率计算公式如下：

$$\text{单位成本分配率}=\frac{\text{待分配辅助生产费用}}{\text{辅助生产劳务(产品)总量}-\text{其他辅助生产劳务(产品)耗用数量}}$$

这种分配方法最为简便，但只适宜在辅助生产内部相互提供劳务不多、不进行交互分配，对辅助生产成本和企业产品成本影响不大的情况下采用。

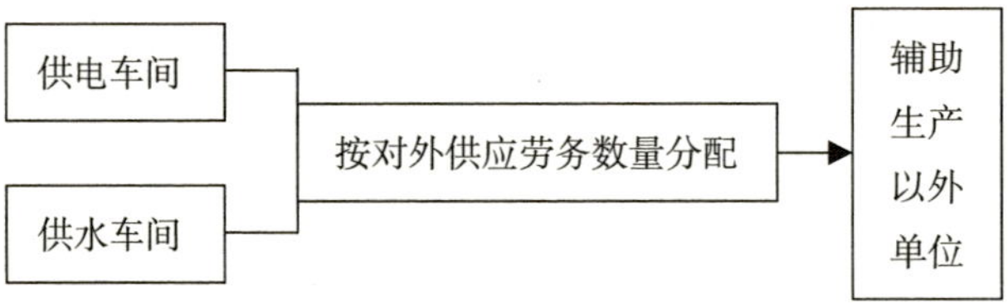

图 2-6　直接分配法

2) 交互分配法

交互分配法，是对各辅助生产车间的成本费用进行两次分配。首先，根据各辅助生产车间相互提供劳务的数量和交互分配前的单位成本(费用分配率)，在各辅助生产车间之间进行一次交互分配；然后，将各辅助生产车间交互分配后的实际费用(即交互分配前的费用加上交互分配转入的费用，减去交互分配转出的费用)，再按提供劳务的数量和交互分配后的单位成本(费用分配率)，在辅助生产车间以外的各受益单位进行分配，如图 2-7 所示。

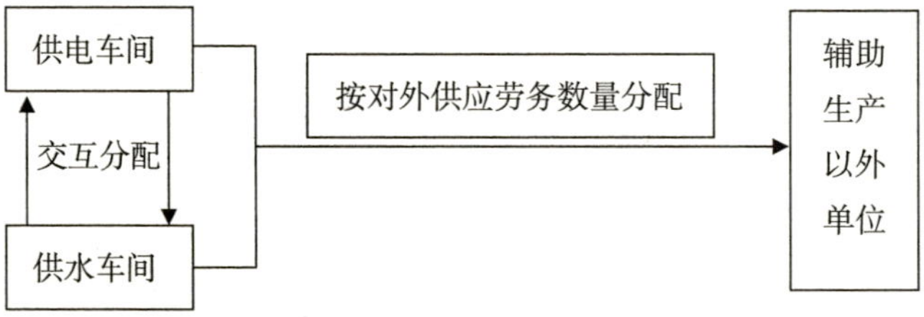

图 2-7　交互分配法

采用交互分配法时，由于辅助生产车间内部相互提供劳务全部进行了交互分配，因而提高了分配结果的正确性；但由于各种辅助生产费用都要计算两个费用分配率，进行两次分配，因而增加了核算工作量；由于交互分配的费用分配率(单位成本)，是根据交互分配前的待分配费用计算的，所以据此计算的分配结果仍不十分精确。在各月辅助生产费用水平相差不大的情况下，为了简化计算工作，可以用上月的辅助生产费用分配率作为交互分配的分配率。

3）顺序分配法

顺序分配法又称梯形分配法，是在各辅助生产车间分配费用时，按照各辅助生产车间受益多少的顺序排列，并逐一将其费用分配给其他车间(包括排在后面的辅助生产车间)、部门。受益少的辅助生产车间排在前面，受益多的辅助生产车间排在后面，并依次向后面各车间、部门分配，后面的辅助生产车间费用不再对前面的辅助生产车间进行分配，如图2－8所示。

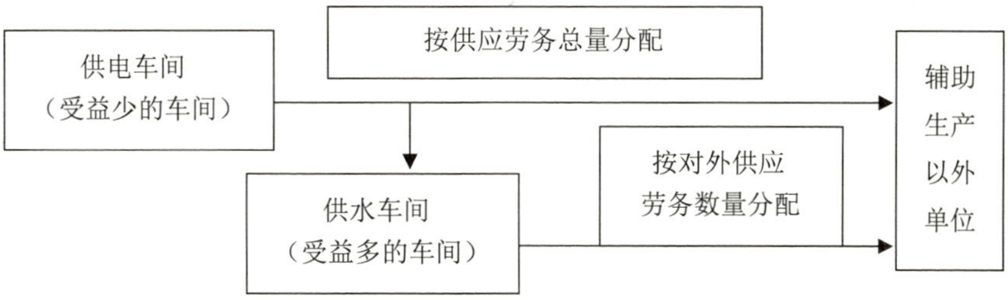

图2－8　顺序分配法

采用顺序分配法，各辅助生产车间的费用只分配一次，计算简单。由于该方法是按照受益金额多少的顺序依次排列，受益金额少的排在前面，先将费用分配给排在后面的辅助生产车间及外部受益对象，受益金额多的排在后面，后将费用分配给排在其后的辅助生产车间及外部受益对象，这使得排在后面的受益多的辅助生产车间费用归集较全，符合会计信息重要性的要求，该方法分配结果正确性也比直接分配法有所提高。但由于排在前面的辅助生产车间不负担排在后面的辅助生产车间的费用，正确性仍然会受到影响。该方法只适用于各辅助生产车间之间相互受益具有明显差异的企业。

4）代数分配法

采用代数分配法，应先根据解联立方程的原理，计算辅助生产劳务的单位成本，然后根据各受益单位(包括辅助生产内部和外部各单位)耗用的数量和单位成本分配辅助生产费用。

代数分配法是最科学的方法，其分配结果也最正确，但在分配以前要联立方程，当辅助生产车间较多时，未知数较多，计算复杂，因而这种方法一般适用于实施了电算化会计的企业。

5）计划成本分配法

采用这种分配方法，辅助生产车间为各受益单位(包括受益的其他辅助生产车间、部门在内)提供的劳务，都按劳务的计划单位成本进行分配；辅助生产车间实际发生的费用(包括辅助生产内部交互分配转入的费用在内)与按计划单位成本分配转出的费用之间的差异，可以再分配给辅助生产车间以外各受益单位负担，但为了简化计算工作，一般全部计入管理费用，如图2－9所示。

采用按计划成本分配法，各种辅助生产费用只分配一次，且劳务的计划单位成本已事先确定，因而简化和加速了计算分配工作；通过辅助生产成本节约或超支数额的计算，还能反映和考核辅助生产成本计划的执行情况；此外，按照计划单位成本分配，排除了辅助生产实际费用的高低对各受益单位成本费用的影响，便于考核和分析各受益单位的经济责任。但是采用这种分配方法，必须具备比较正确的计划成本资料。

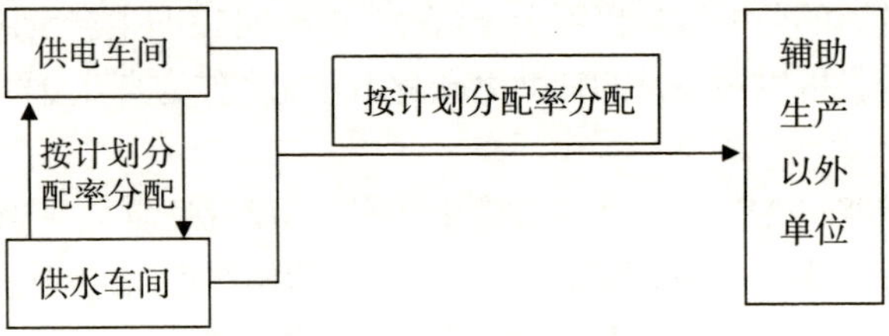

图 2-9　计划成本分配法

4. 任务操作

1）用直接分配法分配辅助生产费用

（1）分配供电车间的生产费用。

待分配辅助生产费用 = 550 + 12 000 + 7 700 + 3 400 + 5 150 = 28 800（元）

$$电单位成本（分配率）= \frac{28\ 800}{57\ 600 - 9\ 600} = 0.6（元/度）$$

A 产品应负担的电费 = 0.6 × 42 000 = 25 200（元）

基本生产车间应负担的电费 = 0.6 × 3 000 = 1 800（元）

行政管理部门应负担的电费 = 0.6 × 2 000 = 1 200（元）

销售部门应负担的电费 = 0.6 × 1 000 = 600（元）

（2）分配供水车间的生产费用。

待分配辅助生产费用 = 340 + 2 100 + 8 400 + 1 300 + 4 360 = 16 500（元）

$$水的单位成本（分配率）= \frac{16\ 500}{4\ 125 - 825} = 5（元/吨）$$

基本生产车间应负担的水费 = 5 × 2 800 = 14 000（元）

行政管理部门应负担的水费 = 5 × 300 = 1 500（元）

销售部门应负担的水费 = 5 × 200 = 1 000（元）

辅助生产费用分配表详见表 2-12。

表 2-12　辅助生产费用分配表

项目		供电车间（度）	供水车间（吨）	合计
待分配辅助生产费用（元）		28 800	16 500	45 300
供应辅助生产以外的劳务数量		48 000	3 300	
单位成本（分配率）		0.6	5	
基本生产——A 产品	耗用数量	42 000		
	分配金额	25 200		25 200
基本生产车间	耗用数量	3 000	2 800	
	分配金额	1 800	14 000	15 800
行政管理部门	耗用数量	2 000	300	
	分配金额	1 200	1 500	2 700
销售部门	耗用数量	1 000	200	
	分配金额	600	1 000	1 600
合计		28 800	16 500	45 300

根据辅助生产费用分配表编制供电车间的会计分录。

借：基本成本——A 产品　　21 000
　　制造费用——基本生产车间　　1 500
　　辅助生产成本——供水车间　　4 800
　　管理费用　　1 000
　　销售费用　　500
　贷：辅助生产成本——供电车间　　28 800

根据辅助生产费用分配表编制供水车间的会计分录。

借：制造费用——基本生产车间　　18 060
　　管理费用　　1 950
　　销售费用　　1 290
　贷：辅助生产成本——供水车间　　21 300

采用直接分配法，计算工作简便，但当辅助生产车间相互提供产品或劳务量差异较大时，分配结果往往与实际不符。

2）用交互分配法分配辅助生产费用

（1）先进行内部交互分配。

$$供水车间应负担的耗电费用=9\ 600\times\frac{28\ 800}{57\ 600}=4\ 800(元)$$

$$供电车间应负担的耗水费用=825\times\frac{16\ 500}{4\ 125}=3\ 300(元)$$

做如下会计分录。

借：辅助生产成本——供水车间　　4 800
　贷：辅助生产成本——供电车间　　4 800
借：辅助生产成本——供电车间　　3 300
　贷：辅助生产成本——供水车间　　3 300

（2）再进行对外分配。

供电车间对外待分配的费用 $=28\ 800+3\ 300-4\ 800=27\ 300$(元)

供水车间对外待分配的费用 $=16\ 500+4\ 800-3\ 300=18\ 000$(元)

①对外分配供电车间费用。

$$供电车间对外分配费用率=\frac{27\ 300}{57\ 600-9\ 600}=0.568\ 75$$

A 产品应负担的电费 $=0.568\ 75\times42\ 000=23\ 877.50$(元)

基本生产车间应负担的电费 $=0.568\ 75\times3\ 000=1\ 706.25$(元)

行政管理部门应负担的电费 $=0.568\ 75\times2\ 000=1\ 137.50$(元)

销售部门应负担的电费 $=0.568\ 75\times1\ 000=568.75$(元)

做如下会计分录。

借：基本生产成本——A 产品　　23 887.50
　　制造费用——基本生产车间　　1 706.25
　　管理费用　　1 137.50

销售费用　　568.75

贷：辅助生产成本——供电车间　　27 300

②对外分配供水车间费用。

$$供水车间对外分配费用率=\frac{18\ 000}{4\ 125-825}=5.45$$

基本生产车间应负担的水费 = 5.45 × 2 800 = 15 260(元)

行政管理部门应负担的水费 = 5.45 × 300 = 1 650(元)

销售部门应负担的水费 = 5.45 × 200 = 1 090(元)

做如下会计分录。

借：制造费用——基本生产车间　　15 260

管理费用　　1 650

销售费用　　1 090

贷：辅助生产成本——供水车间　　18 000

以上计算过程也可以通过设计成表格的方式来反映，见表 2－13。

表 2－13　辅助生产费用分配表(交互分配法)

项目			交互分配			对外分配		
辅助生产车间名称			供电(度)	供水(吨)	合计	供电(度)	供水(吨)	合计
待分配费用			28 800	16 500		27 300	18 000	45 300
劳务供应数量总额			57 600	4 125		48 000	3 300	
费用分配率			0.5	4		0.568 75	5.45	
辅助生产车间	供电车间	数量		825				
		金额(元)		3 300	3 300			
	供水车间	数量	9 600					
		金额(元)	4 800		4 800			
	金额小计		4 800	3 300	8 100			
基本生产车间——A 产品		数量				42 000		
		金额				23 887.50		23 887.50
基本生产车间		数量				3 000	2 800	
		金额				1 706.25	15 260	16 966.25
行政管理部门		数量				2 000	300	
		金额				1 137.50	1 650	2 787.50
销售部门		数量				1 000	200	
		金额				568.75	1 090	1 658.75
分配金额合计						27 300	18 000	45 300

由于对辅助生产车间内部相互提供的产品和劳务进行了交互分配，交互分配法提高了分配结果的正确性，但由于每一个辅助生产车间的费用都要进行内部交互分配和对外分配两个过程，进行两次分配，因而计算工作量有所增大。而且，采用该方法交互分配时的费

用分配率是根据交互分配前的待分配费用计算的，仍然不是各辅助生产车间的实际单位成本，因此分配结果也只是相对的正确，故该方法一般只适用于各辅助生产车间之间相互提供产品和劳务较多的企业。

3）用顺序分配法分配辅助生产费用

（1）估算各辅助生产车间的受益金额并根据大小排序。

供水车间应负担的耗电费用：$9\ 600 \times \frac{28\ 800}{57\ 600} = 4\ 800$（元）

供电车间应负担的耗水费用：$825 \times \frac{16\ 500}{4\ 125} = 3\ 300$（元）

可见供电车间受益少，排在前；供水车间受益多，排在后。

（2）按排定的顺序分别分配供电车间和供水车间的费用。

①分配供电车间的费用。

供电车间对外分配费用率 $= \frac{28\ 800}{57\ 600} = 0.50$

A 产品应负担的电费 $= 0.50 \times 42\ 000 = 21\ 000$（元）

基本生产车间应负担的电费 $= 0.50 \times 3\ 000 = 1\ 500$（元）

供水车间应负担的电费 $= 0.50 \times 9\ 600 = 4\ 800$（元）

行政管理部门应负担的电费 $= 0.50 \times 2\ 000 = 1\ 000$（元）

销售部门应负担的电费 $= 0.50 \times 1\ 000 = 500$（元）

做如下会计分录。

借：基本生产成本——A 产品	21 000	
制造费用——基本生产车间	1 500	
辅助生产成本——供水车间	4 800	
管理费用	1 000	
销售费用	500	
贷：辅助生产成本——供电车间		28 800

②分配供水车间的费用。

供水车间对外分配费用率 $= \frac{16\ 500 + 4\ 800}{4\ 125 - 825} = 6.45$

基本生产车间应负担的水费 $= 6.45 \times 2\ 800 = 18\ 060$（元）

行政管理部门应负担的水费 $= 6.45 \times 300 = 1\ 950$（元）

销售部门应负担的水费 $= 6.45 \times 200 = 1\ 290$（元）

做如下会计分录。

借：制造费用——基本生产车间	18 060	
管理费用	1 950	
销售费用	1 290	
贷：辅助生产成本——供水车间		21 300

4）用代数分配法分配辅助生产费用

设供电车间和供水车间产品和劳务的单位成本分别为 X，Y。

联立方程如下：

$$\begin{cases}28\ 800+825Y=57\ 600X\\16\ 500+9\ 600X=4\ 125Y\end{cases}\quad 解得：\begin{cases}X=0.517\ 650\ 86\\Y=5.341\ 692\ 9\end{cases}$$

（1）分配供电车间费用。

A产品应负担的电费 = 0.576 508 6 × 42 000 = 24 213.36（元）

基本生产车间应负担的电费 = 0.576 508 6 × 3 000 = 1 729.53（元）

供水车间应负担的电费 = 0.576 508 6 × 9 600 = 5 534.48（元）

行政管理部门应负担的电费 = 0.576 508 6 × 2 000 = 1 153.02（元）

销售部门应负担的电费 = 0.576 508 6 × 1 000 = 576.51（元）

做如下会计分录。

借：基本生产成本——A产品	24 213.36	
制造费用——基本生产车间	1 729.53	
辅助生产车间——供水车间	5 534.48	
管理费用	1 153.02	
销售费用	576.51	
贷：辅助生产成本——供电车间		33 206.90

（2）分配供水车间费用。

基本生产车间应负担的水费 = 5.341 692 9 × 2 800 = 14 956.74（元）

供电车间应负担的水费 = 5.341 692 9 × 825 = 4 406.90（元）

行政管理部门应负担的水费 = 5.341 692 9 × 300 = 1 602.51（元）

销售部门应负担的水费 = 5.341 692 9 × 200 = 1 068.34（元）

做如下会计分录。

借：制造费用——基本生产车间	14 956.74	
辅助生产成本——供电车间	4 406.90	
管理费用	1 602.51	
销售费用	1 068.34	
贷：辅助生产成本——供水车间		22 034.49

5）用计划成本分配法分配辅助生产费用

（1）按计划单位成本将供电车间费用分配给各受益部门。

A产品应负担的电费 = 0.45 × 42 000 = 18 900（元）

基本生产车间应负担的电费 = 0.45 × 3 000 = 1 350（元）

供水车间应负担的电费 = 0.45 × 9 600 = 4 320（元）

行政管理部门应负担的电费 = 0.45 × 2 000 = 900（元）

销售部门应负担的电费 = 0.45 × 1 000 = 450（元）

做如下会计分录。

借：基本生产成本——A产品	18 900
制造费用——基本生产车间	1 350
辅助生产车间——供水车间	4 320

　　管理费用　　900
　　销售费用　　450
　贷：辅助生产成本——供电车间　　25 920

（2）按计划单位成本将供水车间费用分配给各受益部门。

基本生产车间应负担的水费 =5.25×2 800 =14 700（元）

供电车间应负担的水费 =5.25×825 =4 331.25（元）

行政管理部门应负担的水费 =5.25×300 =1 575（元）

销售部门应负担的水费 =5.25×200 =1 050（元）

做如下会计分录。

借：制造费用——基本生产车间　　14 700
　　辅助生产成本——供电车间　　4 331.25
　　管理费用　　1 575
　　销售费用　　1 050
　贷：辅助生产成本——供水车间　　21 656.25

（3）将供电车间和供水车间实际费用与按计划单位费用分配转出的成本之间的差额全部计入管理费用。

做如下会计分录。

借：管理费用　　7 211.25
　贷：辅助生产成本——供电车间　　7 211.25
借：管理费用　　836.25
　贷：辅助生产成本——供水车间　　836.25

采用计划成本分配法，由于辅助生产车间的产品和劳务的计划单位成本有现成的资料，不必单独计算费用分配率，只要有各受益单位耗用辅助生产车间的产品和劳务量，便可进行分配，简化了计算工作。但是，采用该方法辅助生产劳务的计划单位成本必须正确，否则会影响分配结果的准确性。

知识拓展

某企业有一个基本生产车间，大量生产甲、乙产品，有供电和供水两个辅助生产车间，供电车间为企业各部门提供动力或照明用电，供水车间为企业各部门提供用水。该企业辅助生产车间未单独设置“制造费用”明细账。主要为本企业基本生产车间和行政管理部门等服务，根据“辅助生产成本”明细账汇总的资料，供电车间本月发生费用为 36 960 元，供水车间本月发生费用 27 000 元，各辅助生产车间供应产品或劳务数量见表 2 -14。

表 2－14 各辅助生产车间供应产品或劳务数量表

受益单位		耗水(立方米)	耗电(度)
基本生产——A 产品			48 000
基本生产车间		24 000	
辅助生产车间	供电	3 000	
	供水		12 000
行政管理部门		2 000	4 000
销售部门		1 000	1 600
合计		30 000	65 600

试用代数分配法和交互分配法计算各受益部门应承担的辅助生产成本。

2.6 生产损失核算

引例

祥瑞公司在生产过程中发现有可修复废品和不可修复废品，不可修复废品回收有残料，并可向过失人要求一定的经济赔偿。如何对废品损失进行归集与结转？

知识准备

生产损失，是指企业在生产过程中由于原材料不符合要求、生产工人违规操作、机器设备故障等生产原因而发生的各项耗费。生产损失与产品直接相关，应该构成产品成本的一部分。生产损失不仅会降低产品质量，提高产品成本，而且会减少产量，影响生产计划的完成。企业必须建立健全生产责任制度，以防止和减少各种生产损失，努力提高经济效益。按照产生的原因生产损失可以分为两大类：废品损失和停工损失。

一、废品损失的核算

（一）废品与废品损失的概念

1. 废品的含义与种类

废品是指不符合技术标准，不能按照原定用途使用，或者需要加工修理才能使用的在产品、半成品或产成品。废品分为可修复废品和不可修复废品两种。可修复废品，是指经过修理可以使用，而且所花费的修复费用在经济上合算的废品；不可修复废品，则指不能修复，或者所花费的修复费用在经济上不合算的废品。不论是在生产过程中发现的废品，还是在入库后发现的废品，都应包括在内。

2. 废品损失的含义

废品损失包括在生产过程中发现的和入库后发现的不可修复废品的生产成本，以及可修复废品的修复费用，扣除回收的废品残料价值和应由过失单位或个人赔款以后的损失。无论是在生产过程中发现，还是在入库、销售后发现，均作为废品损失。废品的产生无论是对产品成本的降低，还是对企业的信誉都将带来不良的影响，因此，企业必须加强废品的管理，努力提高产品质量，最大限度地降低废品损失。

需要指出，废品损失一般只包括发生废品所造成的直接损失，至于因产生废品给企业带来的间接损失，如因延误交货而发生的违约赔款、减少销售量而造成的企业利润减少等不计算在废品损失内。以下三种情况发生的相关损失按有关规定不计入废品损失。

（1）经检验部门鉴定不需要返修，可以降价出售的次品，其售价低于合格品所发生的降价损失直接影响企业的销售收入，体现为销售损益，不作为废品损失处理。

（2）产成品入库后，由于保管不善、运输装卸不当或者其他原因造成的损失、变质属于管理上的原因，应列作管理费用，不作为废品损失处理。

（3）实行包退、包修、包换的企业，产品出售以后发现是废品而造成的损失，加退回的报废产品的实际成本减去残值后的净损失应计入管理费用，不作为废品损失处理。

质量检验部门发现废品时，应该填制废品通知单，列明废品的种类、数量、生产废品的原因和过失人等。成本会计人员应该会同检验人员对废品通知单所列废品生产的原因和过失人等项目加强审核。只有经过审核的废品通知单，才能作为废品损失核算的根据。

（二）废品损失的核算方式及科目设置

1. 废品损失的核算方式

废品损失的核算方式有两种：单独核算和不单独核算，前者适用于生产中容易发生废品，管理上需要单独考核废品损失及有关费用项目指标的企业，反之则用后者。

在不单独核算废品损失的企业中，可修复废品的损失在发生修复费用时，应直接计入有关的成本项目，不可修复废品只扣除产量，不结转成本，废品的残料价值可直接冲减该产品成本明细账的“直接材料”成本项目，其不可修复废品的损失体现在由于合格品的减少而引起的单位成本的升高中。辅助生产一般不单独核算废品损失。

在单独核算废品损失的企业中，可以单独设置“废品损失”总账，也可在“基本生产成本”总账下设“废品损失”二级账，再在此下按车间分产品分设明细账，明细账内按成本项目设专栏进行核算。“废品损失”账户借方归集可修复废品的修复费用和不可修复废品的实际生产成本及搬运废品的运杂费等其他费用，贷方登记废品残料回收的价值和应收过失人赔偿款。期末将计入当期产品成本的废品净损失自“废品损失”账户的贷方转到“基本生产成本”账户借方后，账户一般无余额。

2. 废品损失核算科目的设置

为了单独核算废品损失，在会计科目中应增设“废品损失”科目；在成本项目中应增设“废品损失”项目。“废品损失”科目是为了归集和分配废品损失而设立的。该科目应按车间设立明细账，账内按产品品种分设专户，并按成本项目分设专栏或专行，进行明细核算。具体分为以下几种情况。

（1）不可修复废品的生产成本，应根据不可修复废品计算表。

借：废品损失

　贷：基本生产成本

（2）可修复废品的修复费用，应根据各种费用分配表。

借：废品损失

　贷：原材料

　　　应付工资

　　　应付福利费

　　　制造费用

（3）废品残料的回收价值和应收的赔款，应从“废品损失”科目的贷方转出。

借：原材料（或其他应收款）

　贷：废品损失

（4）“废品损失”科目上述借方发生额大于贷方发生额的差额，就是废品损失，分配转由本月同种产品的成本负担。

借：基本生产成本

　贷：废品损失

通过上述归集和分配，“废品损失”科目月末没有余额。

二、停工损失的核算

（一）停工损失的概念

停工损失是指生产车间或车间内某个班组在停工期间发生的各项费用，包括停工期间发生的原材料费用、工资及福利费和制造费用等。应由过失单位或保险公司负担的赔款，应从停工损失中扣除。为了简化核算工作，停工不满一个工作日的，一般不计算停工损失。

（二）停工损失的账户设置及核算方法

为了单独核算停工损失，在会计科目中应增设“停工损失”科目；在成本项目中应增设“停工损失”项目。“停工损失”科目是为了归集和分配停工损失而设立的。该科目应按车间设立明细账，账内按成本项目分设专栏或专行，进行明细核算。停工期间发生的、应该计入停工损失的各种费用，都应在该科目的借方归集，借记“停工损失”科目，贷记“原材料”“应付工资”“应付福利费”和“制造费用”等科目，如图 2－10 所示。

停工损失（成本类）

+	－
停工损失发生数 生产工人工资及福利费 燃料动力及耗费 应负担的制造费用等	期末结转数 责任者赔款 净损失结转
余额：期末结转后应无余额（跨月连续停工的企业除外）	

图 2－10　停工损失账户设置及核算

归集在“停工损失”科目借方的停工损失，其中应取得赔偿的损失和应计入营业外支出的损失，应从该科目的贷方分别转入“其他应收款”和“营业外支出”科目的借方；应计入产品成本的损失，则应从该科目的贷方分别转入“基本生产成本”科目的借方。应计入产品成本的停工损失，如果停工的车间只生产一种产品，应直接记入该种产品成本明细账的“停工损失”成本项目；如果停工的车间生产多种产品，则应采用适当的分配方法（如采用类似于分配制造费用的方法），分配记入该车间各种产品成本明细账的“停工损失”成本项目。

（三）停工损失单独核算的账务处理程序

停工损失单独核算的账务处理流程如图 2－11 所示。

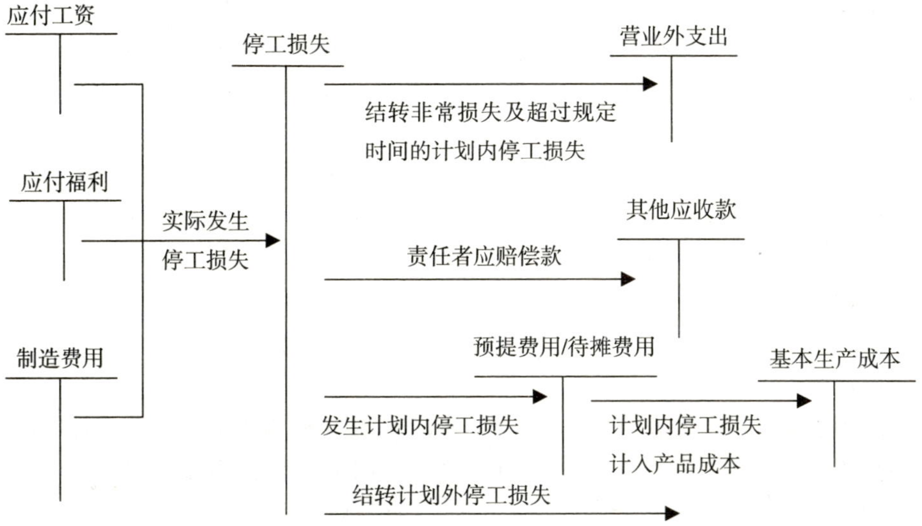

图 2－11　停工损失单独核算的财务处理程序图

业务操作

任务一：不可修复废品损失的归集与分配

1. 任务描述

祥瑞公司一车间生产甲产品 50 件，生产过程中发现 1 件为不可修复废品。甲产品成本明细账归集的生产费用为：直接材料 62 500 元，直接人工 4 875 元，制造费用 24 375 元，合计 91 750 元。原材料于生产开始时一次投入。生产工时为：合格品 1 505 小时，废品 120 小时，合计 1 625 小时。废品回收的残料计价 200 元。另外，甲产品生产过程中发现 2 件可修复废品，当即进行修复，耗用原材料 200 元，工人工资 40 元，制造费用 50 元，此外，应向过失人索赔 100 元。

2. 任务要求

对废品损失进行归集与结转。

（1）编制不可修复废品成本计算表。

（2）编制废品损失归集与结转的会计分录。

（3）登记废品损失明细账。

（4）登记甲产品成本明细账。

3. 任务分析

进行不可修复废品损失的核算，先应计算截至报废时已经发生的废品生产成本；然后扣除残值和应收赔款，算出废品损失。不可修复废品的生产成本，可按废品所耗实际费用计算，也可按废品所耗定额费用计算。

1）按废品所耗实际费用计算

在采用按废品所耗实际费用计算的方法时，由于废品报废以前发生的各项费用是与合格产品一起计算的，因而要将废品报废以前与合格品计算在一起的各项费用，采用适当的分配方法，在合格品与废品之间进行分配，计算出废品的实际成本，从“基本生产成本”科目的贷方转入“废品损失”科目的借方。

如果废品是在完工以后发现的，这时单位废品负担的各项生产费用应与单位合格品完全相同，可按合格品产量和废品的数量比例分配各项生产费用，计算废品的实际成本。按废品的实际费用计算和分配废品损失，符合实际，但核算工作量较大。

2）按废品所耗定额费用计算

在按废品所耗定额费用计算不可修复废品的成本时，废品的生产成本则按废品的数量和各项费用定额计算。

按废品的定额费用计算废品的定额成本，由于费用定额事先规定，不仅计算工作比较简便，而且还可以使计入产品成本的废品损失数额不受废品实际费用水平高低的影响。也就是说，废品损失大小只受废品数量差异（差量）的影响，不受废品成本差异（价差）的影响，从而有利于废品损失和产品成本的分析和考核。但是，采用这一方法计算废品生产成本，必须具备准确的消耗定额和费用定额资料。

4. 任务操作

废品损失的归集和分配，应根据废品损失计算表和分配表等有关凭证，通过“废品损失”账户和“废品损失计算表”来进行，见表2-15。

表2-15　不可修复废品成本计算表

项目	数量（件）	直接材料（元）	工时（小时）	直接人工（元）	制造费用（元）	合计（元）
生产费用	50	62 500	1 625	4 875	24 375	91 750
费用分配率		1 250		3	15	
废品生产成本	1	1 250	120	360	1 800	3 410

为了归集与分配不可修复的废品损失，必须首先计算废品的成本。一般有两种方法：一种是按废品所耗实际费用计算；另一种是按废品所耗定额费用计算。计算出的废品成本，从“生产成本——基本生产成本”账户的贷方转入“废品损失”账户的借方。

1）根据“废品损失计算表”编制会计分录

借：废品损失——甲产品　　3 410

　贷：基本生产成本——甲产品　　3 410

回收废品残料价值：

借：原材料　　200

　贷：废品损失——甲产品　　200

可修复废品发生的修复费用：

借：废品损失——甲产品　　290

　贷：原材料　　200

　　　应付职工薪酬　　40

　　　制造费用　　50

应向过失人索赔：

借：其他应收款　　100

　贷：废品损失——甲产品　　100

2）登记废品损失明细账

废品损失明细账见表2－16。

表2－16　废品损失明细账

单位：元

摘要	直接材料	直接人工	制造费用	合计
转入不可修复废品生产成本	1 250	360	1 800	3 410
结转废品残料价值	200			200
可修复废品的材料费用	200			200
可修复废品的工资费用		40		40
可修复废品的制造费用			50	50
结转应收赔款		100		100
废品净损失	1 250	300	1 850	3 400
转出废品净损失	1 250	300	1 850	3 400

3）登记甲产品成本明细账

甲产品成本明细账见表2－17。

表2－17　甲产品成本明细账

单位：元

摘要	直接材料	直接人工	制造费用	废品损失	合计
耗用材料费用	62 500				62 500
耗用工资费用		4 875			4 875
耗用制造费用			24 375		24 375
减：不可修复废品成本	1 250	300	1 850		3 400
转入废品损失				3 400	3 400
合格品总成本	61 250	4 575	22 575	3 400	91 750

任务二：可修复废品损失的归集与分配

1. 任务描述

祥瑞公司第二生产车间生产甲产品，生产过程中发现可修复废品 15 件，根据“材料费用分配汇总表”提供的资料，修复甲产品领用材料的实际成本为 350 元。根据“工资及福利费分配汇总表”和“制造费用分配表”提供的资料可知，修复废品应负担的工资费为 200 元，福利费为 28 元，制造费用为 150 元，已修复入库。发现不可修复废品 10 件，其定额成本为材料费用每件 90 元，人工费用每件 72 元，制造费用每件 55 元，回收残料价值 450 元，应收责任人赔偿款 120 元，其他成本资料见“成本计算单”。

2. 任务要求

（1）编制可修复废品成本计算表。

（2）编制废品损失归集与结转的会计分录。

3. 任务分析

可修复废品损失指废品在修复过程中所发生的各项修复费用，返修以前发生的费用在“生产成本——基本生产成本”账户及有关的成本计算单中，不必转出，它不是废品损失。返修时发生的修复费用，应根据原材料、工资、辅助生产费用和制造费用等分配表记入“废品损失”账户的借方，以及有关账户的贷方。如有残料和应收赔款，根据废料交库凭证及其他有关结算凭证，从“废品损失”账户的贷方转入“原材料”“其他应收款”等账户的借方。将废品净损失(修复费用减残值和赔款)从“废品损失”账户的贷方转入“生产成本——基本生产成本”账户的借方及其有关成本明细账的废品损失成本项目。

在不单独核算废品损失的企业中，不设立“废品损失”科目和成本项目，只在回收废品残料时，借记“原材料”科目，贷记“基本生产成本”科目，并从所属有关产品成本明细账的“原材料”成本项目中扣除残值价值。“基本生产成本”科目和所属有关产品成本明细账归集的完工产品总成本，除以扣除废品数量以后的合格品数量，就是合格品的单位成本。

4. 任务操作

按废品所耗定额费用计算，不考虑废品实际发生的生产费用数额，直接根据废品数量和各项费用定额计算废品成本。根据上述资料编制的“废品损失明细账”“成本计算单”，见表 2－18、表 2－19。

表 2－18　废品损失明细账(表)

产品名称：甲产品　　　　2014 年 8 月　　　　单位：元

摘要	直接材料	直接人工	制造费用	合计
材料费用分配汇总	350			350
工资及福利费分配汇总		228		228
制造费用分配			150	150

续表

摘要	直接材料	直接人工	制造费用	合计
转入不可修复废品生产成本	900	720	550	2 170
回收残料价值	-450			-450
应收责任人赔偿款		-120		-120
转出废品净损失	-800	-828	-700	-2 328

表2-19　成本计算单

产品名称：甲产品　　2014 年 8 月　　单位：元

摘要	直接材料	直接人工	制造费用	废品损失	合计
累计的生产费用	180 000	105 000	85 600		370 600
转出不可修复废品生产成本	-900	-720	-550		-2 170
转入废品净损失				2 328	2 328

相关会计分录如下。

(1) 发生可修复废品修复费用时。

借：废品损失——甲产品　728

　贷：原材料　350

　　应付职工薪酬　228

　　制造费用　150

(2) 结转不可修复废品的生产成本。

借：废品损失——甲产品　2 170

　贷：生产成本——甲产品　2 170

(3) 应收责任人赔偿款。

借：其他应收款　120

　贷：废品损失——甲产品　120

(4) 回收残料价值。

借：原材料　450

　贷：废品损失——甲产品　450

(5) 结转废品净损失。

借：生产成本——甲产品　2 328

　贷：废品损失——甲产品　2 328

任务三：不单独核算废品损失的处理

1. 任务描述

该车间生产某产品，本月投产 1 000 件，全部完工，入库时发现 2 件为不可修复废品，回收残料 150 元，责任人应赔偿 130 元。

2. 任务要求

(1) 编制可修复废品成本计算表。

（2）编制废品损失归集与结转的会计分录。

3. 任务分析

当生产过程中产生的废品很少，而且管理上也不要求单独核算废品损失时，不需要设置“废品损失”账户，成本计算单中也不需要设置“废品损失”成本项目。发生的可修复废品修复费及不可修废品的生产成本都已根据“材料费用分配汇总表”“工资及福利费分配汇总表”和“制造费用分配表”提供的资料计入了成本计算单，对于发生的废品残料价值收入和应收赔偿款，也应直接冲减生产成本。

4. 任务操作

编制成本计算单见表 2 –20。

表 2 –20 成本计算单

产品名称：丁产品　　2014 年 10 月　　完工产量：998 件　　单位：元

摘要	直接材料	直接人工	制造费用	合计
累计生产费用	150 000	98 700	76 000	324 700
回收废品残料	–150			–150
应收过失人赔偿		–130		–130
完工产品总成本	149 850	98 570	76 000	324 420
完工产品单位成本	150.15	98.77	76.15	325.07

根据上表编制如下相关会计分录。

（1）应收责任人赔偿款。

借：其他应收款　　130

　贷：生产成本——甲产品　　130

（2）回收残料价值。

借：原材料　　150

　贷：生产成本——甲产品　　150

任务四：停工损失的归集与分配

1. 任务描述

祥瑞企业第一基本生产车间生产甲产品，本月由于设备故障停工 5 天，根据“材料费用分配汇总表”“工资及福利费分配汇总表”和“制造费用分配表”等原始凭证提供的资料可知，停工期间应支付工人工资 2 000 元，应提取的福利费用 280 元，应分摊的制造费用 900 元；第二基本生产车间生产乙产品，由于地震原因停工 3 天，根据相关资料可知，停工期间损失材料费用 3 000 元，应支付工人工资 1 500 元，应提取的福利费 249.2 元，应分摊的制造费用 980 元，保险公司已同意赔偿 2 800 元。

2. 任务要求

根据资料，做出相应会计分录。

3. 任务分析

对于单独核算停工损失的企业，计入产品成本的停工损失，如果停工的车间只生产一种产品，应直接记入该种产品成本明细账的“停工损失”成本项目；如果停工的车间生产多种产品，则应采用适当的分配方法(如采用类似于分配制造费用的方法)，分配记入该车间各种产品成本明细账的“停工损失”成本项目。

4. 任务操作

(1) 发生停工损失。

借：停工损失——一车间	3 180	
——二车间	5 729.2	
贷：原材料		3 000
应付职工薪酬——工资		3 500
——福利费		529.2
制造费用——一车间		900
——二车间		980

(2) 应收赔偿款。

借：其他应收款——保险公司	2 800	
贷：停工损失——二车间		2 800

(3) 结转停工净损失。

借：生产成本——一车间(甲产品)	3 180	
营业外支出	2 929.2	
贷：停工损失——一车间		3 180
——二车间		2 929.2

2.7　完工产品与在产品成本核算

引例

祥瑞公司有2个基本生产车间和供电、机修2个辅助生产车间，其中第一基本生产车间大量生产甲、乙两种产品。本月甲产品完工800件，乙产品完工500件，甲、乙产品各有部分未完工，仍在生产车间加工。甲、乙两种产品属于单步骤生产。

如何确定两种产品未完工部分的数量？数量确定后如何将本月归集的生产费用在完工和未完工产品之间进行分配？

知识准备

一、品种法下在产品数量核算

（一）在产品数量核算的作用

在产品数量是核算在产品成本的基础，亦称在制品，是企业的生产过程中正处于加工或等待加工的产品。包括正在各个生产工序加工的产品和已经加工完毕但尚未检验或已检验但尚未办理入库手续的产品，有广义和狭义之分。广义的含义指从原材料、外购物投入生产到制成品出产前，存在于生产过程的各个阶段、各个环节上需要继续加工的产品，包括存在于车间之间的半成品和存在于车间内部的在制品。狭义的含义仅指车间内部处于加工、检验、运输等过程中的产品。

月末，产品成本明细账按照成本项目归集了相应的生产费用，为确定完工产品总成本和单位成本，还应当将已经归集的产品成本在完工产品和月末在产品之间进行分配。为此，需要取得完工产品和在产品收发结存的数量资料。

（二）在产品数量核算思路

（1）先确定月末在产品成本，然后确定完工产品成本。这种方法是指先采用一定的办法对月末在产品进行计价，然后将汇总的基本生产总成本减去月末在产品成本，就可以计算出完工产品总成本。具体方法有：在产品按年初数计价法、在产品按定额成本计价法和在产品不计价法等。

（2）先确定完工产品成本，然后确定月末在产品成本。这种方法是先用历史成本、计划成本或定额成本对完工产品进行计算，然后根据汇总的基本生产总成本减去完工产品成本，倒算出月末产品成本。该方法实务上很少采纳。

（3）同时确定完工产品成本与月末在产品成本法。该方法是采用合适的分配标准，将完工产品成本与月末在产品成本进行划分，以便同时计算出完工产品成本与月末在产品成本。具体方法有：约当产量法、定额比例法等。

不论是完工产品还是月末在产品，其成本计算都必须按成本项目进行，也就是说，各项目的成本都应分别在完工产品与月末在产品之间进行划分。但在某些情况下，如果产品中的直接材料成本项目在全部成本中的比重很大，且月末在产品数量较少，则可以根据重要性原则，仅将全部成本项目中的直接材料成本在完工产品与在产品之间进行划分，而其他成本项目（如直接人工、制造费用）则全部由完工产品成本承担。这样可简化成本核算工作。

（三）在产品数量核算明细账

在产品数量核算有实地盘存法和永续盘存法。实地盘存法是通过定期或不定期的实地盘点确定结存数。永续盘存法是通过账面记录数据来计算在产品数量的方法，通常设置在产品的收发结存账，企业实务中称之为“在产品台账”，是指记载加工中在产品的增减变动和结存数量的一种计量账簿，见表2－21。

表2-21　在产品台账

日期	摘要	收入		转出			结存	
		凭证号	数量	凭证号	合格品	废品	完工	未完工
1	略						30	20
~	~	~	~	~	~	~	~	~
31	合计		280		200	10	90	30

在产品台账的设置分车间，按照零件、部件的名称或产品的批别、类别设置，并应根据领料凭证，在产品内部转移凭证、产品检验凭证、工时记录和产品交库单等及时进行登记。该账可由车间核算人员登记，也可由各班组工人核算员登记，由车间核算人员审核汇总。借助在产品收发结存账，可以及时反映在产品的移动情况和在产品的短缺毁损和积压，对正确计算产品成本，加速流动资金周转和掌握生产进度有着积极的作用。为核实在产品的实物数量，做到账实相符，企业必须定期或不定期地做好在产品的清查盘点工作，列明发生差异的原因和结果，并及时进行账务处理。

（四）在产品清查的核算

清查时，应根据盘点结果和账面资料编制“在产品盘存表”，填制在产品的账面数、实存数和盘盈盘亏数，以及盈亏的原因和处理意见等；对于报废和毁损的在产品，还应登记其残值。成本核算人员应对在产品的清查结果进行审核，并进行账务处理。

1）发生盘盈时

借：基本生产成本

　贷：待处理财产损溢——待处理流动资产损溢

经过批准进行处理时：

借：待处理财产损溢——待处理流动资产损溢

　贷：制造费用

2）发现盘亏和毁损时

借：待处理财产损溢——待处理流动资产损溢

　贷：基本生产成本

经批准后分别进行处理：

借：营业外支出（属于自然灾害等净损失部分）

　　其他应收款（属于应由责任人赔偿或保险公司赔偿部分）

　　制造费用（属于车间管理不善造成的净损失部分）

　贷：待处理财产损溢

二、生产费用在完工产品与在产品之间的分配

（一）生产费用在完工产品与在产品之间分配的意义

生产费用在完工产品与在产品之间的分配，关系到月末在产品和完工产品的计价，关系到完工产品单位成本的计算和定价的正确性。合理而简便地在完工产品和月末在产

品之间分配生产费用，是产品成本计算中一个重要而复杂的问题。如果费用分配不合理，或者将在产品成本作为产品完工成本的调节器，就会歪曲完工产品成本，影响对成本计划执行情况的考核，也影响企业利润，从而影响企业与国家及其他投资者之间的分配关系。

（二）生产费用在完工产品和在产品之间分配的主要方法

通常采用的分配方法主要有七种：不计在产品成本法、按年初数固定计算在产品成本法、在产品按所耗原材料费用计价法、约当产量比例法、在产品按完工产品成本计算法、在产品按定额成本计价法和定额比例法（见表2-22）。企业应根据其在产品数量的多少、各月在产品数量变化的大小、各种费用比重的大小，以及定额管理基础好坏等具体条件和实际情况，选择既合理又简便的分配方法。

表2-22　生产费用在完工产品和月末在产品之间的分配方法汇总表

序号	分配方法	适用范围	备注
1	不计算在产品成本	适用于各月月末在产品数量很少的产品	每月生产费用之和就是完工产品成本
2	在产品成本按年初固定数计算	适用于各月末在产品数量较小，或者在产品数量虽大，但各月之间变化不大的产品	产品本月发生的生产费用就是本月完工产品成本。年终时，根据实际盘点的在产品数量重新调整计算，确定在产品成本
3	在产品成本按所耗直接材料费用计算	企业各月月末在产品的数量较多，并且数量波动也较大，并且直接材料费用占比重较大	月末在产品只计算其所耗的直接材料费用，不计算人工费和制造费用，由完工产品成本负担
4	约当产量法	适用性广泛，特别适用于月末在产品数量较大，各月末在产品数量不稳定、起伏较大、产品成本中各项目费用（料、工、费）比重相差不多的产品	
5	在产品按完工产品成本计算	适用于月末在产品已经接近完工，或者已经完工，尚未验收或包装入库的产品	将在产品视同完工产品，按完工产品和在产品数量比例直接分配各项费用
6	在产品按定额成本计算	适用于定额管理基础好、产品的各项消耗定额及费用定额比较准确和稳定，而且月末在产品数量变动不大的企业	在产品成本按照预先制定的在产品单位定额成本计算出在产品成本，然后与费用合计相减，倒挤出完工产品成本
7	定额比例法	适用于定额管理基础好、产品各项消耗定额及费用定额比较准确和稳定，而且月末在产品数量变动较大的企业	产品的生产费用按完工产品和月末在产品的定额耗用量或定额费用的比例分配计算完工和月末在产品成本的方法。这种方法不仅计算结果比定额成本法更合理、正确，而且便于分析和考核定额成本执行情况

1. 不计在产品成本法

不计在产品成本法，又称在产品不计价法，是指虽然月末有结存在产品，但数量很少，价值很低，并且各月份在产品数量比较稳定，从而可对月末在产品成本忽略不计的一种分配方法。这是因为若月初与月末在产品很少，月初在产品成本和月末在产品成本之差就更小，另外，各月份在产品数量相差也不大，算不算各月在产品成本对计算完工产品成本的影响不大。因此，为简化产品成本计算工作，根据重要性原则，可以不计算月末在产品成本，本月生产费用全部视为完工产品成本，将本月各产品发生的生产耗费全部由完工产品负担。例如，自来水生产企业、采掘企业就可采用该方法。

2. 在产品按年初数固定计算法

按年初数固定计算在产品成本法，是对各月在产品按年初在产品成本计价的一种方法。这种方法适用于各月月末在产品结存数量较少，或者虽然在产品结存数量较多，但各月月末在产品数量稳定、起伏不大的产品。采用这种方法是因为月初、月末在产品成本的差额不大，算不算各月在产品成本，对计算完工产品成本的影响不大，基于简化核算的考虑，同时为了反映在产品占用的资金，各月在产品成本按年初数固定计算。

采用在产品按年初数固定计算的方法，对于每年年末在产品，则需要根据实际盘存资料，采用其他方法计算在产品成本，以免在产品以固定不变的成本计价延续时间太长，使在产品成本与实际出入过大而影响产品成本计算的正确性和导致企业存货资产反映失实。例如，炼铁企业和化工企业的产品，由于高炉和化学反应装置的容积固定，在产品数量较稳定，可采用该方法。

3. 在产品按原材料费用计价法

在产品按原材料费用计价，就是月末在产品只计算所耗的原材料费用，不计算工资及福利费等加工费用，产品的加工费用全部由完工产品负担。这种方法适用于各月在产品数量多、变化较大，且原材料费用在产品成本中所占比重较大的产品。例如纺织、造纸、酿酒等生产工业的产品，原材料费用比重较大，都可以采用这种方法。

这种计算方法下，该产品的全部生产费用(包括月初在产品的原材料费用)，减去按所耗原材料费用计算的在产品成本，就是该完工产品的成本。即加工费用全部由完工产品负担，只有原材料费用由完工产品和在产品分别负担。

【训练】

假定某工业企业某种产品的月末在产品只计算原材料费用。该产品月初在产品原材料费用为 4 200 元；本月发生原材料费用 31 800 元，工资及福利费等加工费用共计 3 000 元；完工产品 860 件，月末在产品 40 件。该产品的原材料费用在生产开始时一次性投入，原材料费用按完工产品和月末在产品的数量比例分配。分配计算如下：

原材料费用分配率 = (4 200 + 31 800) ÷ (860 + 40) = 40

月末在产品原材料费用 = 40 × 40 = 1 600(元)

完工产品原材料费用 = 860 × 40 = 34 400(元)

完工产品成本 = 34 400 + 3 000 = 37 400(元)

或 =4 200 +（31 800 +3 000）-1 600 =37 400（元）

4. 约当产量比例法

采用这种分配方法应将月末在产品数量按其完工程度折算为相当于完工产品的数量（即约当产量），然后按完工产品产量与月末在产品约当产量的比例分配计算完工产品费用与月末在产品费用。由于约当产量比例法只要在正确统计月末在产品结存数量和正确估计月末在产品完工程度的前提下，就可以比较客观简便地划分完工产品与月末在产品的成本。因此，约当产量比例法适用范围较广，特别适用于月末在产品数量较大，数量变化也较大，产品成本中原材料费用和工资及福利费等加工费用所占的比重相差不多的产品。

约当产量比例法计算公式如下：

月末在产品约当产量 = 月末在产品结存产量 × 在产品完工百分比

费用分配率 =（月初在产品成本 + 本月生产费用）÷（完工产品产量 + 月末在产品约当产量）

完工产品总成本 = 完工产品产量 × 费用分配率

月末在产品成本 = 月末在产品约当产量 × 费用分配率

采用该方法时，由于月末在产品的投料程度和加工程度会不一致，直接材料、直接人工和制造费用的投入程度也会不同。因此，应区分产品成本项目计算月末在产品的约当产量，根据不同的约当产量分配不同成本项目的费用。其中，直接材料成本项目应根据月末在产品所耗直接材料的投入程度折算约当产量；直接人工和制造费用等加工费用成本项目应根据月末在产品的完工程度折算约当产量。不仅如此，还应区分成本项目计算约当产量单位成本和完工产品成本、月末在产品成本。

企业生产产品所耗用的原材料有可能是在生产开始时一次性投入的，完工产品和在产品的原材料费用仍按前述材料费用分配方法计算分配。这时，完工产品和月末在产品都视同完工程度为100%的产品，约当产量即是完工产品数量与月末在产品数量之和。

对于加工费用则需测定在产品完工程度，在产品完工程度测算方法一般有两种。

一种是平均计算完工率，即一律按50%作为各工序在产品的完工程度。这是在各工序在产品数量和单位产品在各工序的加工量都相差不多的情况下，后面各工序在产品多加工的程度可以抵补前面各工序少加工的程度。这样，全部在产品完工程度可按50%平均计算。

另一种是各工序分别测算完工率。为提高成本计算的正确性，加速成本的计算工作，可以按照各工序的累计工时定额所占完工产品工时定额的比率计算，事前确定各工序在产品的完工率。计算公式如下：

某工序在产品完工率 =（前面各工序工时定额之和 + 本工序工时定额 ×50%）÷ 产品工时定额

本工序工时定额之所以乘以50%，是因为该工序中各件在产品的完工程度不同，为简化完工率的测算工作，在本工序一般假设按平均完工率50%计算。在产品在上一道工序转入下一道工序时，因为上一道工序已完工，所以前面各工序的工时定额应按100% 计算。

5. 在产品按完工产品计算法

这种方法是将在产品视同完工产品计算、分配生产费用。这种分配方法适用于月末在产品已接近完工，或产品已经加工完毕但尚未验收或包装入库的产品。这是因为在这种情况下，在产品已接近完工产品成本，为了简化产品成本计算工作，将在产品可以视同完工产品，按两者数量比例分配生产费用。

6. 在产品按定额成本计价法

这种分配方法是按照预先制定的定额成本计算月末在产品成本，即月末在产品成本按其数量和单位定额成本计算。产品的月初在产品费用加本月生产费用，减月末在产品的定额成本，其余额作为完工产品成本。每月生产费用脱离定额的差异，全部由完工产品负担。这种方法适用于定额管理基础较好，各项消耗定额或费用定额比较准确、稳定，而且各月在产品数量变动不大的产品。

采用这种方法，应根据各种在产品有关定额资料，以及在产品月末结存数量，计算各种月末在产品的定额成本。

在产品定额成本的计算公式如下：

$$在产品直接材料定额成本 = 在产品数量 \times 材料消耗定额 \times 材料计划单价$$

$$在产品直接人工定额成本 = 在产品数量 \times 工时定额 \times 计划小时工资率$$

$$在产品制造费用定额成本 = 在产品数量 \times 工时定额 \times 计划小时费用率$$

7. 定额比例法

定额比例法是产品的生产费用按完工产品和月末在产品的定额消耗量或定额费用的比例，分配计算完工产品和月末在产品成本的一种方法。其中，原材料费用按原材料费用定额消耗量或原材料定额费用比例分配；工资和福利费、制造费用等各项加工费用，按定额工时或定额费用比例分配。这种方法适用于各项消耗定额或费用定额比较准确、稳定，但各月末在产品数量变化较大的产品。

业务操作

任务一：约当产量比例法一次投料方式下材料费用分配

1. 任务描述

祥瑞公司业生产甲产品，本月完工 600 件，月末在产品 200 件，在产品完工程度70%，月初在产品和本月原材料费用共计 32 000 元，原材料是生产开始时一次投入。原材料费用按约当产量比例法分配。

2. 任务要求

（1）确定月末甲产品的约当产量。

（2）运用约当产量法进行材料费用的分配。

3. 任务分析

采用约当产量比例法，必须正确计算月末在产品的约当产量，而在产品约当产量正确与否，取决于在产品完工程度（或投料程度）。计算原材料费用取决于投料方式，本题是生产开始时一次投料，所以在产品虽然未完工，但所有材料已投入，故投料程度为100%。

4. 任务操作

原材料费用分配率＝32 000÷（600＋200）＝40
完工产品原材料费用＝600×40＝24 000（元）
在产品原材料费用＝200×40＝8 000（元）

任务二：约当产量比例法完工程度计算及费用分配

1. 任务描述

祥瑞公司生产乙产品，月初加本月发生的生产费用为：原材料费用30 000元；工资及福利费12 000元；制造费用7 560元。该产品经过三道工序加工制成，单位工时定额为20小时，第一道工序工时定额为6小时，第二道工序工时定额为10小时，第三道工序工时定额为4小时。A产品本月完工250件。第一道工序在产品40件，第二道工序在产品60件，第三道工序在产品50件。原材料费用在生产开始时一次投入。

2. 任务要求

（1）根据各道工序定额工时，计算各工序在产品的完工率。

（2）根据各工序在产品数量和各道工序的完工率，分别计算各道工序月末在产品的约当产量及约当总产量。

（3）用约当产量法分配各成本项目费用，并计算完工产品总成本和月末在产品总成本。

3. 任务分析

原材料费用在生产开始时一次投入，故在产品的原材料投料率为100%。工资及福利费用和制造费用是随着加工进程逐步发生的，故需计算完工率，每道工序的完工率计算时本工序的定额工时按50%计算。

4. 任务操作

各道工序完工率计算如下：
第一道工序：（6×50%÷20）×100%＝15%
第二道工序：（6＋10×50%）÷20×100%＝55%
第三道工序：（6＋10＋4×50%）÷20×100%＝90%
约当产量计算见表2－23。

表2-23　约当产量计算表

单位：件

工序	完工率(%)	在产品结存量	在产品约当量	完工产品量	约当总产量
1	15	40	6		
2	55	60	33		
3	90	50	45		
合计		150	84	250	334

完工产品与月末在产品按约当产量法分配计算如下：

原材料费用分配率＝30 000/(150＋250)＝75

月末在产品原材料费用＝150×75＝11 250(元)

完工产品原材料费用＝250×75＝18 750(元)

工资及福利费用分配率＝12 000/(250＋84)＝35.928 1

完工产品工资及福利费用＝250×35.928 1＝8 982(元)

月末在产品工资及福利费用＝12 000－8 982＝3 018(元)

制造费用分配率＝7 560/(250＋84)＝22.634 7

完工产品制造费用＝250×22.634 7＝5 659(元)

月末在产品制造费用＝7 560－5 659＝1 901(元)

完工产品成本＝18 750＋8 982＋5 656＝33 391(元)

如果原材料费用不是在生产开始时一次投入，而是随着生产进度陆续投料，原材料费用按约当产量比例法分配时，应按每一工序的原材料消耗定额分别计算在产品的完工率(即投料率)，计算方法类似加工费用的完工率。

任务三：在产品按完工产品成本计算法分配费用

1. 任务描述

祥瑞公司甲产品月初在产品费用和本月发生费用为：原材料费用40 000元，工资及福利费8 000元，制造费用5 600元。本月完工产品600件，月末在产品200件。月末在产品已接近完工。

2. 任务要求

进行各项成本项目的费用分配。

3. 任务分析

因为月末在产品已接近完工，所以在费用分配时视同完工产品。

4. 任务操作

完工产品和月末在产品成本分配计算如下：

原材料费用分配率＝40 000/(600＋200)＝50

完工产品原材料费 = 600 × 50 = 30 000(元)

月末在产品原材料费 = 200 × 50 = 10 000(元)

工资及福利费分配率 = 8 000/(600 + 200) = 10

完工产品工资及福利费 = 600 × 10 = 6 000(元)

月末在产品工资及福利费 = 200 × 10 = 2 000(元)

制造费用分配率 = 5 600/(600 + 200) = 7

完工产品制造费用 = 600 × 7 = 4 200(元)

月末在产品制造费用 = 200 × 7 = 1 400(元)

完工产品成本 = 30 000 + 6 000 + 4 200 = 40 200(元)

月末在产品成本 = 10 000 + 2 000 + 1 400 = 13 400(元)

任务四：在产品按定额成本计算的费用分配

1. 任务描述

某企业生产乙产品，采用在产品按定额成本计价法分配完工产品和在产品费用。本月所耗原材料费用为 45 000 元，工资及福利费 21 000 元，制造费用 18 000 元。完工产品数量为 400 件，月末在产品 200 件。原材料在生产开始时一次性投入。相关的定额资料如下：原材料消耗定额 60 千克，计划单价 1 元/千克，月末在产品工时定额 20 小时，计划小时工资率 1.5 元/小时，计划小时费用率 1 元/小时。

2. 任务要求

（1）确定月末在产品各项定额费用。

（2）进行完工产品和月末在产品成本分配。

3. 任务分析

根据所制定的定额，结合消耗资料进行月末在产品各成本项目的定额成本。先确定月末在产品的定额成本，然后倒减得出完工产品成本。

4. 任务操作

在产品原材料定额费用 = 200 × 60 × 1 = 12 000(元)

在产品工资及福利费定额费用 = 200 × 20 × 1.5 = 6 000(元)

在产品制造费用定额成本 = 200 × 20 × 1 = 4 000(元)

月末在产品定额成本 = 12 000 + 6 000 + 4 000 = 22 000(元)

完工产品成本 = 45 000 + 21 000 + 18 000 − 22 000 = 62 000(元)

任务五：定额比例法分配费用

1. 任务描述

某企业丙产品月初在产品费用为：原材料 2 000 元，工资及福利费 800 元，制造费 1 500元。本月发生的生产费用为：原材料 12 000 元，工资及福利费 4 000 元，制造费用

6 000元。完工产品 2 000 件，原材料费用定额 5 元，工时定额 2 小时。月末在产品 500 件，原材料费用定额 4 元，工时定额 1 小时。

2. 任务要求

（1）按原材料定额费用比例分配原材料费用。

（2）加工费用按定额工时比例分配进行分配。

3. 任务分析

定额比例法分配生产费用是将所发生的生产费用在完工产品定额与月末在产品定额之间按比例分配。所以首先要计算出完工产品定额数据和月末在产品定额数据，这两项定额作为分配标准。这样分配后实际与定额的差异由完工产品和月末在产品共同负担。

4. 任务操作

完工产品原材料定额费用 = 2 000 × 5 = 10 000(元)

月末在产品原材料定额费用 = 500 × 4 = 2 000(元)

原材料费用分配率 = (2 000 + 12 000) ÷ (10 000 + 2 000) = 1.17

完工产品实际原材料费用 = 10 000 × 1.17 = 11 700(元)

月末在产品实际原材料费用 = 2 000 + 12 000 − 11 700 = 2 300(元)

完工产品定额工时 = 2 000 × 2 = 4 000(小时)

月末在产品定额工时 = 500 × 1 = 500(小时)

工资及福利费分配率 = (800 + 4 000) ÷ (4 000 + 500) = 1.07

完工产品实际工资及福利费 = 4 000 × 1.07 = 4 280(元)

月末在产品实际工资及福利费 = 4 000 + 800 − 4 280 = 520(元)

制造费用分配率 = (1 500 + 6 000) ÷ (4 000 + 500) = 1.67

完工产品实际制造费用 = 4 000 × 1.67 = 6 680(元)

月末在产品实际制造费用 = 1 500 + 6 000 − 6 680 = 820(元)

完工产品实际成本 = 11 700 + 4 280 + 6 680 = 22 660(元)

月末在产品实际成本 = 2 300 + 520 + 820 = 3 640(元)

2.8 成本报表编制与分析考核

引例

年末，祥瑞公司总经理要求会计部门提供产品成本的有关信息，包括各种主要产品的成本信息、与往年相比成本的变化情况、与计划相比成本的完成情况等，并要求作为分析考核的依据。公司会计部门需要提供哪些信息？该如何提供？

知识准备

一、成本报表的作用与种类

（一）成本报表的概念

成本报表是企业根据日常成本费用核算资料及其他有关资料编制的，用以全面反映企业生产成本的发生情况、成本计划的执行情况、产品成本及其变动情况等的内部报告文件。

成本报表是企业会计报表体系的重要组成部分，编制和分析成本报表是成本会计日常工作的一项重要内容，是分析成本计划完成情况、考核成本管理业绩的主要工具。

（二）成本报表的作用

（1）通过成本报表分析，可以揭示影响产品成本指标和费用项目变动的因素和原因，从生产技术、生产组织和经营管理等各个方面挖掘和动员节约费用支出和降低产品成本的潜力，提高企业生产的经济利益。

（2）成本报表提供的实际产品成本和费用支出的资料，不仅可以满足企业车间和部门加强日常成本、费用管理的需要，而且是企业进行成本、利润的预测、决策、编制产品成本计划和各项费用计划、制定产品价格的重要依据。

（3）有利于主管部门了解所属企业整体的成本水平，也有利于同行业间各企业的交流对比，有助于主管部门了解企业对国家有关政策、法规、制度的执行情况。

（三）成本报表的种类

根据企业管理的需要，制造企业编制的成本报表既包括与产品成本直接相关的产品成本报表，也包括与产品成本没有直接关系的期间费用的报表，主要有以下几种。

（1）全部产品成本报表。

（2）主要产品单位成本报表。

（3）制造费用明细表。

（4）期间费用明细表。

二、成本报表的编制

（一）商品产品成本表（按产品种类反映）的编制

本表是按产品种类汇总反映企业在报告期间内生产的全部商品产品的单位成本和总成本的报表。报表一般可以分为实际产量、单位成本、本月总成本和本年累计总成本四部分。格式见表 2－24。

表2－24　产品生产成本表(按产品品种编制)

编制单位：祥瑞公司　　　　　　　　2015年12月

产品名称	计量单位	实际产量		单位成本				本月总成本			本年累计总成本		
		本月	本年累计	上年实际平均	本年计划	本月实际	本年累计实际平均	按上年实际平均单位成本计算	按本年计划单位成本计算	本月实际	按上年实际平均单位成本计算	按本年计划单位成本计算	本年实际
可比产品合计	元	250	2 750					30 000	27 500	26 950	330 000	302 500	299 200
甲产品	件	200	2 200	100	90	88	89	20 000	18 000	17 600	220 000	198 000	195 800
乙产品	件	50	550	200	190	187	188	10 000	9 500	9 350	110 000	104 500	103 400
不可比产品合计	元	10	130						4 200	4 310		54 600	57 200
丙产品	件	10	130		420	431	440		4 200	4 310		54 600	57 200
全部产品合计		10	130						31 700	31 260		357 100	356 400

补充资料：(1) 可比产品成本降低额30 800元(本年计划降低额22 000元)。

(2) 可比产品成本降低率9.333%(本年计划降低率8%)。

1. “产品名称”栏

按产品种类反映的商品产品成本表，通常将全部产品分为可比产品和不可比产品两大类，填列在“产品名称”栏内。可比产品，是指企业以前年度正式生产过，具有历史成本资料可供比较的产品；不可比产品，是指企业以前年度没有正式生产过，没有历史成本资料可供比较的产品。

2. “实际产量”栏

一般可分为“本月”和“本年累计”两小栏，分别填列本月和从年初至本月末各种商品产品的实际产量，可根据“成本计算单”或“库存商品明细账”的记录计算填列。

3. “单位成本”栏

一般分为四小栏。

(1)“上年实际平均”栏可根据上年12月份本表所列的各种本年度继续生产的可比产品“本年累计实际平均单位成本”资料填列，用以反映可比产品上年实际平均单位成本。

(2)“本年计划”栏应根据本年成本计划的有关数据填列，用以反映各商品产品的本年计划单位成本。

(3)“本月实际”栏，可直接根据各产品的本月“成本计算单”填列，用以反映各产品本月实际单位成本。

(4)“本年累计实际平均”栏，应根据表中数据计算填列。

4. “本月总成本”栏

一般可分为三小栏。

(1)“按上年实际平均单位成本计算”栏，应将各可比产品的上年实际平均单位成本乘以本月实际产量计算填列，用以反映按上年实际平均单位成本计算的本月总成本。

(2)“按本年计划单位成本计算”栏，可将各产品的本年计划单位成本乘以本月实际产量计算填列，反映本月各产品的计划总成本。

(3)“本月实际总成本”栏，可根据本月各产品“成本计算单”资料填列。

5. “本年累计总成本”栏

一般可分为三小栏。

(1)“按上年实际平均单位成本计算”栏以本年累计实际产量为依据，乘以上年实际平均单位成本计算填列。

(2)“按本年计划单位成本计算”栏以本年累计实际产量为依据，乘以本年计划单位成本计算填列。

(3)“本年实际”栏，应根据上月本表的“本年实际”栏与本月本表的“本月实际总成本”栏相加之和填列，反映本年实际累计成本。

(二) 商品产品成本表(按成本项目反映)的编制

本表是按产品成本项目的汇总反映企业在报告期内发生的全部生产费用以及商品产品生产总成本的报表。该报表的项目一般可分为生产费用和商品产品生产成本两部分。其中生产费用部分应按照产品成本项目分别反映报告期内发生的直接材料费用、直接人工费用和制造费用以及生产费用合计数；商品产品生产成本部分是在生产费用合计数的基础上，加上在产品和自制半成品的期初余额，减去在产品和自制半成品的期末余额，计算商品产品生产成本合计数。该报表的栏目共四栏：“上年实际”“本年计划”“本月实际”和“本年累计实际”。其中“本月实际”栏可以根据本月各产品成本计算单中各相应的产品成本项目汇总填列；“本年累计实际”栏应根据上月本表的“本年累计实际”数据加上“本月实际”相应数据之和填列；至于“上年实际”栏即本表上年12月份的“本年累计实际”栏，“本年计划”应根据相应的计划资料填列。该报表常见格式见表2-25。

表2-25 商品产品成本表(按成本项目反映)

单位：元

成本项目	上年实际	本年计划	本月实际	本年累计实际
生产费用				
直接材料费用	360 000	400 000	38 250	356 350
直接人工费用	200 050	201 500	20 700	200 000
制造费用	231 350	240 000	28 750	260 530
生产费用合计	791 400	841 500	87 700	816 880
加：在产品、自制半成品期初余额	7 650	18 800	48 680	16 750
减：在产品、自制半成品期初余额	10 650	20 800	50 950	47 000
商品产品生产成本合计	788 400	839 500	85 430	786 630

（三）主要商品产品单位成本表的编制

主要商品产品单位成本表是反映企业在报告期内生产的各种主要商品单位成本构成情况的报表。该表是按企业生产的主要商品产品分别编制的，是对商品产品成本表中某些主要商品产品的进一步补充说明。

该表一般由按成本项目反映的单位成本和主要技术经济指标两部分组成。该表的单位成本部分是最主要的组成部分，可以分别按历史先进水平、上年实际平均、本年计划、本月实际和本年累计实际平均等栏目列示各种单位成本资料，便于多角度分析比较。该表的技术经济指标部分，主要反映原料、主要材料、燃料和动力的消耗数量。具体格式见表2－26。

表2－26　主要产品单位成本表

2015年12月

产品名称：乙　　本月计划产量：50件
产品规格：＊＊　　本月实际产量：50件
计量单位：件　　本年累计计划产量：550件
销售单件：256元　　本月累计实际产量：550件

成本项目		历史先进水平	上年实际平均	本年计划	本月实际	本年累计实际平均
原材料(元)		116.60	126.6	126.6	121.6	122.6
工资及福利费(元)		30	35	31	24	27
制造费用(元)		32.4	38.4	32.4	41.4	38.4
产品单位成本(元)		179	200	190	187	188
主要技术经济指标	计量单位	用量	用量	用量	用量	用量
燃料	千克	21	23	22	20	21
工时消耗	小时	14	15	14	15	14.5

（四）费用明细表的编制

费用明细表一般包括制造费用明细表、管理费用明细表、销售费用明细表和财务费用明细表。

1. 制造费用明细表

制造费用明细表是反映本期制造费用实际发生情况及其比较上期的变化和计划任务的完成情况的报表，它不同于制造费用明细账。

制造费用明细表的格式和内容因企业而异，一般格式见表2－27。

表 2-27 制造费用明细表

年　　月　　　　单位：元

项目	上年实际数	本年计划数	本月实际	本年累计	备注
工资费用					
职工福利费					
折旧费用					
修理费用					
办公费用					
水电费用					
物料消耗					
摊销费用					
运输费用					
保险费用					
设计制图费					
试验检验费					
租赁费用					
劳保用品费					
在产品盘亏					
其他费用					
制造费用合计					

制造费用明细表可根据制造费用明细账资料和有关制造费用计划数分析汇总填列。

2. 管理费用明细表

管理费用明细表是反映本期制造费用实际发生情况及其比较上期的变化和计划任务的完成情况的报表。

管理费用明细表的格式和内容因企业而异，一般格式见表 2-28。

表 2-28 管理费用明细表

年　　月　　　　单位：元

项目	上年实际数	本年计划数	本月实际	本年累计	备注
工资费用					
职工福利费					
折旧费用					
修理费用					
办公费用					
水电费用					
物料消耗					
咨询费用					
排污费用					

续表

项目	上年实际数	本年计划数	本月实际	本年累计	备注
绿化费用					
无形资产摊销					
提取坏账准备					
业务招待费用					
工会经费					
教育经费					
费用中的税金					
劳动保险费用					
待业保险费用					
摊销费用					
运输费用					
保险费用					
设计制图费					
试验检验费					
租赁费用					
劳保用品费					
材料产成品盘亏					
其他费用					
管理费用合计					

管理费用明细表一般根据管理费用明细账资料和有关管理费用计划数分析汇总填列。

3. 销售费用明细表

销售费用明细表是反映本期销售费用实际发生情况及其比较上期的变化和计划任务的完成情况的报表。

销售费用明细表的格式和内容因企业而异，一般格式见表2－29。

表2－29　销售费用明细表

年　　月　　　　单位：元

项目	上年实际数	本年计划数	本月实际	本年累计	备注
工资费用					
职工福利费					
折旧费用					
修理费用					
办公费用					
水电费用					
物料消耗					
广告费用					

续表

项目	上年实际数	本年计划数	本月实际	本年累计	备注
展销费用					
委托代销手续费					
销售方负担运费					
其他销售费用					
销售费用合计					

销售费用明细表一般根据销售费用明细账资料和有关销售费用计划数分析汇总填列。

4. 财务费用明细表

财务费用明细表是反映本期财务费用实际发生情况及其比较上期的变化和计划任务的完成情况的报表。

财务费用明细表的格式和内容因企业而异，一般格式见表2－30。

表2－30 财务费用明细表

年　　月　　　　单位：元

项目	上年实际数	本年计划数	本月实际	本年累计	备注
一、支出类					
1. 利息费					
2. 金融机构手续费					
3. 汇兑损失					
4. 其他财务费用					
二、收入类					
1. 存款利息收入					
2. 汇兑收益					
3. 其他收入					
三、净收支额					

财务费用明细表一般根据财务费用明细账资料和有关财务费用计划数分析汇总填列。

三、成本报表的分析

（一）成本分析的含义

成本分析是指利用成本核算以及其他相关资料，对成本水平及其构成的变动情况进行分析和评价，以揭示影响成本升降的各种因素及其变动的原因，寻找降低成本的潜力。企业根据有关分析指标的计算结果作为考核评价的依据。

（二）成本分析的方法

成本分析的常用方法有比较分析法、因素分析法等。

1. 比较分析法

比较分析法的目的是以数量确定成本差异，目的在于揭示客观事实，明确解决问题的方向。

在实际工作，比较分析法通常有以下三种形式。

（1）比较实际成本与计划成本或定额成本，找出实际成本与计划成本或与定额成本的差异，检查成本计划或定额的完成情况。

（2）比较本期（分析期）的实际成本与前期（上月、上季度、上年、上年同期、本企业历史上最好水平）的实际成本，揭示企业成本指标的变动情况和变动趋势，了解企业生产经营水平、管理水平等的改进情况。

（3）比较本期（本企业）的实际成本与同行业的先进成本指标，可以从深度和广度上找出差距，吸收先进经验，推动企业的经营管理，提高经济效益，采用此种分析方法的前提条件是用来进行对比的两个指标之间应具可比性。

2. 因素分析法

因素分析法，是依据财务指标与其驱动因素之间的关系，从数量上确定各因素对指标影响程度的一种方法。该方法将分析指标分解为各个可以计量的因素并根据各个因素之间的依存关系，顺次用各因素的比较值（通常为实际值）替代基准值（通常为标准值或计划值），据以测定各因素对分析指标的影响。由于在分析时，要逐次进行各因素的有序替代，因此又称为连环替代法。

因素分析法一般分为四个步骤。

（1）确定分析对象，即确定需要分析的财务指标，比较其实际数额和标准数额（如上年实际数额），并计算两者的差额。

（2）确定该财务指标的驱动因素，即根据该财务指标的形成过程，建立财务指标与各驱动因素之间的函数关系模型。

（3）确定驱动因素的替代顺序，即根据各驱动因素的重要性进行排序。

（4）按顺序计算各驱动因素脱离标准的差异对财务指标的影响。

（三）成本分析的内容

1. 全部产品成本的分析

全部产品成本分析是指将全部产品按本年实际产量调整的上年（或计划）总成本与实际总成本进行比较，计算出成本降低额率，借以评价全部产品成本的升降情况。

1）按产品品种对全部产品成本的分析

按产品品种对全部产品成本进行分析既可以确定产品成本升降究竟是由哪种产品引起的，也便于具体研究全部产品成本水平的变动情况。具体分析时应用如下公式分别计算确定全部产品、可比产品和不可比产品成本的降低额和降低率。

$$\begin{aligned}\text{成本降低额} &= \text{实际产量的计划（或上年）总成本} - \text{实际产量的实际总成本}\\ &= \sum[\text{实际产量} \times (\text{计划或上年单位成本} - \text{实际单位成本})]\end{aligned}$$

$$\begin{aligned}\text{成本降低率} &= \frac{\text{成本降低额}}{\text{实际产量的计划（或上年）总成本}} \times 100\%\\ &= \frac{\text{成本降低额}}{\sum[\text{实际产量} \times \text{计划（或上年）单位成本}]} \times 100\%\end{aligned}$$

2）按成本项目对全部产品成本的分析

按成本项目对全部产品成本的分析是将全部产品的总成本按成本项目分别进行实际总成本与计划总成本对比，然后来确定每个成本项目的降低额和降低率。计算公式如下：

$$\text{成本降低额} = \text{实际产量的计划(或上年)总成本} - \text{实际产量的实际总成本}$$
$$= \sum \{\text{实际产量} \times [\text{某产品该成本项目的计划(或上年)单位成本} - \text{实际单位成本}]\}$$

$$\text{成本降低率} = \frac{\text{成本降低额}}{\text{实际产量的计划(或上年)总成本}} \times 100\%$$
$$= \frac{\text{成本降低额}}{\sum[\text{实际产量} \times \text{某产品该成本项目的计划(或上年)单位成本}]} \times 100\%$$

2. 可比产品成本分析

1）可比产品成本降低任务的完成情况分析

可比产品成本分析通常指的是对可比产品成本降低任务的完成情况进行分析。一般计算可比产品成本降低额与降低率等指标。计算公式如下：

$$\text{可比产品成本计划降低额} = \sum[\text{计划产量} \times (\text{上年实际单位成本} - \text{本年计划单位成本})]$$

$$\text{可比产品成本计划降低率} = \frac{\text{可比产品成本计划降低额}}{\sum(\text{计划产量} \times \text{上年实际单位成本})} \times 100\%$$

$$\text{可比产品成本实际降低额} = \sum[\text{实际产量} \times (\text{上年实际单位成本} - \text{本年实际单位成本})]$$

$$\text{可比产品成本实际降低率} = \frac{\text{可比产品成本实际降低额}}{\sum(\text{实际产量} \times \text{上年实际单位成本})} \times 100\%$$

通过实际降低指标与计划降低指标的对比即可分析成本计划降低任务的完成情况。

2）影响可比产品成本降低计划任务完成情况的因素分析

影响可比产品成本降低任务完成情况的因素有三个：产品产量、品种结构和单位成本。

（1）产品产量变动的影响。可比产品成本降低任务是根据各可比产品的计划产量分别乘以该产品的单位成本与计划单位成本的差额计算的，可比产品成本的实际完成情况是根据各可比产品的实际产量分别乘以该产品的上年单位成本与实际单位成本的差额计算的。因此，在品种结构不变，单位成本不变的情况下，产品产量的变动就会引起成本降低额发生同比例的变动，但不会影响成本降低率的变动。

（2）品种结构变动的影响。品种结构是指各种产品数量在全部产品数量总和中所占的比重。由于各种产品的实物量不能简单相加，所以在分析可比产品成本时，一般以上年单位成本为基础计算，则某产品的品种结构的计算公式如下：

$$\text{某产品的品种结构} = \text{某产品实物量} \times \text{该产品上年单位成本} \div \sum(\text{各产品实物量} \times \text{该产品上年单位成本})$$

当企业生产两种或两种以上产品时，如果各种产品产量变化不是同比例的，就会引起品种结构变动。一般来说，各种产品的成本降低率是不同的，有高有低，企业如果增大降低率较高的产品生产比重，或减少降低率较低的产品生产比重，企业可比产品平均降低率就会比原来提高，降低额也随之提高；反之，则会使降低率和降低额下降。

（3）单位成本变动的影响。可比产品成本计划降低额是以本年计划单位成本和上年实际单位成本相比较来确定的；可比产品实际降低额是以本年实际单位成本与上年实际单位成本相比较来确定的。因此，本年实际单位成本较计划单位成本降低或提高时，必然会引起可比产品成本降低额和降低率的变动。也就是说，实际单位成本越低，降低额和降低率完成计划情况越好。

业务操作

任务一：按照产品种类反映的全部产品成本报表的编制

1. 任务描述

祥瑞公司生产 A、B、C 三种产品，其中 A 和 B 产品为可比产品，C 产品为不可比产品，2015 年有关产量、成本资料见表 2－31。

表 2－31　产量、成本资料表

2015 年度

项目		A 产品	B 产品	C 产品
产品产量（件）	本年计划	4 320	2 016	1 920
	本年实际	5 000	2 000	2 000
单位成本（元）	上年实际平均	1 200	1 000	
	本年计划	1 164	980	1 110
	本年实际平均	1 158	982	1 060

2. 任务要求

根据上述资料，编制按产品品种类别反映的产品生产成本表。

3. 任务分析

按产品种类反映的产品生产成本表是按产品种类汇总反映企业在报告期内生产的全部产品的单位成本和总成本的报表。全部产品需要区分为可比产品和不可比产品，其中可比产品应当进行与上年相比成本降低情况的分析。

可比产品成本降低情况是指根据当年实际完成的产品产量比较成本水平的降低情况。因此可比产品成本的降低额和降低率的计算公式如下：

可比产品成本降低额＝可比产品按上年实际平均单位成本计算的本年累计总成本－本年累计实际总成本

可比产品成本降低率＝可比产品成本降低额÷可比产品按上年实际平均单位成本计算的本年累计总成本×100%

4. 任务操作

产品生产成本表见表 2－32。

表 2－32　产品生产成本表（按产品品种编制）

编制单位：祥瑞公司　　　　2015 年度

产品	产量（件）		单位成本（元）			总成本（元）		
	本年计划	本年实际	上年实际平均	本年计划	本年累计实际平均	按上年实际单位成本计算	按本年计划单位成本计算	本年实际
可比产品								
A 产品	4 320	5 000	1 200	1 164	1 158	6 000 000	5 820 000	5 790 000
B 产品	2 016	2 000	1 000	980	982	2 000 000	1 960 000	1 964 000
不可比产品								
C 产品	1 920	2 000		1 110	1 060		2 220 000	2 120 000
合计							10 000 000	9 874 000

任务二：按成本项目反映的全部产品成本报表的编制

1. 任务描述

某企业 2015 年度有关产品产量与成本资料见表 2－33。

表 2－33　产量及成本资料表

2015 年　　　　单位：元

可比产品名称	项目	2014 年实际	2015 年计划	2015 年累计
甲产品	产量	12 000	14 000	16 000
	年初余额	96 400	81 300	81 300
	年末余额	87 200	77 500	78 400
	直接材料	778 320	804 570	786 450
	直接人工	448 560	648 730	537 290
	制造费用	177 450	192 430	189 350
乙产品	产量	10 000	10 250	10 200
	年初余额	65 620	66 740	66 740
	年末余额	66 740	58 750	59 820
	直接材料	406 608	475 400	457 500
	直接人工	563 616	600 650	585 700
	制造费用	197 784	242 540	202 450
不可比产品名称	项目	2015 年计划	2015 年 12 月	2015 年累计
丙产品	产量	8 000	700	8 500
	年初余额	25 000	2 000	26 000
	年末余额	28 000	2 600	25 600
	直接材料	560 000	40 000	611 600
	直接人工	472 000	38 000	568 000
	制造费用	160 000	16 660.40	180 000

2. 任务要求

根据以上资料编制该公司按成本项目反映的产品生产成本表。

3. 任务分析

按成本项目反映的产品成本表，其目的在于分析成本各项构成内容与上年实际或本年计划相比的变化情况。因此，它的基本结构是按成本项目列示产品总成本，并按上年实际数、本年计划数、本月实际数和本年实际数分项、分栏进行反映。

4. 任务操作

产品生产成本表(按成本项目编制)见表2-34。

表2-34　产品生产成本表(按成本项目编制)

编制单位：　　　　2015年度　　　　单位：元

项　目	上年实际	本年计划	本年累计实际
直接材料	1 744 928	1 319 970	1 855 550
直接人工	1 484 176	1 287 380	1 690 990
制造费用	535 234	451 630.4	571 800
生产费用合计	3 764 338	3 058 980	4 118 340
加：在产品期初余额	187 020	150 040	174 040
减：在产品期末余额	181 940	138 850	163 820
产品生产成本合计	3 769 418	3 070 170	4 128 560

任务三：因素分析法的运用

1. 任务描述

某企业生产的A产品，2015年度产量及其他有关材料费用的资料见表2-35。

表2-35　产量及其他有关资料表

2015年度

项　目	计划数	实际数
产品产量(件)	200	220
单位产品材料消耗量(千克)	30	28
材料单价(元)	500	480
材料费用(元)	3 000 000	2 956 800

2. 任务要求

根据上述资料，采用因素分析法分析各种因素变动对材料费用的影响程度。

3. 任务分析

因素分析法是将分析指标分解为各个可以计量的因素，并根据各个因素之间的依存关系，顺次用各因素的比较值（通常即实际值）替代基准值（通常为标准值或计划值），据以测定各因素对分析指标的影响。

假设某一分析指标 M 是由相互联系的 A、B、C 三个因素相乘得到，报告期（实际）指标和基期（计划）指标为：

报告期（实际）指标 M1 = A1 × B1 × C1

基期（计划）指标 M0 = A0 × B0 × C0

在测定各因素变动指标对指标 R 影响程度时可按顺序进行。

基期（计划）指标 M0 = A0 × B0 × C0……（1）

第一次替代 A1 × B0 × C0……（2）

第二次替代 A1 × B1 × C0……（3）

第三次替代 A1 × B1 × C1……（4）

分析如下：

（2）—（1）→A 变动对 M 的影响。

（3）—（2）→B 变动对 M 的影响。

（4）—（3）→C 变动对 M 的影响。

把各因素变动综合起来，总影响：

$$\triangle M = M1 - M0 = [(4) - (3)] + [(3) - (2)] + [(2) - (1)]$$

4. 任务操作

产量及其他有关资料见表 2 - 35。

分析对象：2 956 800 - 3 000 000 = - 43 200（元）

计划材料费用 = 200 × 30 × 500 = 3 000 000（元）

第一次替代：材料费用 = 220 × 30 × 500 = 3 300 000（元）

第二次替代：材料费用 = 220 × 28 × 500 = 3 080 000（元）

实际材料费用 = 220 × 28 × 480 = 2 956 800（元）

由于产量变动对材料费用的影响 = 3 300 000 - 3 000 000 = 300 000（元）

由于材料单耗变动对材料费用的影响 = 3 080 000 - 3 300 000 = - 220 000（元）

由于材料单价变动对材料费用的影响 = 2 956 800 - 3 080 000 = - 123 200（元）

三个因素变动对材料费用的影响程度合计 = 300 000 - 220 000 - 123 200 = - 43 200（元）

任务四：可比产品成本降低任务完成情况分析

1. 任务描述

某企业本年度生产 A、B、C、D 四种产品，有关资料见表 2 - 36。

表 2－36　产量及单位成本资料表

产品名称	产量(件)		单位成本(元)		
	计划	实际	上年实际	本年计划	本年实际
A 产品	2 000	2 300	1 000	980	990
B 产品	1 000	900	1 500	1 600	1 480
C 产品	5 600	6 000	3 000	2 900	2 800
D 产品	7 000	6 900	5 900	5 800	5 500

2. 任务要求

根据上述资料对可比产品成本降低任务完成情况进行分析。

3. 任务分析

可比产品成本超计划下降额的分析，包括了产品产量变动、产品结构变动和单位成本变动对成本降低额的分析。可比产品成本降低率是指可比产品成本降低额与可比产品按上年实际平均单位成本计算的本年累计总成本的百分比。即可比产品成本降低率是指同一产品的两个不同时期成本相比的降低额，与前期成本水平相比的比率。可比产品成本降低率是指可比产品成本降低额与可比产品按上年实际平均单位成本计算的本年累计总成本的百分比。即可比产品成本降低率是指同一产品的两个不同时期成本相比的降低额，与前期成本水平相比的比率。

可比产品成本降低额与计划降低额的差异，主要由以下三个因素的变动形成。

（1）单位成本变动。假定产品品种结构不变，可比产品单位成本越低，成本降低额越大；反之就越小。

（2）产品产量变动。假定产品单位成本不变，可比产品产量越多，成本降低额越大；反之就越小。

（3）产品结构变动。在生产多种可比产品的情况下，成本降低率较大的产品在全部可比产品成本中所占比重越高，成本降低额越大；反之就越小。

4. 任务操作

可比产品成本计划降低任务、实际完成情况、降低任务完成情况分析分别见表 2－37 至表 2－39。

表 2－37　可比产品成本计划降低任务表

2015 年　　　　单位：元

可比产品	计划产量	单位成本		总成本		降低任务	
		上年	计划	上年	计划	降低额	降低率
A 产品	2 000	1 000	980	2 000 000	1 960 000	40 000	2%
B 产品	1 000	1 500	1 600	1 500 000	1 600 000	－100 000	－6.67%
C 产品	5 600	1 300	2 900	16 800 000	16 240 000	560 000	3.33%
D 产品	7 000	5 900	5 800	41 300 000	40 600 000	700 000	1.7%
合　计				61 600 000	60 400 000	1 200 000	1.95%

表 2－38　可比产品成本实际完成情况表

2015 年

单位：元

可比产品	实际产量	单位成本			总成本			降低任务	
		上年	计划	实际	上年	计划	实际	降低额	降低率
A 产品	2 300	1 000	980	990	2 300 000	2 254 000	2 277 000	23 000	1%
B 产品	900	1 500	1 600	1 480	1 350 000	1 440 000	1 332 000	18 000	1.33%
C 产品	6 000	3 000	2 900	2 800	1 800 000	17 400 000	16 800 000	1 200 000	6.67%
D 产品	6 900	5 900	5 800	5 500	40 710 000	40 020 000	37 950 000	2 760 000	6.78%
合　计					62 360 000	61 114 000	58 359 000	4 001 000	6.42%

分析对象：降低额＝4 001 000－1 200 000＝2 801 000（元）

降低率＝6.42%－1.95%＝4.47%

表 2－39　可比产品成本降低任务完成情况分析表

单位：元

影响因素				计算方法	
顺序	产量	品种构成	单位成本	降低额	降低率
1	计划	计划	计划	1 200 000	1.95%
2	实际	计划	计划	62 360 000×1.95%＝1 216 020	1.95%
3	实际	实际	计划	62 360 000－61 114 000＝1 246 000	1 246 000÷62 360 000＝2%
4	实际	实际	实际	4 001 000	6.42%
各因素的影响：					
产量因素的影响				1 216 020－1 200 000＝16 020	0
品种构成因素的影响				1 246 000－1 216 020＝29 980	2%－1.95%＝0.05%
单位成本构成因素的影响				4 001 000－1 246 000＝2 755 000	6.42%－2%＝4.42%
合　计				2 801 000	4.47%

知识拓展

分类法

一、分类法的基本内容

（一）分类法的含义

产品成本计算的分类法是按产品的类别归集生产费用，在计算出某类产品总成本的基础上，按一定标准分配计算类内各种产品成本的一种成本计算方法。在产品品种、规格繁多，但可以按照一定标准分类的情况下，可以采用分类法进行成本计算。

（二）分类法的成本计算程序

采用分类法计算产品成本时，首先应将产品划分为不同的类别，计算出某类产品的完工产品总成本，再按一定标准分配计算类内各种产品的成本。产品类别的划分，一般是根据产品的性质、结构、所用原材料以及工艺过程的特点等进行分类。进行产品成本计算时，是以产品类别作为成本计算对象，设置成本计算单，并结合生产类型的不同，选择一定的方法按类别分成本项目归集生产费用，计算出各类完工产品的成本。

（三）类内产品成本的分配方法

按类别计算出各类产品的总成本后，需要将每类产品总成本在类内各种产品之间进行分配，从而计算出各种完工产品的成本。在这里，分配标准的选择是非常重要的，分配标准应选择与产品成本高低有着直接联系的项目。各成本项目可采用同一分配标准，也可采用不同的分配标准。通常采用的分配标准有定额消耗量、定额成本、计划成本、产品售价、产品的重量或体积等。类内产品成本的计算，在一般情况下是采用系数法、定额比例法计算。

1. 系数法

系数法是将类内产品的分配标准折合为系数，按系数分配计算类内各种产品成本。

2. 定额比例法

定额比例法是在计算出类内产品的总成本后，按类内各种产品的定额比例进行分配，从而计算出类内每一种产品的成本的一种方法。这种方法一般适用于定额比较健全、稳定的企业。具体计算时，材料费用可采用材料定额耗用量的比例进行分配，加工费用可采用定额工时的比例进行分配。

（四）分类法的优、缺点

1. 优点

（1）可以简化成本计算工作。

（2）不仅提供各种产品的成本水平信息，还提供各类产品的成本水平信息，从而便于对各类产品成本进行考核和分析。

2. 缺点

分类法按产品类别归集生产费用，类内各种产品按一定标准分配成本，分配结果具有一定的假定性。

二、联产品、副产品、等级品的成本计算

（一）联产品成本计算

所谓联产品，是指企业在生产过程中，利用同一种原材料，经过同一个生产过程，同时生产出几种产品，并且这些产品都是企业的主要产品。联产品在生产过程中使用同样的原材料，并且又是在同一生产过程中生产出来的。在联产品分离之前，应将其归为一类计算其总成本，然后再采用适当的方法，分配计算联产品中每种产品的成本。联产品虽然可以按类别归集费用，计算成本，但它同分类法是有区别的，即对分离后的继续加工成本，需要按照分离后产品的生产特点，选择适当的方法进行计算。通常情况下，将分离前发生的成本称为联合成本，而把分离后每种产品发生的成本称为可归属成本。因此，联产品的

成本应该包括其所应负担的联合成本和分离后的继续加工成本，如图 2 - 12所示。

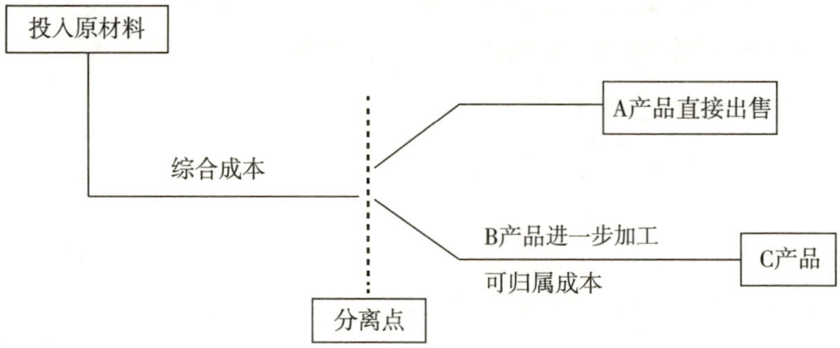

图 2 - 12 联产品成本图

计算出联产品的联合成本之后，需要将其在各种联产品之间进行分配，分配时可根据企业具体情况确定应采用的分配方法，常用的分配方法包括以下几种。

（1）实物计量分配法。实物计量分配法是将联合成本按各联产品实物量（如重量、长度或容积）进行分配的一种方法。

（2）标准产量分配法。标准产量分配法也称系数分配法，它是根据各种联产品的实际产量，按系数将其折算为标准产量来分配联合成本的一种方法。具体程序是：先确定各种联产品的系数，然后用每种产品的产量乘以各自的系数，计算出标准产量；再将联合成本除以各种联产品标准产量之和，求得联合成本分配率；最后，用联合成本分配率乘以每种产品的标准产量，就可以计算出各种产品应负担的联合成本。

（3）销售价值分配法。销售价值分配法是指按照各种联产品的销售价值作为分配标准来分配联合成本的一种联产品成本分配方法。

（二）副产品成本计算

副产品是指企业在生产主要产品的过程中附带生产出来的一些非主要产品。由于副产品和主要产品是在同一生产过程中生产出来的，它们发生的费用很难分开，因此，一般是将副产品和主要产品归为一类，按照分类法归集费用，计算其总成本。主、副产品分离前的成本可视为联合成本。一般来说，副产品的价值相对较低，在企业全部产品中所占比重较小，所以，可将副产品按照简化的方法计价，从主副产品的总成本中扣除，从而确定主要产品的成本。显然，要计算主要产品的成本，必须解决副产品成本的计价问题。

（三）等级品成本计算

等级品是指品种相同，但在质量上有差别的产品。按造成产品质量差别的原因不同，等级品可以分为两种：一种是由于材料的质量、工艺过程不同或由于自然的原因造成的等级品；另一种是由于经营管理或技术操作的原因形成的等级品。

等级品的成本计算，应根据企业的具体情况加以确定。如果是由于材料质量、工艺过程本身等特点或自然原因造成的，则应采用适当的方法计算各种等级品的产品成本。计算时，可将各种等级品作为一类产品，计算类产品的联合成本，再根据按各种等级品的售价等标准确定的系数，将各等级品产量折合为标准产量，采用标准产量比例法分配联合成本，以分配的联合成本作为各等级产品的成本。如果是由于生产管理不当、操作失误造成的等级品，因为等级品用料相同，工艺过程也相同，则其成本也应相同，所以，应采用实际产量比例法，将等级品的联合成本直接按各等级产品实际产量平均计算，从而使各等级产品单位成本水平一致。

业务操作

任务一：用系数法对完工产品及在产品成本进行核算

1. 任务描述

祥瑞公司按分类法计算产品成本。该厂生产的甲、乙、丙三种产品属于小家电类产品，其原材料和生产工艺相近。5 月份生产甲产品 4 000 件，乙产品 1 500 件，丙产品 2 400件；月末在产品甲产品 160 件，乙产品 240 件。

本月该类产品的生产费用为：直接材料费 21 030 元，直接人工费 7 428 元，制造费用 8 240 元；月初在产品成本为：直接材料费 720 元，直接人工费 240 元，制造费用 280 元。

各种产品成本的分配方法是：原材料费用按事先确定的耗料系数比例分配；其他费用按工时系数比例分配。耗料系数根据产品的材料消耗定额计算确定，工时系数根据产品的工时定额计算确定。材料消耗定额为：甲产品 1. 2 千克，乙产品 1. 8 千克，丙产品 0. 24 千克，以甲产品为标准产品。工时定额为：甲产品 0. 8 小时，乙产品 1. 6 小时，丙产品 0. 4 小时。

各种产品均是一次投料，月末在产品完工程度为 50%。

2. 任务要求

（1）编制系数计算表，确定甲、乙、丙三种产品的用料系数和工时系数。

（2）编制标准产品产量计算表，计算完工产品和月末在产品的标准产品产量。

（3）编制类别成本计算单，计算类别完工产品成本和月末在产品成本。

（4）编制产品成本计算表，计算甲、乙、丙完工产品成本。

3. 任务分析

系数法的具体做法是：在同类产品中选择一种产量大、生产稳定或规格折中的产品作为标准产品，把这种产品的分配标准系数确定为 1，其他产品的单位产品的分配标准数据与标准产品相比，求出的比例即为其他产品的系数。系数确定后，把各种产品的实际产量乘以系数，换算成标准产品产量，或称为总系数，再按各种产品总系数比例分配计算类内各种产品成本。分配计算类内各种产品成本时，既可以按综合系数分配，也可以分成本项目采用单项系数分配。

4. 任务操作

（1）根据系数法对三种产品的各类系数进行计算，见表 2－40。

表 2-40　系数计算表

产品名称	原材料消耗定额(千克)	耗料系数	工时消耗定额(小时)	工时系数
甲	1.2	1	0.8	1
乙	1.8	1.5	1.6	2
丙	0.24	0.2	0.4	0.5

（2）计算这三种产品的标准产品产量，见表 2-41。

表 2-41　标准产品产量计算表

项目	产成品产量（件）	原材料(件)				加工费(元)			
		耗料系数	产成品折合标准产量	在产品实际数量	在产品折合标准产量	工时系数	产成品折合标准产量	在产品折合约当产量	在产品折合标准产量
甲产品	4 000	1	4 000	160	160	1	4 000	80	80
乙产品	1 500	1.5	2 250	240	360	2	3 000	120	240
丙产品	2 400	0.2	480			0.5	1 200		
合计			6 730		520		8 200		320
标准产品产量（总系数）		7 250				8 520			

（3）计算类别完工产品成本和月末在产品成本，见表 2-42。

表 2-42　类别产品成本计算单

产品类别：小家电类　　　　单位：元

摘要	直接材料	直接人工	制造费用	合计
月初在产品成本	720	240	280	1 240
本月发生费用	21 030	7 428	8 240	36 698
费用合计	21 750	7 668	8 520	37 938
产成品标准产品产量	6 730	8 200	8 200	
在产品标准产品产量	520	320	320	
标准产品产量合计	7 250	8 520	8 520	
费用分配率	3	0.9	1	
完工产品成本	20 190	7 380	8 200	35 770
月末在产品成本	1 560	288	320	2 168

（4）计算甲、乙、丙完工产品成本，见表 2-43。

表 2-43　类内各种产成品成本计算表

单位：元

项目	产量（件）	原材料标准产品产量（耗材总系数）	直接材料	工时标准产品产量（工时总系数）	直接人工	制造费用	合计
费用分配率			3		0.9	1	
甲产品	4 000	4 000	12 000	4 000	3 600	4 000	19 600
乙产品	1 500	2 250	6 750	3 000	2 700	3 000	12 450
丙产品	2 400	480	1 440	1 200	1 080	1 200	3 720
合计		6 730	20 190	8 200	7 380	8 200	35 770

任务二：计算副产品成本

1. 任务描述

祥瑞公司用同种原材料，在同一个工艺过程中生产 A 产品的同时还生产 B 副产品，B 副产品分离后，需作进一步加工才能对外销售。本月共发生联合成本 150 000 元，其中直接材料占联合成本 60%，直接人工占 10%，制造费用占 30%，生产 A 产品 100 00 千克，B 副产品 2 000 千克，B 副产品进一步加工后发生直接人工共 2 000 元，制造费用 2 500 元。B 副产品对外售价每千克 12 元，每千克销售费用和利润合计为 1 元。

2. 任务要求

计算 B 副产品成本。

3. 任务分析

副产品的计价，可以根据不同情况分别采用不同方法，常见的方法有如下几种。

（1）副产品不计价。副产品不计价是指副产品不负担分离前的成本，副产品的成本由主要产品负担，将副产品的销售收入直接作为主要产品的销售收入处理。这种方法一般适用于副产品分离后不再加工，而且其价值较低的情况。

（2）副产品按销售价格扣除销售税金、销售费用后的余额计算，或者说按售价减去按正常利润率计算的销售利润后的余额计价，以此作为分离前的共同成本中副产品应负担的部分。这种方法适用于副产品价值较高的情况。

（3）副产品按固定成本计价。这种计价方法是指按确定的固定成本作为副产品的成本，从主要产品成本中扣除。其中，固定成本可按固定价格计价，也可以按计划单位成本计价。这种方法计算手续简便，但是当副产品成本变动较大、市价不稳定时，会影响主要产品成本的正确性。

副产品成本计算出来后，还需要考虑如何从联合成本中扣除。副产品成本从联合成本中扣除的方法有：将副产品成本（副产品计价额）从分离前联合成本中的“直接材料”成本项目中扣除，也可以按副产品的计价额与其总成本的比例，分别从分离前联合成本的各成本项目中扣除。前一种方法适用于副产品成本中直接材料费用所占比重较大或副产品成本占共同成本的比重很小的情况；后一种方法适用于副产品各成本项目的比重相差不大或副产品成本在联合成本中占有一定比重的情况。

4. 任务操作

B 副产品应负担的联合成本为 $=(12-1-\frac{2\ 000+2\ 500}{2\ 000})\times 2\ 000=17\ 500$

B 副产品成本从联合成本中扣除如图 2－13 所示。

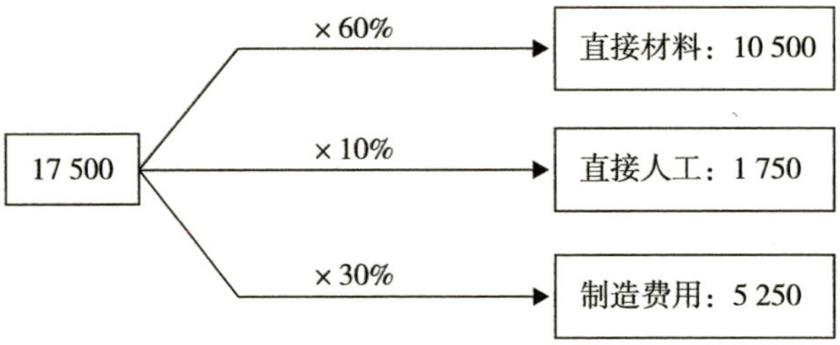

图 2－13　B 副产品成本从联合成本中扣除

B 副产品成本计算见表 2－44。

表 2－44　B 副产品成本计算表

单位：元

成本项目	联合成本	可归属成本	总成本
直接材料	10 500		10 500
直接人工	1 750	2 000	3 750
制造费用	5 250	2 500	7 750
合计	17 500	4 500	23 000

小　结

一、教学内容

（1）品种法下各要素费用的归集和分配。

（2）品种法下制造费用、辅助生产费用、损失性费用的归集与分配。

（3）品种法下完工产品与在产品成本分配。

（4）品种法下成本核算账务处理。

二、教学重点

（1）品种法下材料、人工、制造费用的分配。

（2）辅助生产费用分配的直接分配法和一次交互分配法。

（3）品种法下完工产品与在产品成本分配的约当产量法、在产品定额法。

（4）可修复、不可修复废品成本的核算。

（5）品种法下的账务处理。

三、教学难点

（1）制造费用的年度计划分配率法。

（2）辅助生产费用的一次交互分配法、计划成本分配法。

（3）完工产品成本分配的约当产量法。

四、教学建议

（1）最好结合企业调研进行品种法下核算的教学，如不能进行企业实地调研教学的可以结合企业生产过程视频进行教学。

（2）子情境中涉及多种方法的，以实务中运用最多的方法为主要方法来讲解。

训练题

一、单项选择题

1. 当材料的收、发采用计划成本计价时，月末计划成本大于实际成本的差额，在结转材料采购账户时应作的会计分录为(　　)。

A. 借：材料采购
　　贷：材料成本差异

B. 借：材料成本差异
　　贷：材料采购

C. 借：生产成本
　　贷：材料成本差异

D. 借：材料成本差异
　　贷：生产成本

2. 在发出材料采用(　　)计价方法时，可使发出材料的成本和期末存货的成本最接近实际。

A. 先进先出法　　B. 加权平均法

C. 个别计价法　　D. 移动加权平均法

3. 一般纳税企业的下列费用中，(　　)不应计入材料的采购成本。

A. 运输费　　B. 保险费

C. 运输途中的合理损耗　　D. 增值税

4. 生产领用一般性的工具、用具、用品，应计入(　　)账户。

A. “辅助生产成本”　　B. “基本生产成本”

C. “制造费用”　　D. “管理费用”

5. 管理费用、财务费用以及销售费用，应当(　　)。

A. 作为期间费用，直接计入当期损益　　B. 分配计入产品成本

C. 直接计入产品成本　　D. 分配计入生产经营成本

6. 企业因生产产品、提供劳务而发生的各项间接费用，包括工资、福利费、折旧费等，属于(　　)成本项目。

A. 管理费用　　B. 制造费用

C. 直接人工　　D. 直接材料

7. 反映职工出勤、缺勤情况的原始记录是(　　)。

A. 考勤记录　　B. 定岗定编记录
C. 工时记录　　D. 产量记录

8. 加班加点工资的计算不需要考虑的因素是(　　)。
A. 考勤记录的加班天数　　B. 考勤记录的加班时数
C. 日工资率或小时工资率　　D. 职工工资标准

9. 某职工5月份生产合格品25件，料废品5件，加工失误产生废品2件，计件单价为4元，应付职工薪酬计件工资为(　　)元。
A. 100　　B. 108
C. 120　　D. 128

10. 某企业6月份固定资产应计提折旧额为300 000元，上月增加固定资产应计提折旧额为100 000元，上月减少固定资产应计提折旧额为70 000元，那么7月份该企业应计提的折旧额为(　　)元。
A. 400 000　　B. 330 000
C. 300 000　　D. 230 000

11. 不计提折旧的固定资产是(　　)。
A. 企业办公楼　　B. 自行建造并交付使用的固定资产
C. 经融资租赁方式租入的固定资产　　D. 以经营租赁方式租入的固定资产

12. 基本生产车间或辅助生产车间计提的固定资产折旧费，应借记(　　)账户。
A. “生产成本”　　B. “管理费用”
C. “制造费用”　　D. “财务费用”

13. 下列折旧方法中，(　　)能够达到加速折旧的目的。
A. 直线法　　B. 年数总和法
C. 工作量法　　D. 平均年限法

14. 基本生产车间应付管理人员的工资，记入(　　)账户的借方。
A. “生产成本”　　B. “制造费用”
C. “应付职工薪酬”　　D. “管理费用”

15. 下列部门的水电费，(　　)应计入“制造费用”账户。
A. 基本生产车间生产甲产品的水电费　　B. 基本车间日常用水电费
C. 企业行政管理部门用的水电费　　D. 销售部门耗用的水电费

16. 凡企业生产产品和提供劳务而发生的各项间接费用，都通过(　　)账户核算。
A. “管理费用”　　B. “制造费用”
C. “销售费用”　　D. “财务费用”

17. 按年度计划分配率分配制造费用，其年度计划分配率是(　　)。
A. 根据各个月份的具体情况分别确定的　　B. 在本年度生产过程中确定的
C. 在年末确定的　　D. 在年度开始前确定的

18. 使分配结果最正确的辅助生产费用分配方法是(　　)。
A. 直接分配法　　B. 交互分配法
C. 代数分配法　　D. 顺序分配法

19. 辅助生产费用直接分配法的适用条件是(　　)。

A. 企业的计划成本不够准确　　B. 企业未实行电算化

C. 辅助生产车间相互受益有明显顺序　　D. 辅助生产车间相互提供劳务不多

20. 辅助生产部门费用的交互分配是指(　　)。

A. 辅助生产费用在各辅助生产部门之间的分配

B. 辅助生产费用在各基本生产部门之间的分配

C. 辅助生产费用在各车间之间的分配

D. 辅助生产费用在辅助生产部门与基本生产车间之间的分配

21. 辅助生产车间交互分配后的实际费用，应再在(　　)进行分配。

A. 各基本生产车间　　B. 各受益单位之间

C. 辅助生产以外的受益单位之间　　D. 各辅助生产车间

22. 辅助生产费用采用交互分配法，对外分配的费用总额是(　　)。

A. 交互分配前的费用

B. 交互分配前的费用加上交互分配转入的费用

C. 交互分配前的费用减去交互分配转出的费用

D. 交互分配前的费用加上交互分配转入的费用，减去交互分配转出的费用

23. 辅助生产费用采用计划成本分配法，辅助车间实际发生的费用应该是(　　)。

A. 该车间待分配费用减去分配转出的费用

B. 该车间待分配费用加上分配转入的费用

C. 该车间待分配费用加上分配转入的费用，减去分配转出的费用

D. 该车间待分配费用加上分配转出的费用，减去分配转入的费用

24. 辅助生产费用直接分配法的特点是将辅助生产费用(　　)。

A. 直接计入辅助生产提供的劳务成本

B. 直接分配给所有受益的车间、部门

C. 直接计入“辅助生产成本”账户

D. 直接分配给辅助生产以外的各受益单位

25. 辅助生产费用采用交互分配法分配辅助生产费用时，第一次交互分配是在(　　)之间进行的。

A. 各受益的辅助生产车间　　B. 辅助生产车间以外的各受益单位

C. 各受益的基本生产车间　　D. 各受益的企业管理部门

26. 在各辅助生产车间相互提供劳务很少的情况下，适宜采用的辅助生产费用分配方法是(　　)。

A. 直接分配法　　B. 交互分配法

C. 计划成本分配法　　D. 代数分配法

27. 停工损失不包括(　　)期间发生的损失。

A. 季节性停工　　B. 大修理停工

C. 自然灾害停工　　D. 计划减产停工

28. 下列项目中，应该计入产品成本的停工损失是(　　)。

A. 由于自然灾害引起的非正常停工损失　　B. 非正常原因发生的停工损失
C. 固定资产修理期间的停工损失　　D. 非季节性停工损失

29. 废品损失不包括(　　)。
A. 修复废品人员工资　　B. 修复废品使用材料
C. 不可修复废品的报废损失　　D. 产品“三包”损失

30. 废品净损失分配转出时，应借记(　　)科目。
A. “废品损失”　　B. “生产成本”
C. “管理费用”　　D. “制造费用”

31. 由于自然灾害造成的非正常停工损失，应计入(　　)。
A. 营业外收入　　B. 营业外支出
C. 管理费用　　D. 制造费用

32. 计算出来的废品损失应(　　)。
A. 分配计入当月同种合格品的成本中
B. 分配计入当月各种合格品的成本中
C. 直接计入当月的“制造费用”科目中
D. 直接计入当月的“管理费用”科目中

33. 计算出来的废品损失，应分配转由(　　)。
A. 本月的制造费用负担　　B. 本月的管理费用负担
C. 本月的同种产品成本负担　　D. 下月的同种产品成本负担

34. 企业在核算废品损失时，一般是指(　　)。
A. 辅助生产车间的废品损失　　B. 基本生产车间的废品损失
C. 基本生产车间和辅助生产车间发生的废品损失
D. 产品销售后发生的废品损失

35. 产品的三包损失，应计入(　　)。
A. 废品损失　　B. 管理费用
C. 制造费用　　D. 营业费用

36. 对于季节性停工企业在停工期间所发生的费用，应计入(　　)。
A. 停工损失　　B. 管理费用
C. 营业外支出　　D. 制造费用

37. 下列各项损失中，属于废品损失的项目是(　　)。
A. 入库后发现的生产中的废品损失
B. 可以降价出售的不合格品降价的损失
C. 产成品入库后由于保管不当发生的损失
D. 产品出售后发现的废品由于包退、包换和包修形成的损失

38. 不可修复废品损失的核算，应采用一定的方法，将废品的成本计算出来，然后从“生产成本”科目的贷方转入借方的会计科目是(　　)。
A. “制造费用”科目　　B. “管理费用”科目
C. “废品损失”科目　　D. “营业外支出”科目

39. 工业企业的废品损失应计入(　　)。

A. 管理费用　　B. 销售费用

C. 生产成本　　D. 营业外支出

40. 产成品入库后，由于管理不当等原因造成的损失，应计入(　　)。

A. 管理费用　　B. 销售费用

C. 生产成本　　D. 营业外支出

41. 在下列各项目当中，属于废品损失的项目是(　　)。

A. 可修复废品的生产成本　　B. 不可修复废品的生产成本

C. 不合格品的降价损失　　D. 自然灾害造成的产成品损失

42. 按完工产品和月末在产品定额比例分配计算完工产品和月末在产品成本，必须具备(　　)条件。

A. 在产品已接近完工　　B. 原材料在生产开始时一次投入

C. 在产品原材料费用比重较大　　D. 各项消耗定额比较准确

43. 如果企业月末在产品数量较多，各月末在产品数量变动较大，产成品成本中原材料、直接人工等各成本项目所占比重相差不多，成本计算适合采用(　　)。

A. 在产品按完工产品计算法　　B. 定额比例法

C. 约当产量法　　D. 定额成本法

44. 某企业定额管理基础比较好，能够指定比较准确、稳定的消耗定额，各月末在产品数量变化不大的产品，应采用(　　)。

A. 在产品按定额成本计价法　　B. 定额比例法

C. 在产品按所耗原材料费用计价法　　D. 固定成本计价法

45. 采用约当产量比例法，当各工序在产品数量和单位产品在各工序的加工量都相差不多的情况下，全部在产品完工程度可按(　　)计算。

A. 80%　　B. 25%

C. 50%　　D. 75%

46. 某种产品月末在产品数量较大，各月末在产品数量变化也较大，产品成本中原材料费用和各项加工费用所占比重相差不多，应采用(　　)。

A. 定额比例法　　B. 约当产量比例法

C. 固定成本计价法　　D. 按在产品所耗原材料计价法

47. 区分各种成本计算基本方法的主要标志是(　　)。

A. 成本计算对象　　B. 成本计算日期

C. 间接费用的分配方法　　D. 完工产品与再产品之间分配费用的方法

48. 品种法的成本计算期与(　　)是不一致的，一般是按月进行的。

A. 生产周期　　B. 会计核算周期

C. 会计分期　　D. 生产日期

49. 采用品种法计算产品成本时，成本计算单应按(　　)开设。

A. 产品的批别　　B. 产品的品种

C. 产品的类别　　D. 产品的生产步骤

50. 成本报表属于(　　)。

A. 对外报表　　B. 对内报表

C. 既是对内报表，又是对外报表　　D. 对内还是对外由企业决定

51. 下列不属于成本分析的基本方法是(　　)。

A. 对比分析法　　B. 产量分析法

C. 因素分析法　　D. 比率分析法

52. 根据实际指标与不同时期的指标对比，来揭示差异，分析差异产生原因的分析方法称为(　　)。

A. 因素分析法　　B. 差量分析法

C. 对比分析法　　D. 相关分析法

53. 在进行全部商品产品成本分析时，计算成本降低率时，是用成本降低额除以(　　)。

A. 按计划产量计算的计划总成本　　B. 按计划产量计算的实际总成本

C. 按实际产量计算的计划总成本　　D. 按实际产量计算的实际总成本

54. 对可比产品成本降低率不产生影响的因素是(　　)。

A. 产品品种结构　　B. 产品产量

C. 产品单位成本　　D. 产品总成本

55. 采用连环替代法，可以揭示(　　)。

A. 产生差异的因素和各因素的影响程度　　B. 产生差异的因素

C. 产生差异的因素和各因素的变动原因　　D. 实际数与计划数之间的差异

二、多项选择题

1. 为了确定存货的数量，存货的盘存制度有(　　)。

A. 收付实现制　　B. 权责发生制

C. 实地盘存制　　D. 永续盘存制

E. 实际进价法

2. 材料日常核算采用实际成本计价法时，发出存货的计价方法一般包括(　　)。

A. 先进先出法　　B. 加权平均法

C. 个别计价法　　D. 加权移动平均法

E. 平均计价法

3. 材料成本差异账户的核算内容包括(　　)。

A. 借方登记实际成本大于计划成本的超支差异

B. 借方登记实际成本小于计划成本的超支差异

C. 贷方登记计划成本大于实际成本的节约差异

D. 贷方登记计划成本小于实际成本的超支差异

E. 借方余额表示超支额，贷方余额表示节约额

4. 生产经营过程中领用的材料，按用途可分为生产产品耗用、生产车间耗用、企业行政管理部门耗用，应分别计入(　　)账户。

A. “生产成本”　　B. “制造费用”
C. “管理费用”　　D. “销售费用”
E. “财务费用”

5. 实行计件工资制的企业，应付工人的计件工资是按(　　)乘以计件单价计算的。
A. 产品产量　　B. 合格品产量
C. 加工失误品　　D. 废料品产量
E. 外购品数量

6. 月薪制下计时工资取决于(　　)。
A. 月标准工资　　B. 日工资率
C. 缺勤天数　　D. 定额工时
E. 产品数量

7. 职工薪酬的“五险”是指(　　)。
A. 医疗保险费　　B. 养老保险费
C. 失业保险费　　D. 工伤保险费
E. 生育保险费

8. 企业按有关规定分配生产工人薪酬时，要涉及(　　)账户。
A. “生产成本”　　B. “制造费用”
C. “应付职工薪酬”　　D. “管理费用”
E. “财务费用”

9. 企业发生的下列支出中，不得计入产品成本的有(　　)。
A. 财务费用　　B. 制造费用
C. 对外投资支出　　D. 管理费用
E. 各种罚款、赞助、捐赠支出

10. 计提固定资产折旧额的依据(或影响折旧的主要因素)有(　　)。
A. 固定资产的预计使用年限　　B. 固定资产的折余价值
C. 预定固定资产净残值　　D. 固定资产原值
E. 固定资产的重置价值

11. 固定资产折旧可选用的折旧方法包括(　　)。
A. 年限平均法　　B. 工作量法
C. 双倍余额递减法　　D. 年数总和法
E. 一次折旧法

12. 在企业的下列固定资产中，应计提折旧的有(　　)。
A. 以经营租赁方式租出的固定资产　　B. 以融资租赁方法租入的固定资产
C. 房屋和建筑物　　D. 未提足折旧提前报废的设备
E. 机器设备、仪表仪器

13. 制造费用的分配方法有(　　)。
A. 计划成本分配法　　B. 直接分配法
C. 生产工时比例法　　D. 机器工时比例法

E. 年度计划分配率分配法

14. 制造费用的项目包括(　　)。

A. 设备融资租赁费　　B. 水电费

C. 劳动保护费　　D. 机物料消耗

E. 生产车间生产工人薪酬

15. 制造费用的分配不应该(　　)。

A. 在企业范围内统一分配　　B. 按班组分别进行分配

C. 按车间分别进行分配　　D. 按所有车间范围统一分配

E. 平均进行

16. 归集制造费用时，借记“制造费用”账户的同时，可能贷记(　　)。

A. 原材料　　B. 累计折旧

C. 银行存款　　D. 应交税费

E. 应付职工薪酬

17. 在下列方法中，属于辅助生产费用分配方法的有(　　)。

A. 交互分配法　　B. 代数分配法

C. 定额比例法　　D. 直接分配法

E. 计划成本分配法

18. 辅助生产费用分配转出时，可以(　　)。

A. 借记“制造费用”账户　　B. 借记“管理费用”账户

C. 借记“在建工程”账户　　D. 贷记“辅助生产成本”账户

E. 借记“辅助生产成本”账户

19. 辅助生产车间发生的固定资产折旧费，可能借记的账户有(　　)。

A. “制造费用”　　B. “辅助生产成本”

C. “基本生产成本”　　D. “管理费用”

E. “在建工程”

20. 废品损失应包括(　　)。

A. 不可修复废品的报废损失　　B. 可修复废品的修复费用

C. 不合格品的降价损失　　D. 产品保管不善的损坏变质损失

E. 产品售出后退货的费用

21. 计算不可修复废品的净损失应包括下列因素(　　)。

A. 不可修复废品的生产成本　　B. 废品的残值

C. 废品的应收赔款　　D. 废品的价值大小

E. 合格品的成本

22. “废品损失”科目的借方登记(　　)。

A. 可修复废品成本　　B. 不可修复废品成本

C. 可修复废品的修复费用　　D. 不可修复废品的应收赔款

E. 不可修复废品的残值

23. 废品按其产生的责任划分，可分为(　　)。

A. 工废　B. 料废
C. 可修复废品　D. 不可修复废品
E. 废品损失

24. 废品按其是否可以和值得修复可分为(　　)。
A. 工废　B. 料废
C. 可修复废品　D. 不可修复废品
E. 废品损失

25. 在计算废品损失时，一般包括以下一些项目(　　)。
A. 可修复废品的修复费用　B. 不可修复废品的修复费用
C. 不可修复废品的成本　D. 不可修复废品的残值
E. 过失人承担的赔款损失

26. 在下列各项损失中，不属于废品损失的项目是(　　)。
A. 产品入库后发现的生产中发生的废品的损失
B. 产品入库后发现的由于保管不当发生的损失
C. 出售后发现的废品由于包退发生的损失
D. 出售后发现的废品由于包修发生的损失
E. 降价出售的不合格品的降价损失

27. “废品损失”科目贷方的对应科目可能有(　　)。
A. “生产成本”科目　B. “其他应收款”科目
C. “制造费用”科目　D. “原材料”科目
E. “营业外支出”科目

28. “停工损失”科目借方的对应科目可能是(　　)。
A. “原材料”科目　B. “应付工资”科目
C. “制造费用”科目　D. “管理费用”科目
E. “生产成本”科目

29. 企业发生的不可修复废品损失会使企业(　　)。
A. 产品总成本可能降低　B. 产品总成本可能提高
C. 产品单位成本提高　D. 产品单位成本降低
E. 产品产量降低

30. 在完工产品与在产品之间分配生产费用的方法有(　　)。
A. 约当产量比例法　B. 交互分配法
C. 固定成本计价法　D. 定额比例法
E. 直接分配法

31. 选择完工产品与在产品之间分配方法时，应考虑的条件是(　　)。
A. 在产品数量的多少　B. 各月在产品数量变化的大小
C. 各项费用比重的大小　D. 定额管理基础好坏
E. 时间的长短

32. 约当产量比例法适用于(　　)的产品。

A. 月末在产品接近完工
B. 月末在产品数量较大
C. 各月末在产品数量变化较大
D. 产品成本中原材料费用和人工费用等加工费用比重相差不大
E. 各月末在产品数量较小

33. 采用定额比例法分配完工产品和在产品费用，应具备的条件有(　　)。
A. 消耗定额比较准确　　B. 消耗定额比较稳定
C. 各月末在产品数量变化不大　　D. 各月末在产品数量变化较大
E. 各月末在产品数量变化很小

34. 下列企业中，适合运用品种法计算产品成本的有(　　)。
A. 糖果厂　　B. 饼干厂
C. 拖拉机厂　　D. 造船厂

35. 可采用分类法计算产品成本的企业，应满足下列(　　)条件。
A. 通过基本相同的加工工艺过程生产产品的品种、规格、型号繁多
B. 生产过程中使用同样的原材料
C. 可以按一定标准对产品进行分类
D. 一批产品通常不重复生产

36. 适合采用分批法计算产品成本的企业类型有(　　)。
A. 根据购买订单生产的企业　　B. 承揽修理业务的企业
C. 产品经常变动的小型制造厂　　D. 石油加工企业

37. 把产品法、分批法、分步法概括为产品成本计算的基本方法是因为这些方法(　　)。
A. 与生产类型的特点有直接联系　　B. 有利于加强成本管理
C. 使成本计算工作简化　　D. 是计算产品实际成本必不可少的方法

38. 商品产品成本表可以反映可比产品与不可比产品的(　　)。
A. 实际产量　　B. 单位成本
C. 本月总成本　　D. 本年累计总成本

39. 生产多品种的情况下，影响可比产品成本降低额的因素有(　　)。
A. 产品产量　　B. 产品单位成本
C. 产品价格　　D. 产品品种结构

40. 影响可比产品降低率变动的因素可能有(　　)。
A. 产品产量　　B. 产品单位成本
C. 产品价格　　D. 产品品种结构

41. 成本报表分析常用的方法有(　　)。
A. 对比分析法　　B. 比例分析法
C. 因素分析法　　D. 趋势分析法

42. 在采用因素分析法进行成本分析时，确定各因素替代顺序时，下列说法正确的是(　　)。

A. 先替代数量指标，后替代质量指标

B. 先替代质量指标，后替代数量指标

C. 先替代实物量指标，后替代价值量指标

D. 先替代主要指标，后替代次要指标

43. 在进行可比产品成本降低任务完成情况分析时，对于产品单位成本的变动，下列说法正确的有(　　)。

A. 产品单位成本的变动影响成本降低额

B. 产品单位成本的变动影响成本降低率

C. 产品单位成本的变动不影响成本降低额

D. 产品单位成本的变动不影响成本降低率

44. 在计算可比产品成本计划降低额时，需要计算的指标有(　　)。

A. 实际产量按上年实际单位成本计算的总成本

B. 实际产量按本年实际单位成本计算的总成本

C. 计划产量按上年实际单位成本计算的总成本

D. 计划产量按本年计划单位成本计算的总成本

三、判断题

1. 直接生产费用是指可以分清哪种产品所耗用，可以直接计入某种成本的费用。(　　)

2. 用于几种产品生产共同使用的、构成产品实体的原材料费用，可直接计入各种产品成本。(　　)

3. 直接用于产品生产的原料、主要材料费用，记入“直接材料”成本项目。(　　)

4. 生产车间领用的材料，全部记入“直接材料”。(　　)

5. 车间领用的材料在产品完工时，如有余料，应填制退料凭证及时退回仓库。对于下月需要继续好用的材料，为了简化领料、退料手续，可以办理“假退料”手续。(　　)

6. 月薪制下，按21.75天计算日工资率时，缺勤期间的节假日、星期天不算缺勤不扣工资。(　　)

7. 实行计件工资制的企业，由于材料缺陷产生的废品，不付计件工资。(　　)

8. 职工薪酬是企业为获得职工提供的服务而给予的各种形式的报酬及其他相关支出。(　　)

9. 生产人员、车间管理人员和技术人员的职工薪酬，是产品成本的重要组成部分，应该直接计入各种成本。(　　)

10. 融资租赁的固定资产由承租方计提折旧。(　　)

11. 双倍余额递减和年数总和法计提折旧时均不考虑预计净残值。(　　)

12. 按规定的折旧率计提的折旧额，应计入产品成本。(　　)

13. 企业固定资产折旧的计算，都是从固定资产增加之日起到减少之日止。(　　)

14. 期间费用包括管理费用、财务费用和制造费用。(　　)

15. “制造费用”是核算企业行政管理部门为组织和管理生产发生的费用的账户。(　　)

16. 制造费用分配标准的选择主要是考虑制造费用与产品的关系或与生产量的关系。 （ ）

17. “制造费用”账户月末分配结转后应该无余额。 （ ）

18. 在辅助生产费用分配方法中，代数分配法是最准确的一种方法。 （ ）

19. 在顺序分配法下，受益少的辅助生产车间要负担受益多的辅助生产车间的费用。 （ ）

20. 采用直接分配法分配辅助生产费用时，应考虑各辅助生产车间之间相互提供劳务或产品的情况。 （ ）

21. 辅助生产费用的交互分配法，只需进行一次分配。 （ ）

22. 辅助生产费用的直接分配法适用于辅助生产车间之间提供劳务较多的企业。 （ ）

23. 凡是修复后可以正常使用的废品就是可修复废品。 （ ）

24. 本期发生的废品损失应当全部由本期的完工产品负担。 （ ）

25. 废品损失包括实行包退、包换、包修的企业在产品出售后发现废品时所发生的一切损失。 （ ）

26. 结转不可修复废品的成本时，应借记“生产成本——基本生产成本”科目，贷记“废品损失”科目。不可修复废品的成本可以按其所耗实际费用计算，也可以按其所耗定额费用计算。 （ ）

27. 季节性和固定资产修理期间的停工损失，应计入“管理费用”科目中。 （ ）

28. 废品的净损失，包括可修复废品的修复费用、不可修复废品的成本扣除残值，应于期末，直接记入当期损益，列入“本年利润”科目当中，不再记入该种产品的成本当中了。 （ ）

29. 各月末的在产品数量变化不大的产品，可以不计算月末在产品成本。 （ ）

30. 约当产量比例法适用于月末在产品数量较小，各月末在产品数量变化也较小，产品成本中原材料费用和加工等费用比重相差不多的产品。 （ ）

31. 根据月初在产品成本，本月生产费用和月末在产品成本资料，完工产品成本等于月初在产品成本加本月生产费用减月末在产品成本。 （ ）

32. 采用在产品成本按直接材料成本计算法时，月末在产品只负担直接材料成本，直接人工和制造费用全部由本期完工产品负担。 （ ）

33. 成本计算对象是区分产品成本计算各种方法的主要标志。 （ ）

34. 品种法一般适用于计算大量、大批、多步骤生产的产品成本。 （ ）

35. 品种法是一种既不分批又不分步，只分品种计算产品成本的方法。 （ ）

36. 商品产品成本表是反映企业在报告期内生产的全部商品产品的总成本的报表。（ ）

37. 企业编制的成本报表一般不对外公布，所以，成本报表的种类、项目和编制方法可由企业自行确定。 （ ）

38. 采用因素分析法进行成本分析时，各因素变动对经济指标影响程度的数额相加，应与该项经济指标实际数与基数的差额相等。 （ ）

39. 在进行全部商品产品成本分析时，需要计算成本降低率、该项指标是用成本降低

额除以实际产量的实际总成本计算的。（　）

40. 在进行可比产品成本降低任务完成情况的分析时，由于产品产量因素的变动，只影响成本降低额，不影响成本降低率。（　）

41. 可比产品成本实际降低额是用实际产量的按上年实际单位成本计算的总成本与实际产量按本年实际单位成本计算的总成本计算的。（　）

42. 不可比产品是指上年没有正式生产过，没有上年成本资料的产品。（　）

43. 本年累计实际产量与本年计划单位成本之积，称为按本年实际产量计算的本年累计总成本。（　）

四、计算分析题

1. 某基本生产车间生产甲、乙、丙三种产品，共计生产工时 25 000 小时，其中：甲产品 5 000 小时，乙产品 10 000 小时，丙产品 10 000 小时。本月发生各种间接费用如下所示。

（1）以银行存款支付劳动保护费 2 400 元。

（2）车间管理人员工资 3 000 元。

（3）按车间管理人员工资的 14% 提取福利费。

（4）车间消耗材料 2 000 元。

（5）车间固定资产折旧费 1 800 元。

（6）预提修理费 800 元。

（7）本月摊销保险费 600 元。

（8）辅助生产成本(修理、运输费)转入 1 400 元。

（9）以银行存款支付办公费、水电费、邮电费及其他支出等共计 1 880 元。

要求：根据上述资料计算本月制造费用数额，并按生产工时进行分配。

2. 某企业基本生产车间预计全年制造费用 59 800 元。各产品年计划产量为：甲产品 2 000件，乙产品 1 600 件。单件产品工时定额为：甲产品 6 小时，乙产品 4 小时。5 月实际产量为：甲产品 200 件，乙产品 150 件，本月实际发生制造费用为 5 400 元，“制造费用”账户本月期初余额为借方 700 元。

要求：按计划分配率分配 5 月份的制造费用，并编制会计分录。

3. 某企业有供电和机修两个辅助生产车间，根据本月明细账记录，供电车间直接发生的待分配费用为 7 040 元，机修车间为 6 720 元。供电车间和机修车间之间相互提供。本月提供的劳务量见表 2 -45。

表 2 -45　本月劳务量表

车间、部门		用电度数(度)	修理工时(小时)
第一基本生产车间	产品耗用	18 500	—
	一般耗用	1 500	1 800
第二基本生产车间	产品耗用	17 000	—
	一般耗用	1 000	2 100
管理部门		2 000	100

续表

车间、部门	用电度数(度)	修理工时(小时)
供电车间	—	200
机修车间	4 000	—
合计	44 000	4 200

要求：(1) 采用一次交互分配法分配辅助生产费用，并编制相应的会计分录。

(2) 采用计划成本分配法分配辅助生产费用(假设电的计划单位成本为0.16元，修理的计划单位成本为1.8元)。

4. 某企业设有运输、修理两个辅助生产车间，6月份辅助生产车间有关资料见表2-46。

表2-46 6月辅助生产车间资料表

辅助生产车间名称		运输车间	修理车间
待分配费用		15 600 元	16 800 元
供应劳务数量		6 500 千米	4 000 小时
计划单位成本		2.8 元/千米	4.8 元/小时
耗用劳务数量	运输车间	—	800 小时
	修理车间	1 500 千米	—
	基本生产车间——甲产品	3 000 千米	1 200 小时
	基本生产车间一般用	600 千米	1 000 小时
	企业管理部门	400 千米	700 小时
	销售部门	1 000 千米	300 小时

要求：运用代数分配法分配辅助生产车间费用，编制“辅助生产车间费用分配表”，并做出相应的会计分录。

5. 某厂生产甲产品，发现可修复废品8件，不可修复废品12件。可修复废品发生修复费用：领用材料500元，修理人员工资700元，计提职工福利费98元，制造费用300元。不可修复废品按定额成本计价。定额资料如下：单件原材料费用定额100元，单件工时定额20小时，每小时工资及福利费3元，每小时制造费用5元。不可修复废品残料共按300元作价入库，应由责任人赔偿120元。

要求：计算废品损失，编制有关会计分录。

6. 某企业某月份投产丁产品180件，生产过程中发现不可修复废品30件。该产品成本明细账所记合格品与废品的全部费用为：直接材料4 500元，直接工资2 224元，制造费用5 560元。废品回收残料110元。直接材料于生产开始时一次投入，因此直接材料费按合格品的数量150件、废品数量30件的数量比例分配。其他费用按生产工时比例分配，生产工时为：合格品2 360小时，废品420小时。根据上述资料，编制不可修复废品损失计算表，并作相应的账务处理，见表2-47。

表 2-47　不可修复废品损失计算表

单位：元

项目	数量	直接材料	生产工时	直接工资	制造费用	合计
费用总额						
费用分配率						
废品成本						
减：残值						
废品报废损失						

7. 假设某企业生产的丙产品在生产过程中发现不可修复废品 4 件，按所耗定额费用计算废品的生产成本。其直接材料费用定额为 50 元，已完成的定额工时为 100 小时，每小时的费用定额为：直接工资 1.20 元，制造费用 1.40 元。回收残料 15 元。

要求：根据上述资料，编制不可修复废品损失计算表，见表 2-48。

表 2-48　不可修复废品损失计算表

单位：元

项目	直接材料	定额工时	直接工资	制造费用	合计
单件、小时费用定额					
废品定额成本					
减：残值					
废品损失					

8. 某企业生产 A 产品需顺序经过三道工序连续加工才能完成，在产品在各工序的完工程度均为 50%。具体资料见表 2-49。

表 2-49　A 产品各工序资料

项目	一工序	二工序	三工序	合计
工时定额(小时)	10	20	20	50
在产品数量(件)	50	100	150	300

要求：计算各工序的在产品完工率及在产品约当产量。

9. 假定某公司 5 月份生产 A、B 两种产品分别为 400 件、600 件，共同耗用甲原材料 7 480千克，该原材料的单位实际成本为每千克 8 元，该材料单位消耗定额 A、B 产品分别为每件 8 千克和 6 千克。

要求：分配 5 月份 A、B 产品应负担的材料费用。

10. 假定某企业生产丁产品，2016 年 4 月初在产品 50 件，加工程度为 40%；本月投产 430 件；本月完工产量为 400 件，月末结存在产品 80 件，加工程度为 50%。丁产品所耗直接材料是在丁产品投产开始生产时投入全部直接材料的 80%，当加工达到 60% 时，再投入其余 20% 的直接材料。丁产品 4 月初在产品成本：直接材料 757.60 元，直接人工 142 元，制造费用 139 元；4 月份发生的生产耗费为：直接材料 8 522.40 元，直接人工 2 058 元，制造费用 3 381 元。

要求：用约当产量法计算完工产品和在产品成本，完成表 2 -50 所示数据填列。

表 2 -50　产品成本计算单

单位：元

成本项目	直接材料	直接人工	制造费用	合计
月初在产品成本				
本期生产费用				
合计				
约当总产量				
约当产量单位成本(分配率)				
完工产品总成本				
月末在产品成本				

11. 某公司大量大批生产甲、乙两种产品，根据生产特点和管理要求，该公司采用品种法计算成本。各产品所耗材料均在开工时一次投入，直接人工费用及制造费用随加工程度均匀发生，月末在产品成本按定额成本计算。不可修复乙产品的废品损失全部由本月完工乙产品成本负担。10 月份有关资料分别见表 2 -51 至表 2 -53。

表 2 -51　产量记录表

项目	甲产品	乙产品
本月完工产品数量(件)	2 000	1 000
月末在产品数量(件)	500	200
月末在产品消耗工时合计(小时)	3 000	1 000

表 2 -52　单位产品定额成本资料表

	直接材料单件定额成本(元)	单位工时人工费用定额(元)	单位工时制造费用定额(元)
甲产品	10	8	2
乙产品	20	10	2

表 2 -53　有关废品损失资料表

项目	直接材料(元)	直接人工(元)	制造费用(元)
乙产品(不可修复)	1 000	1 400	600

月初在产品成本及本月生产费用见表 2 -54、表 2 -55。甲、乙产品成本明细账资料。

要求：登记甲、乙两种产品的成本明细账，计算各产品成本。

表 2 -54　甲产品成本明细账金额

单位：元

摘要	直接材料	直接人工	制造费用	合计
月初在产品成本	6 000	32 000	8 000	
本月生产费用	14 000	12 000	3 000	
生产费用合计				

续表

摘要	直接材料	直接人工	制造费用	合计
月末在产品定额成本				
完工产品成本				
完工产品单位成本				

表 2－55　乙产品成本明细账金额

单位：元

摘要	直接材料	直接人工	制造费用	废品损失	合计
本月生产费用	25 000	18 400	6 600	—	
转出不可修复废品成本				—	
转入废品净损失	—	—	—		
本月生产费用净额					
月末在产品定额成本				—	
完工产品成本					
完工产品单位成本					

12. 某企业有关产量、单位成本和总成本的资料见表 2－56。

表 2－56　产量、成本表

产品名称		实际产量(件)		单位成本(元)		总成本(元)	
		本月	本年累计	上年实际平均数	本年计划	本月实际	本年累计数
可比产品	A 产品	100	900	800	780	75 000	684 000
	B 产品	30	500	500	480	13 500	235 000
	C 产品	80	1 100	700	710	55 200	748 000
不可比产品	D 产品	300	3 200		1 150	375 000	3 520 000
	E 产品	600	7 800		1 480	894 000	11 076 000

要求：根据上述资料，编制“商品产品成本表”。

13. 某企业生产的 A 产品，本月份产量及其他有关材料费用的资料见表 2－57。

表 2－57　产量及其他有关材料费用资料表

项　目	计划数	实际数
产品产量(件)	200	220
单位产品材料消耗量(千克)	30	28
材料单价(元)	500	480
材料费用(元)		

要求：根据上述资料，采用因素分析法分析各种因素变动对材料费用的影响程度。

14. 某企业生产的甲产品，材料项目的有关资料见表 2－58。

表2－58　材料项目的有关资料表

材料名称	单位耗用量		材料单价(元)		材料成本(元)		差异
	计划	实际	计划	实际	计划	实际	
A材料	100	95	10	8	1 000	760	－240
B材料	200	210	20	22	4 000	4 620	620
C材料	500	490	8	7	4 000	3 430	－570
合　计					9 000	8 810	－190

要求：根据上述资料，计算材料耗用量和材料价格变动对材料费用的影响。

项目三

分批法产品成本核算

职业能力目标

- **专业能力**
  - ➢ 了解分批法成本核算的要求
  - ➢ 能熟练设置与运用成本核算账户
  - ➢ 熟悉分批法下成本核算流程
  - ➢ 能正确的归集各项费用，并确定各批次完工产品的总成本和单位成本
  - ➢ 能用约当产量法估算在产品及完工产品的成本
  - ➢ 针对不同的情况选择适当的方法进行核算
- **教学能力**
  - ➢ 熟悉分批法的内容
  - ➢ 结合专业知识和学习情况对分批法进行教学设计
  - ➢ 营造良好的教学氛围、创设情境进行教学实施
  - ➢ 选择恰当的方式进行教学评价
- **社会能力**
  - ➢ 具备一定的沟通协调能力，处理好与企业内外相关部门的关系
  - ➢ 具有良好的职业素养和团队精神

工作任务分析

- ➢ 能按批别设置成本计算账户
- ➢ 熟悉间接计入费用的分配方法并能进行相关耗费的归集和分配
- ➢ 掌握分批法下用约当产量等方法核算在产品的费用
- ➢ 熟悉简化分批法下产品成本的核算流程

3.1 分批法下在产品及其费用核算

引例

祥瑞公司按购货单位要求分批生产甲、乙、丙三种产品，在月末计算成本时，一部分产品已完工，另一部分产品尚未完工。如何在完工产品与在产品之间分配费用，以便计算完工产品成本和月末在产品成本?

知识准备

分批法也称订单法，是指按照产品的批别或订单作为成本计算对象，归集生产耗费，计算产品成本的一种方法。该种方法适用于小批和单件生产，如精密仪器、重型机械、专用设备、船舶的制造、机器设备的修理以及特殊铸件的熔铸和辅助生产的工具模具的制造等。

一、成本计算对象

成本计算对象就是产品的批别(单件生产为件别)。在小批和单件产品生产中，产品的种类和每批产品的批量，大多是根据购买单位的订单确定的。因而按批、按件计算产品成本，往往也就是指按照订单计算产品成本。但是，如果在一张订单中规定有几种产品，或者虽然只有一种产品但其数量较大而又要求分期交货时，为了便于生产管理，企业生产计划部门可以将上述订单按照产品品种划分批别组织生产，或将同类产品划分数批组织生产、计算成本。如果在同一时期内，企业接到不同的购货单位要求生产同一产品的几张订单，为了经济合理地组织生产，企业生产计划部门也可以将其合并为一批组织生产、计算成本。在这种情况下，分批法的成本计算对象，就不是购货单位的订货单，而是企业生产计划部门签发下达的生产任务通知单，单内应对该批生产任务进行编号，称为产品批号或生产令号。会计部门应根据产品批别进行归集，直接费用直接计入，间接费用则要采用适当的分配方法，在各批产品之间进行分配，然后计入各产品成本明细账。为了提高成本核算的准确性，要合理选择间接费用的分配标准。

二、成本计算期

为了保证各批产品成本计算的正确性，各批产品成本明细账的设立和核算，应与生产任务通知单的签发和结束密切配合，协调一致，即各批或各订单产品的成本总额，在其完工以后(完工月份的月末)计算确定，因而产品成本计算是不定期的；成本计算期与产品的生产周期基本一致，但与核算报告期不一致。

三、费用在完工产品与在产品之间的分配

在小批、单件产品生产中，由于成本计算期与产品的生产周期一致，因而在月末计算产品成本时，一般不存在在完工产品与在产品之间分配费用的问题。

在单件产品生产中，产品完工前，产品成本明细账所记的生产费用都是在产品成本；

产品完工后，产品成本明细账所记的生产费用就是完工产品的成本，因而在月末计算成本时，不存在在完工产品与在产品之间分配费用的问题。

在小批产品生产中，由于产品批量较小，批内产品一般都能同时完工，或者在相距不久的时间内全部完工。月末计算成本时，或是全部已经完工，或是全都没有完工，因而一般也不存在在完工产品与在产品之间分配费用的问题。

有些按批别组织生产、核算成本的企业，有时会发生批内产品有跨月陆续完工的情况，在月末计算成本时，一部分产品已完工，另一部分产品尚未完工，这时就有必要在完工产品与在产品之间分配费用，以便计算完工产品成本和月末在产品成本。

业务操作

任务：熟悉分批法下在产品及费用核算

1. 任务描述

祥瑞企业属单件小批多步骤生产企业，按购货单位要求小批生产甲、乙、丙三种产品，产品成本计算采用分批法，以下为该企业 9 月份的有关成本计算资料。

1）各生产批别产量、费用资料

（1）901#甲产品 50 件，7 月份投产，本月全部完工，7 月份、8 月份累计费用为：直接材料 5 000 元，直接人工 1 200 元，制造费用 1 000 元。本月发生费用：直接人工 400 元，制造费用 500 元。

（2）902#乙产品 100 件，8 月份投产，本月完工 60 件，未完工 40 件，8 月份发生的生产费用为：直接材料费用 60 000 元，直接人工费用 15 000 元，制造费用 13 000 元。本月发生费用：直接人工费用 7 000 元，制造费用 6 000 元。

（3）903#丙产品 7 件，本月份投产，尚未完工，本月发生生产费用为：直接材料费用 20 000 元，工资福利费 5 600 元，制造费用 4 800 元。

2）其他资料

（1）三种产品的原材料均在生产开始时一次投入。

（2）902#乙产品本月完工产品数量在批内所占比重较大(60%)，根据生产费用发生情况，其原材料费用按照完工产品和在产品的实际数量比例分配外，其他费用采用约当产量比例法在完工产品和月末在产品之间进行分配，在产品完工程度为 50%。

2. 任务要求

（1）按约当产量来计算 901#、902#、903#产品在产品和完工产品的成本。

（2）编制 901#、902#、903#产品的成本计算单。

（3）编制会计分录。

3. 任务分析

由于产品尚未完全完工，无法计算该批产品的总成本和单位成本，需要对部分先完工产品的成本进行估计，部分完工产品成本的估算有以下几种方法。

（1）以计划成本或定额成本作为实际成本，从生产成本明细账转出。

（2）以近期生产同类产品的实际成本进行估计。在估算时，应考虑产品结构、生产条件等因素，并结合本批产品实际生产情况，加以适当调整。

（3）按约当产量计算。对尚未完工产品，直接材料成本项目要对还需投料的成本作出估计，直接人工费用和制造费用等成本项目则按照完工程度折算约当产量进行分配。

约当产量 = 完工产品数量 + 在产品约当产量

完工产品单位成本 = 生产费用合计 ÷ 约当总产量

完工产品总成本 = 完工产品数量 × 完工产品单位成本

月末在产品成本 = 生产费用合计 − 完工产品总成本

4. 任务操作

1）901#成本计算

901#产品，本月全部完工，7、8、9 三个月份累计生产费用全部为完工产品成本，除以完工产品数量，为完工产品单位成本。901#产品成本计算单见表 3−1。

表 3−1　901#产品成本计算单

批号：901　　产品名称：甲　　投产日期：7 月份

购货单位：× ×　　批量：50 件　　完工日期：9 月份

单位：元

月	日	摘要	直接材料	直接人工	制造费用	合计
9	1	月初在产品成本	4 500	1 200	1 000	6 700
9	30	工资福利费用分配表		400		400
9	30	制造费用分配表			500	500
9	30	生产费用合计	4 500	1 600	1 500	7 600
9	30	完工产品成本	4 500	1 600	1 500	7 600
9	30	完工产品单位成本	90	32	30	152

编制如下会计分录。

借：库存商品　　7 600

　贷：基本生产成本——甲产品　　7 600

2）902#产品成本计算

902#本月完工 60 件，尚有 40 件未完工，属于是跨月陆续完工，且完工产品数量在批内所占比重较大，生产费用应在完工产品和月末在产品之间进行分配。因原材料一次性投入，完工产品和在产品负担的原材料费用相同，按产品数量分配，其余按约当产量比例分配。

（1）约当产量的计算。

直接材料项目的约当产量 = 60 + 40 × 100% = 100（件）

直接人工项目约当产量 = 60 + 40 × 50% = 80（件）

制造费用项目约当产量 = 60 + 40 × 50% = 80（件）

（2）完工产品单位成本的计算。

直接材料项目单位成本 = 60 000 ÷ 100 = 600（元）

直接人工项目单位成本 = 22 000 ÷ 80 = 275(元)

制造费用项目单位成本 = 19 000 ÷ 80 = 237.5(元)

(3) 完工产品总成本的计算。

直接材料项目 = 600 × 60 = 36 000(元)

直接人工项目 = 275 × 60 = 16 500(元)

制造费用项目 = 237.5 × 60 = 14 250(元)

(4) 月末在产品成本的计算。

直接材料项目 = 60 000 - 36 000 = 24 000(元)

直接人工项目 = 22 000 - 16 500 = 5 500(元)

制造费用项目 = 19 000 - 14 250 = 4 750(元)

902#产品成本计算单见表 3 - 2。

表 3 - 2　902#产品成本计算单

批号：902　　产品名称：乙　　投产日期：8 月份

购货单位：× ×　　批量：100 件　　本月完工：60 件

单位：元

月	日	摘要	直接材料	直接人工	制造费用	合计
9	1	月初在产品成本	60 000	15 000	13 000	88 000
9	30	工资福利费用分配表		7 000		7 000
9	30	制造费用分配表			6 000	6 000
9	30	生产费用合计	60 000	22 000	19 000	101 000
9	30	约当总产量	100	80	80	
9	30	完工产品单位成本	600	275	237.5	1 112.5
9	30	完工产品成本	36 000	16 500	14 250	66 750
9	30	月末在产品成本	24 000	5 500	4 750	34 250

编制如下会计分录。

借：库存商品　　66 750

　贷：生产成本——基本生产成本——乙产品　　66 750

3) 903#产品成本计算

903#产品本月未完工，发生的费用均为在产品成本。产品成本计算单见表 3 - 3。

表 3 - 3　903#产品成本计算单

批号：903　　产品名称：丙　　投产日期：9 月份

购货单位：× ×　　批量：7 件　　完工时期：

单位：元

月	日	摘要	直接材料	直接人工	制造费用	合计
9	1	月初在产品成本	20 000			20 000
9	30	工资福利费用分配表		5 600		5 600
9	30	制造费用分配表			4 800	4 800
9	30	合计	20 000	5 600	4 800	30 400

3.2 分批法的核算流程

引例

祥瑞公司按购货单位要求分批生产甲、乙、丙三种产品，一部分产品已完工，另一部分产品尚未完工。本月发生了各项费用，包括原材料、生产工人工资、职工福利费、外购水电费及固定资产折旧等，在月末计算成本时，该如何归集各项费用并在完工产品与在产品之间进行分配，以计算完工产品成本和月末在产品成本？

知识准备

分批法成本核算流程如图3－1所示。

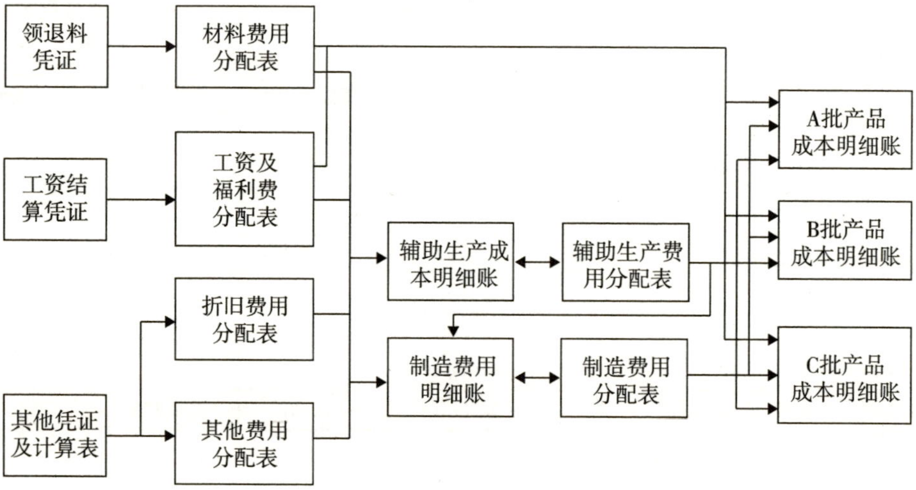

图3－1 分批法成本核算流程图

业务操作

任务：用分批法计算完工产品成本

1. 任务描述

祥瑞公司2014年9月1日投产的甲产品100件，批号为901#，在9月份全部完工；9月10日投产乙产品150件，批号902#，当月完工40件；9月15日投产丙产品200件，批号为903#，尚未完工。

1）本月发生的各项费用

（1）901#产品耗用原材料125 000元；902#产品耗用原材料167 000元；903#产品耗

用原材料 226 000 元；生产车间一般耗用原材料 8 600 元。

（2）生产工人工资 19 600 元；车间管理人员工资 2 100 元。

（3）车间耗用外购的水电费 2 400 元，以银行存款付讫。

（4）计提车间负担的固定资产折旧费 3 800 元。

（5）车间负担的其他费用250 元，以银行存款付讫。

2）其他有关资料

（1）该企业的职工福利费按工资总额的 14% 计提。

（2）原材料采用计划成本计价，差异率为 +4%。

（3）生产工人工资按耗用工时比例分配，其中：901#产品工时为 18 000 小时；902#产品工时为 20 000 小时；903#产品工时为 11 000 小时。

（4）制造费用也按耗用工时比例进行分配。

（5）902#产品完工 40 件按定额成本转出；902#产品定额单位成本为直接材料 1 100 元，直接人工 75 元，制造费用 60 元。

2. 任务要求

（1）设置产品成本计算单。

（2）分配各项费用。

（3）归集和分配基本生产车间的制造费用。

（4）计算并结转完工产品成本。

3. 任务分析

按照分批法下产品成本的核算流程依次进行分析。

1）设置成本计算单

在产品投产时，会计部门根据生产计划部门签发的生产通知单，为每批产品开设一张生产成本计算单，并注明生产通知单号。

2）分配各项费用要素

根据资料，编制费用分配表来分配各费用要素，并编制会计分录。

（1）编制原材料费用分配表。

（2）编制工资及职工福利费分配表。

（3）折旧费、水电费及其他费用的核算。

3）归集和分配基本生产车间的制造费用

4）计算并结转完工产品成本

4. 任务操作

1）设置成本计算单

在成本计算的分批法下，成本计算单应按产品的投产批别分别设置，见表 3－4 至表 3－6。

表 3－4　901#产品成本计算单

批号：901　　产品名称：甲　　投产日期：9 月份

购货单位：× ×　　批量：100 件　　本月完工：100 件

单位：元

月	日	摘要	直接材料	直接人工	制造费用	合计
9	1	月初在产品成本				
9	30	工资福利费用分配表				
9	30	制造费用分配表				
9	30	生产费用合计				
9	30	完工产品成本				
9	30	完工产品单位成本				

表 3－5　902#产品成本计算单

批号：902　　产品名称：乙　　投产日期：9 月份

购货单位：× ×　　批量：150 件　　本月完工：40 件

单位：元

月	日	摘要	直接材料	直接人工	制造费用	合计
9	1	月初在产品成本				
9	30	工资福利费用分配表				
9	30	制造费用分配表				
9	30	生产费用合计				
9	30	约当总产量				
9	30	完工产品单位成本				
9	30	完工产品成本				
9	30	月末在产品成本				

表 3－6　903#产品成本计算单

批号：903　　产品名称：丙　　投产日期：9 月份

购货单位：× ×　　批量：200 件　　本月完工：0 件

单位：元

月	日	摘要	直接材料	直接人工	制造费用	合计
9	1	月初在产品成本				
9	30	工资福利费用分配表				
9	30	制造费用分配表				
9	30	合计				

2）分配各项费用要素

根据资料，编制费用分配表来分配各费用要素。

（1）编制原材料费用分配表，见表 3－7。

表 3－7　原材料费用分配表

2014 年 9 月　　　　单位：元

应借账户		成本或费用项目	计划成本	材料差异额	材料实际成本
基本生产成本	901#产品	直接材料	125 000	5 000	130 000
	902#产品	直接材料	167 000	6 680	173 680
	903#产品	直接材料	226 000	9 040	235 040
小　计			518 000	20 720	538 720
制造费用	机物料消耗	材料费	8 600	344	8 944
合　计			526 600	21 064	547 664

根据原材料分配表，编制会计分录。

借：基本生产成本——901#产品　　125 000

　　　　　　　——902#产品　　167 000

　　　　　　　——903#产品　　226 000

　　制造费用——基本生产车间　　8 600

　贷：原材料　　526 600

借：基本生产成本——901#产品　　5 000

　　　　　　　——902#产品　　6 680

　　　　　　　——903#产品　　9 040

　　制造费用——基本生产车间　　344

　贷：材料成本差异　　21 064

（2）编制工资及职工福利费分配表，见表 3－8。

表 3－8　工资及职工福利费分配表

2014 年 9 月　　　　单位：元

应借账户		工　资				职工福利费（14%）	合　计
		生产工人		其他人员	合计		
		工时（小时）	分配金额（分配率：0.40）				
基本生产成本	901#产品	18 000	7 200		7 200	1 008	8 208
	902#产品	20 000	8 000		8 000	1 120	9 120
	903#产品	11 000	4 400		4 400	616	5 016
	小　计	49 000	19 600		19 600	2 744	22 344
制造费用			2 100	2 100	294	2 394	
合　计		19 600	2 100	21 700	3 038	24 738	

根据工资分配表，编制会计分录。

借：基本生产成本——901#产品　　7 200

　　　　　　　——902#产品　　8 000

　　　　　　　——903#产品　　4 400

　　制造费用——基本生产车间　　2 100

贷：应付工资　　21 700

借：基本生产成本——901#产品　　1 008

——902#产品　　1 120

——903#产品　　616

制造费用——基本生产车间　　294

贷：应付福利费　　3 038

（3）折旧费、水电费及其他费用的核算。

①支付本月的水电费。

借：制造费用——基本生产车间　　2 400

贷：银行存款　　2 400

②提取固定资产折旧费。

借：制造费用——基本生产车间　　3 800

贷：累计折旧　　3 800

③本月发生的其他费用。

借：制造费用——基本生产车间　　250

贷：银行存款　　250

3）归集和分配基本生产车间的制造费用

见表3－9、表3－10。

表3－9　制造费用明细账

单位：元

×7年		摘要	材料费	工资	福利费	水电费	折旧费	其他	合计
月	日								
9	30	消耗材料	8 600						8 600
	30	结转成本差异	344						344
	30	结算工资		2 100					2 100
	30	计提福利费			294				294
	30	支付水电费				2 400			2 400
	30	计提折旧					3 800		3 800
	30	其他费用						250	250
	30	本月合计	8 944	2 100	294	2 400	3 800	250	17 788
	30	分配转出	8 944	2 100	294	2 400	3 800	250	17 788

表3－10　制造费用分配表

2014年9月

单位：元

应借账户		成本项目	实用工时(小时)	分配率	应分配金额
基本生产成本	901#产品	制造费用	18 000		6 534
	902#产品	制造费用	20 000		7 260
	903#产品	制造费用	11 000		3 994
合　计			49 000	0.363 0	17 788

根据制造费用分配表，编制会计分录。

借：基本生产成本——901#产品　　6 534

　　　　　　　　——902#产品　　7 260

　　　　　　　　——903#产品　　3 994

　贷：制造费用——基本生产车间　　17 788

4）计算并结转完工产品成本

见表3－11至表3－13。

表3－11　基本生产成本明细账

批号：901　　产品名称：甲　　开工日期：9月1日

批量：100件　　完工：100件　　完工日期：9月30日

单位：元

×6年		凭证		摘　要	直接材料	直接人工	制造费用	合　计
月	日	种类	号数					
9	30			材料分配表	130 000			130 000
	30			工资福利分配表		8 208		8 208
	30		略	制造费用分配表			6 534	6 534
	30			合计	130 000	8 208	6 534	144 742
	30			结转完工产品成本	130 000	8 208	6 534	144 742
	30			单位成本	1 300	82.08	65.34	1 447.42

表3－12　基本生产成本明细账

批号：902　　产品名称：乙　　开工日期：9月10日

批量：150件　　完工：40件　　完工日期：

单位：元

×6年		凭证		摘　要	直接材料	直接人工	制造费用	合　计
月	日	种类	号数					
9	30			材料分配表	173 680			173 680
	30			工资福利分配表		9 120		9 120
	30		略	制造费用分配表			7 260	7 260
	30			合计	173 680	9 120	7 260	190 060
	30			结转完工产品成本	44 000	3 000	2 400	49 400
	30			月末在产品成本	129 680	6 120	4 860	140 660

备注：完工产品成本采用定额成本法计算，其中：直接材料 40×1 100＝44 000；直接人工 40×75＝3 000；制造费用 40×60＝2 400。

表3－13　基本生产成本明细账

批号：903　　产品名称：丙　　开工日期：9月15日

批量：200件　　完工：　　完工日期：

单位：元

×6年		凭证		摘　要	直接材料	直接人工	制造费用	合　计
月	日	种类	号数					
9	30			材料分配表	235 040			235 040
	30			工资福利分配表		5 016		5 016
	30			制造费用分配表			3 994	3 994
	30			合计	235 040	5 016	3 994	244 050

根据成本计算单编制结转901#、902#完工产品成本的会计分录。

借：库存商品——901#产品　　144 742

　　　　　　——902#产品　　49 400

　贷：基本生产成本——901#产品　　144 742

　　　　　　　　——902#产品　　49 400

3.3　分批法的实务应用

引例

祥瑞公司小批生产多种产品，批数较多，有本月完工的，也有本月未完工的，如果继续采用常规的分批法会比较烦琐，有无更简便的方法来计算产品成本？

知识准备

一、间接费用的分配方法

发生的间接费用应按其用途和发生地点予以归集，然后按一定的标准，分配计入有关各批产品的生产成本明细账内。在选择分配标准时应考虑的原则是：分配标准与费用的发生存在一定的因果比例关系，且分配标准的数据又比较容易取得。常用的分配标准有生产工人工时、机器工时等。间接计入费用的分配方法，主要有当月分配法和累计分配法。

当月分配，就是将当月发生的工资、福利费和制造费用等归集之后，按当月发生的工时数(或其他分配标准)求出分配率，再分配计入当月生产的各批次产品(不论完工与否)成本。计算公式如下(以制造费用为例)：

制造费用分配率＝本月制造费用实际发生额÷本月发生的工时合计数

某批产品应负担的制造费用＝该批产品本月发生的工时数×制造费用分配率

累计分配法是指将当月完工批次的产品应负担的全部制造费用，在其完工时一次进行分配，而对当月未完工批次的在产品应负担的制造费用保留在“制造费用”账户中，暂不分配，待其完工后，连同继续发生的制造费用一起分配的一种方法。计算公式如下：

制造费用累计分配率 = 各批产品累计制造费用总额 ÷ 各批产品累计工时总数

完工批次产品应负担的制造费用 = 该批次产品累计工时数 × 制造费用累计分配率

如果间接计入费用采用累计分配法进行分配，这种分批法又称为简化分批法。

二、简化分批法

（一）简化分批法的特点

简化分批法是将每月发生的人工费用和制造费用等间接费用累计起来，待产品完工时，按照完工产品工时的比例，在各批完工产品之间进行分配的一种成本计算方法。这种方法又被称为“间接费用累计分配法”。其特点是：同时开设基本生产成本明细账与二级账；用各项累计间接费用分配率作为各批完工产品之间和在完工产品与月末在产品之间分配各项间接费用的依据；对当月完工的不同批次的产品，在成本计算工作中，均根据同一个累计间接费用分配率进行分配。

（二）简化分批法的计算程序

简化分批法的成本计算程序是：产品投产时，设置基本生产成本明细账与基本生产成本二级账；对当月发生的生产费用和生产工时按不同的要求在基本生产成本明细账与二级账上进行登记；有完工产品的月份，确定累计间接费用分配率，计算完工产品成本。

如果月末无完工产品的批次，不必分配登记间接费用。全部产品的在产品成本只分成本项目以总数反映在基本生产成本二级账中，无须按产品的批别分配计入各基本生产成本明细账。在运用简化分批法计算产品成本的过程中，关键是掌握生产成本二级账的设置与登记方法，累计间接费用分配率的计算与运用。

（三）简化分批法与一般分批法的区别

简化的分批法与一般分批法的区别是：间接计入费用在各批产品之间的分配，以及在各批产品的完工产品与在产品之间的分配，是在有完工产品时，利用一个累计间接费用分配率完成的，这样就大大地简化了费用的分配和登记工作，月末未完工产品的批数越多，核算工作就越简单。

简化分批法的缺点：一是在各批未完工产品成本明细账中，不能完整地反映各批在产品成本；二是如果各月的间接费用相差较大时，会影响各月产品成本的正确性。因此，这种方法的适用范围是各月间接费用相差不多，但投产批数较多的企业。

业务操作

任务：简化分批法的实务应用

1. 任务描述

资料1：祥瑞公司小批生产多种产品，由于生产批数多，为简化成本计算工作，采用分批法计算产品成本。4月份有如下产品批别。

201#A产品10台，2月投产，本月完工；302#B产品15台，3月投产，本月完工；303#C产品8台，3月投产，本月完工2台，完工产品工时2 025小时；401#D产品12台，本月投产，尚未完工。

祥瑞公司4月份上述四种产品的月初在产品成本资料见表3－14。

表3－14　月初在产品成本

单位：元

产品批别	累计工时(小时)	直接材料	直接人工	制造费用
累计总数	29 000	30 000	22 000	15 000
201#A产品	11 000	9 500		
302#B产品	13 000	12 000		
303#C产品	5 000	8 500		

资料2：本月全部四种产品生产工时17 000小时。其中A产品3 900小时，B产品6 700小时，C产品3 100小时，D产品3 300小时，本月发生的直接人工费用总额为12 960元，制造费用总额为8 920元；D产品本月开工，投入原材料费用24 000元。

资料3：四种产品均为生产时一次投料。

2. 任务要求

根据上述资料，成本计算有如下过程。

（1）开设基本生产成本二级账和A、B、C、D四种产品成本计算单。

（2）根据要素费用分配表登记基本生产成本二级账，产品成本计算单。

3. 任务分析

由于祥瑞公司生产产品批次较多，可以用简化分批法来计算产品成本。产品成本计算单平时只登记直接材料费用和生产工时数，只有当产品完工时，才能根据基本生产成本二级账计算的间接计入费用分配率和该产品累计工时，计算登记完工产品应负担的间接计入费用。

基本生产成本二级账要按成本项目登记该企业全部产品批别的月初(上月末)费用、本月费用、累计费用；同时还要登记月初在产品的累计工时、本月工时和累计工时；当产品累计加工完成时，期末要将完工产品所负担的直接计入费用、按间接计入费用分配率计算的间接计入费用转出。

4. 任务操作

直接人工累计分配率＝直接人工费用累计总额÷累计工时＝34 960÷46 000＝0.76

制造费用累计分配率＝制造费用累计总额÷累计工时＝23 920÷46 000＝0.52

转出完工产品累计工时＝14 900＋19 700＋2 025＝36 625(小时)

基本生产成本二级账见表3－15。

表 3－15　基本生产成本二级账（各批产品总成本）

2010 年 4 月　　　　单位：元

2010 年		摘要	直接材料	累计工时（小时）	直接人工	制造费用	成本合计
月	日						
3	31	月末在产品成本	30 000	29 000	22 000	15 000	67 000
4	30	材料费用分配表	24 000				24 000
4	30	工资福利费用分配表		17 000	12 960		12 960
4	30	转入制造费用				8 920	8 920
4	30	本月累计	54 000	46 000	34 960	23 920	112 880
4	30	累计间接费用分配率			0.76	0.52	
4	30	转出完工产品成本	23 625	36 625	27 835	19 045	70 505
4	30	月末在产品成本	30 375	9 375	7 125	4 875	42 375

A、B、C、D 产品成本计算单见表 3－16 至表 3－19，完工产品成本见表 3－20。

表 3－16　产品成本计算单

产品名称：A　　　　批量：10 台　　　　投产日期：2 月

单位：元　　　　批号：201　　　　完工日期：4 月

2010 年		摘要	直接材料	生产工时（小时）	直接人工	制造费用	成本合计
月	日						
3	31	月末在产品成本	9 500	11 000			9 500
4	30	本月发生费用		3 900			
4	30	本月累计	9 500	14 900			
4	30	累计间接费用分配率			0.76	0.52	
4	30	转出完工产品成本	9 500	14 900	11 324	7 748	28 572
4	30	完工产品单位成本	950		1 132.4	774.8	2 857.2

完工产品应负担的直接人工费用＝A 产品的生产工时×间接费用的累计分配率

＝14 900×0.76

＝11 324（元）

完工产品应负担的制造费用＝A 产品的生产工时×制造费用的累计分配率

＝14 900×0.52

＝7 748（元）

$$完工产品单位成本=\frac{转出完工产品总成本}{完工产品数量}$$

$$=\frac{9\ 500+11\ 324+7\ 748}{10}$$

＝2 857.2（元）

表 3－17　产品成本计算单

产品名称：B　　批量：15 台　　投产日期：3 月

单位：元　　批号：302　　完工日期：4 月

2010 年		摘要	直接材料	生产工时（小时）	直接人工	制造费用	成本合计
月	日						
3	31	月末在产品成本	9 500	11 000			9 500
4	30	本月发生费用		3 900			
4	30	本月累计	9 500	14 900			
4	30	累计间接费用分配率			0. 76	0. 52	
4	30	转出完工产品成本	9 500	14 900	11 324	7 748	28 572
4	30	完工产品单位成本	950		1 132. 4	774. 8	2 857. 2

表 3－18　产品成本计算单

产品名称：C　　批量：8 台　　投产日期：3 月

单位：元　　批号：303　　本月完工数量：2 台

2010 年		摘要	直接材料	生产工时（小时）	直接人工	制造费用	成本合计
月	日						
3	31	月末在产品成本	8 500				
4	30	本月发生费用		5 000			
4	30	本月累计	8 500	3 100			
4	30	累计间接费用分配率		8 100	0. 76	0. 52	
4	30	转出完工产品成本	2 125	2 025	1 539	1 053	4 717
4	30	完工产品单位成本	1 062. 5		769. 5	526. 5	2 358. 5
4	30	月末在产品成本	6 375	6 075			

表 3－19　产品成本计算单

产品名称：D　　批量：12 台　　投产日期：4 月

单位：元　　批号：401　　尚未完工

2010 年		摘要	直接材料	生产工时（小时）	直接人工	制造费用	成本合计
月	日						
4	30	本月发生费用	24 000	3 300			

表 3－20　完工产品汇总表

成本项目	A 产品成本		B 产品成本		C 产品成本	
	总成本	单位成本	总成本	单位成本	总成本	单位成本
直接材料	9 500	950	12 000	800	2 125	1 062. 5
直接人工	11 324	1 132. 4	14 972	998. 1	1 539	769. 5
制造费用	7 748	774. 8	10 244	682. 9	1 053	526. 5
合计	28 572	2 857. 2	37 216	2 491	4 717	2 358. 5

知识拓展

分批零件法

一、定义

分批零件法是分批法延伸或派生的一种成本计算方法，同属于分批法类型。它是以投产的每批零件、部件和成品作为成本计算对象，分别归集生产费用，依次计算零件、部件和成品成本的一种成本计算方法。

二、特点

（1）成本计算对象：以投产的主要零件、部件和产成品的批别作为成本计算对象。

（2）成本计算期：成本计算期是不定期的。

（3）成本计算顺序：企业生产是按照零件生产、部件生产和成品组装的顺序进行的，因此其成本计算的顺序也是先从计算零件成本开始，依次计算部件成本，到最后计算产成品成本。

（4）在产品成本计算：零件、部件、成品明细账中的在产品指的是狭义在产品；按照零件、部件和成品归集的生产费用，期末必须在本期完工的零件、部件、成品与期末尚未制造完工的零件、部件、成品之间进行分配，确定零件、部件、成品生产的总成本和单位成本。

（5）与典型分批法的异同：分批零件法与典型分批法虽然同属一种成本计算方法，其成本计算期都是不定期的，但两者之间在成本计算对象、成本计算内容、成本计算顺序、“在产品”的含义以及适用范围等方面存在许多不同之处。

三、适用范围

分批零件法适用于零部件种类较少的装配式成批生产的企业，如仪器、仪表、机器制造企业。

企业从单件小批生产向成批、大批生产组织类型过渡转换，一般是企业自己制订生产计划，规定所生产的产品品种、规格和数量，分批组织生产，而不再是根据用户的订单组织生产。随着批量的加大，产品中的标准件、通用件越来越多。零件可以装配成部件，部件可以装配成成品，零部件也可以单独出售。因此，要求企业要有必要的零部件库存储备，要计算零件、部件和成品成本。正是基于生产特点的这种转变，分批零件法应运而生。

四、分批零件法与分批法的比较

分批零件法与分批法相比较，有以下异同点。

（1）分批零件法和分批法都是以批别为成本计算对象，按照批别来计算成本。分批零件法以零件、部件和产品的批别为成本计算对象；而分批法则以订单的产品批别或内部订单产品的批别为成本计算对象。

（2）分批零件法要分别计算零件、部件的成本和产品的成本，一般先计算完工零件的成本，再计算完工部件的成本，最后计算完工产品的成本；而分批法只计算整个订单产品的成本，不单独计算零件、部件的成本。

（3）分批零件法与分批法的成本计算期都是非定期的，与生产周期一致，都是在一批产品或零件、部件完工后才计算成本。

（4）分批零件法下，在产品是指狭义的，仅指车间内没有完工的零件、部件，不包括完工交库的零件、部件；而分批法下，在产品是广义的，不仅包括正在车间加工的零件、部件，还包括已交自制半成品库，但还未最后完工的那部分在产品。

（5）分批零件法适用于零件、部件数量不多的成批、大批生产，如仪器、仪表生产企业等；分批法则适用于单件、小批生产企业，如船舶制造业等。

业务操作

任务：用分批零件法计算产品成本

1. 任务描述

某制造厂设有零件车间和装配车间。该厂根据客户购买订货单小批生产甲产品 10 台。甲产品由 A、B 两种零件装配而成，每装配 1 台甲产品需 A 零件 4 个、B 零件 3 个。甲产品由装配车间装配完成。

（1）该厂 2015 年 6 月的生产情况：A 零件 40 个，批号 101，6 月份投产，6 月份全部完工；B 零件 50 个，批号 102，6 月份投产，6 月份完工 30 个。在产品的完工程度为 50%。甲产品 10 台，批号 201，6 月份投产，6 月份全部完工。

（2）该厂 2015 年 6 月的成本资料见表 3－21。

表 3－21　成本资料表

2015 年 6 月　　单位：元

车间	直接材料	直接人工	制造费用	合计
零件车间	3 000	4 500	22 500	30 000
装配车间		3 200	12 100	15 300

原材料系一次性投入，自制半成品库内自制半成品采用全月一次加权平均法结算。

2. 任务要求

用分批零件法计算产品成本。

3. 任务分析

分批零件法有如下计算程序。

（1）按投产的零件、部件和产成品的批别分别设置成本计算单，按必要的成本项目设置专栏，归集生产费用。

（2）根据各项费用发生的原始凭证，按其发生的地点（如零件车间、部件车间、装配车间及辅助生产车间）和费用的用途，编制要素费用分配表，据以登记有关明细账。发生的直接费用直接计入基本生产车间及辅助生产车间成本明细账及对应的成本计算单，间接费用按地点归集到"制造费用"明细账中。

（3）归集和分配辅助生产费用，方法与典型分批法相同。

（4）归集和分配基本生产车间的制造费用。分别将零件车间、部件车间和装配车间的制造费用汇总，并按各车间生产的零件、部件和产成品的实际工时，在各批次间进行分配，据以登记成本明细账。

（5）计算并结转零件成本。月末，将某批完工零件的成本计算单中归集的费用汇总，即可求得该批零件的完工总成本，除以零件完工数量，即可求得该批零件的实际单位成本。零件经检验合格后，应办理入库手续，交自制半成品库。待其他车间生产零用或对外出售时，再从自制半成品库转出。

（6）计算并结转部件成本。部件是由各种零件组装而成的，生产部件需领用自制半成品库的库存零件。自制半成品核算可采用实际成本和计划成本两种计价方法。部件车间领用零件以及装配车间领用部件都同样会涉及此问题。月终，将某批完工部件的生产费用汇总，采用与零件成本相同的计算方法，计算并结转完工部件的成本，借记"自制半成品（部件）"科目，贷记"生产成本"科目。

（7）计算并结转产成品成本。产成品是由各种部件组装而成的，因此，应确定其领用零件、部件的成本，据以登记产品成本计算单。如果某批产品完工了，其成本计算单中归集的费用即为完工批次产品的总成本，除以产品数量，即为完工批次产品的单位成本。

4. 任务完成

根据上述资料，该厂2015年6月的成本有如下计算过程。

（1）生产车间根据各项费用分配表归集与分配生产费用。

①材料费用的归集与分配见表3－22。

表3－22　材料费用分配表

2015年6月　　　　单位：元

车间 应借账户	零件车间					直接归集	合计
	产量（件）	消耗定额	定额消耗量	分配率	分配金额		
基本生产——101	40	1.5	60		1 125		1 125
——102	50	2	100		1 875		1 875
小计			160	18.75	3 000		3 000
制造费用						1 100	1 100
合计			160		3 000	1 100	4 100

材料费用分配率＝3 000÷（60＋100）＝18.75

②工资费用的归集与分配见表3－23。

表 3-23 工资费用分配表

2015 年 6 月　　单位：元

车间 / 应借账户	零件车间(分配率：0.5)		装配车间(直接归集)		合计
	分配标准(生产工时)	分配金额	生产工时	分配金额	
基本生产——101	4 400	2 200			2 200
——102	4 600	2 300			2 300
——201			5 500	3 200	3 200
小计	9 000	4 500		3 200	7 700
制造费用		1 800		1 200	3 000
合计	9 000	6 300	5 500	4 400	10 700

零件车间工资费用分配率 =4 500 ÷ (4 400 +4 600) =0.5

③制造费用的归集与分配见表 3-24。

表 3-24 制造费用分配表

2015 年 6 月　　单位：元

车间 / 应借账户	零件车间(分配率：2.5)		装配车间(直接归集)		合计
	分配标准(生产工时)	分配金额	生产工时	分配金额	
基本生产——101	4 400	11 000			11 000
——102	4 600	11 500			11 500
——201			5 500	12 100	12 100
合计	9 000	22 500	5 500	12 100	34 600

零件车间制造费用分配率 =22 500 ÷ (4 400 +4 600) =2.5

(2) 根据各项费用分配表编制各批零件的成本计算单、自制半成品明细账和各批产品的成本计算单，见表 3-25 至表 3-29。

表 3-25 成本计算单

批号：101　　投产日期：2015 年 6 月

产品名称：A 零件　　完工日期：2015 年 6 月

批量：40 台　　本月完工：40 台

单位：元

摘要	成本项目			
	直接材料	直接人工	制造费用	合计
月初在产品成本				
归集直接材料费用	1 125		1 125	
归集直接人工费用		2 200		2 200
分配制造费用			11 000	11 000
生产费用合计	1 125	2 200	11 000	14 325

续表

摘要	成本项目			
	直接材料	直接人工	制造费用	合计
完工产品成本	1 125	2 200	11 000	14 325
完工产品单位成本	28.13	55	275	358.13
月末在产品成本				

表 3－26　成本计算单

批号：102　　　　投产日期：2015 年 6 月

产品名称：B 零件　　　　完工日期：

批量：50 台　　　　本月完工：30 台

单位：元

摘要	成本项目			
	直接材料	直接人工	制造费用	合计
月初在产品成本				
归集直接材料费用	1 875		1 875	
归集直接人工费用		2 300		2 300
分配制造费用			11 500	11 500
生产费用合计	1 875	2 300	11 500	15 675
完工产品成本	1 125	1 725	8 625	11 475
完工产品单位成本	37.5	57.5	287.5	382.5
月末在产品成本	750	575	2 875	4 200

直接材料费用分配率＝1 875÷(30＋20)＝37.5

完工产品直接材料费用＝37.5×30＝1 125(元)

月末在产品直接材料费用＝37.5×20＝750(元)

直接人工分配率＝2 300÷(30＋20×50%)＝57.5

完工产品直接人工费用＝57.5×30＝1 725(元)

月末在产品直接人工费用＝57.5×20×50%＝575(元)

制造费用分配率＝11 500÷(30＋20×50%)＝287.5

完工产品制造费用＝287.5×30＝8 625(元)

月末在产品制造费用＝287.5×20×50%＝2 875(元)

表 3－27　自制半成品明细账(A 零件)

单位：元

月份	月初余额			本月增加			累计			本月减少			月末余额		
	数量(件)	单价	金额	数量(件)	单价	金额	数量(件)	单价	金额	数量(件)	单价	金额	数量(件)	单价	金额
6	10	317.5	3 175	40	358.13	14 325	50	350	17 500	40	350	14 000	10	350	3 500

表3-28 自制半成品明细账(B零件)

单位：元

月份	月初余额			本月增加			累计			本月减少			月末余额		
	数量(件)	单价	金额	数量(件)	单价	金额	数量(件)	单价	金额	数量(件)	单价	金额	数量(件)	单价	金额
6	5	365	1 825	30	382.5	11 475	35	380	13 300	30	380	11 400	5	380	1 900

表3-29 成本计算单

订单号：201号　　投产日期：2015年6月

产品名称：甲产品　　完工日期：2015年6月

批量：10台　　本月完工：10台

单位：元

摘要	成本项目				
	直接材料		直接人工	制造费用	合计
	材料	半成品			
月初在产品成本					
领用A零件		14 000			14 000
领用B零件		11 400			11 400
归集直接人工费用			3 200		3 200
分配制造费用				12 100	12 100
生产费用合计		25 400	3 200	12 100	40 700
完工产品成本		25 400	3 200	12 100	40 700
完工产品单位成本		2 540	320	1 210	4 070

小　结

一、教学内容

(1) 分批法的定义及适用范围。

(2) 分批法与品种法的区别与联系。

(3) 一般分批法的核算流程。

(4) 简化分批法与一般分批法的区别。

二、教学重点

(1) 分批法的核算流程。

(2) 一般分批法下产品成本的核算。

(3) 简化分批法在实务中的应用。

三、教学难点

(1) 不同情况下在产品及其费用的核算。

(2) 正确运用分批法进行产品成本的核算。

四、教学建议

(1) 采用案例教学，收集和分析典型案例，培养学生成本核算的实践操作能力。

(2) 强调循序渐进，由易到难，使学生逐步掌握分批法下产品成本核算的方法。

(3) 在教学过程中多启发学生思考。

训练题

一、单项选择题

1. 对大量大批生产的产品，应当以(　　)作为产品成本计算对象。
   A. 产品的品种　　B. 产品的批次
   C. 产品的生产步骤　　D. 产品的类别
2. 产品成本计算分批法的成本计算对象是(　　)。
   A. 产品的品种　　B. 产品的类型
   C. 产品的生产步骤　　D. 产品的批别
3. 最基本的产品成本计算方法是(　　)。
   A. 分批法　　B. 分步法
   C. 品种法　　D. 分类法
4. 不属于简化分批法的适用范围和应用条件是(　　)。
   A. 同一月份投产的产品批数很多　　B. 月末完工产品的批数较少
   C. 各月间接费用水平相差不多　　D. 各月生产费用水平相差不多
5. 采用分批法时，作为成本计算对象的某一批别不可以是(　　)。
   A. 不同订单中的同种产品　　B. 同一订单同种产品的组成部分
   C. 同一订单中的不同产品　　D. 同一订单同种产品的部分批量
6. 简化分批法与分批法的主要区别是(　　)。
   A. 不分配间接费用　　B. 分批计算直接材料成本
   C. 不分批计算在产品成本　　D. 不分批计算完工产品成本
7. 分批法的主要特点是(　　)。
   A. 定期计算成本
   B. 以产品批别为成本计算对象
   C. 费用归集和分配比较简便
   D. 不存在完工产品与在产品之间分配费用的问题
8. 小批单件生产的产品，适宜采用的成本计算方法是(　　)。
   A. 品种法　　B. 分类法
   C. 分步法　　D. 分批法
9. 采用简化的分批法，多批产品、完工产品与在产品之间分配间接计入费用，都是利用(　　)。
   A. 累计间接计入费用分配率　　B. 累计生产工时
   C. 累计原材料费用分配率　　D. 间接计入费用分配率

二、多项选择题

1. 在分批法下，间接费用的分配方法有(　　)。

A. 定额比例法　　　　B. 计划成本分配法
C. 当月分配法　　　　D. 累计分配法

2. 下列属于产品成本计算基本方法的是(　　)。
A. 分批成本法　　　　B. 分类法
C. 分步成本法　　　　D. 标准成本法

3. 采用简化分批法，在各批产品成本明细账中，对于没有完工产品的月份，只登记(　　)。
A. 生产工时　　　　B. 直接材料
C. 直接人工费用　　　　D. 制造费用

4. 采用分批法计算产品成本时，如果批内产品跨月陆续完工的情况不多，完工产品数量占全部批量的比重很小，先完工的产品可以按(　　)从产品成本明细账转出。
A. 计划单位成本计价　　　　B. 定额单位成本计价
C. 接近期相同产品的实际单位成本计价　　D. 实际单位成本计价

5. 采用简化的分批法(　　)。
A. 不计算在产品成本　　　　B. 不分批计算在产品成本
C. 不计算全部在产品成本　　　　D. 计算全部在产品成本
E. 分批计算、登记完工产品和在产品的直接计入费用

三、判断题

1. 在累计间接费用分配法中，在无完工产品的月份，产品成本明细账中只登记直接材料和生产工时。(　　)

2. 采用分批法计算产品成本时，一般不存在完工产品与月末在产品之间分配费用的问题。(　　)

3. 采用简化的分批法，在间接费用水平相差悬殊的情况下，会影响产品成本计算的正确性。(　　)

4. 分批法一般不需要在完工产品和在产品之间分配生产费用，但一批产品跨月陆续完工时，则需要在完工产品和在产品之间分配生产费用。(　　)

四、计算分析题

1. 新益工厂的生产组织属于小批生产，产品批数多，每月末完工批数较多，为简化核算，采用简化分批法计算产品成本。当年7、8月份有关成本资料见表3－30、表3－31。

(1) 产品批号及完工情况。

表3－30　产品完工情况表

批号	产品类别	投产日期	完工情况
701#	甲产品12件	7月12日	8月15日完工
702#	乙产品8件	7月28日	8月30日完工3件
703#	丙产品6件	8月15日	尚未完工

（2）各批产品发生的材料及工时。

表 3－31　产品原材料及工时资料表

批号	原材料（元）		生产工时（小时）	
701#	7 月份	12 400	7 月份	1 020
	8 月份	10 600	8 月份	1 780
702#	7 月份	30 800	7 月份	4 140
	8 月份	0	8 月份	5 560
703#	8 月份	25 000	8 月份	1 200

注：702#产品的原材料在生产开始时一次投入，完工 3 件产品的工时为 6 800 小时。

（3）7 月份该厂全部产品的直接人工为 24 800 元，制造费用为 27 920 元。

（4）8 月份该厂全部产品的直接人工为 36 850 元，制造费用为 48 800 元。

要求：采用简化分批法计算完工产品总成本和单位成本。

2. 祥瑞公司主要生产 A、B、C、D 四种产品，2014 年 8 月该公司的产品投产情况如下。

（1）601A 产品投产 3 件，6 月份投产，本月全部完工。

（2）602B 产品投产 5 件，6 月份投产，本月全部完工。

（3）701C 产品投产 10 件，7 月份投产，本月完工 2 件，其余为在产品（原材料于生产开始时一次投入，在产品完工率为 75%）。

（4）801D 产品投产 8 件，8 月份投产，本月无一件完工。

基本生产成本二级账及产品成本明细账的有关资料见表 3－32 至表 3－36。

表 3－32　基本生产成本（各批产品总成本）

2014 年 8 月　　　　单位：元

摘要	工时（小时）	直接材料	直接工资	制造费用	合计
月初在产品成本	1 220	4 900	2 482	4 350	11 732
本月发生费用	680	1 300	1 328	2 300	4 928
发生额合计	1 900	6 200	3 810	6 650	16 660
间接计入费用分配率					
转出完工批次成本					
月末在产品成本					

表 3－33　产品成本明细账（601A 产品）

2014 年 8 月

批量：3 件　　　　完工：3 件　　　　单位：元

摘要	工时（小时）	直接材料	直接工资	制造费用	合计
月初在产品成本	450	2 000			
本月发生费用	250	1 000			
发生额合计	700	3 000			

续表

摘要	工时(小时)	直接材料	直接工资	制造费用	合计
间接计入费用分配率					
转出完工产品成本					
单位成本					

表 3-34　产品成本明细账(602B 产品)

2014 年 8 月

批量：5 件　　完工：5 件　　单位：元

摘要	工时(小时)	直接材料	直接工资	制造费用	合计
月初在产品成本	150	800			
本月发生费用	50	200			
发生额合计	200	1 000			
间接计入费用分配率					
转出完工产品成本					
单位成本					

表 3-35　产品成本明细账(701C 产品)

2014 年 8 月

批量：10 件　　完工：2 件　　单位：元

摘要	工时(小时)	直接材料	直接工资	制造费用	合计
月初在产品成本	620	2 100			
本月发生费用	200	60			
发生额合计	820	2 160			
间接计入费用分配率					
转出完工产品成本					
单位成本					
月末在产品成本					

表 3-36　产品成本明细账(801D 产品)

2014 年 8 月

批量：8 件　　完工：0 件　　单位：元

摘要	工时(小时)	直接材料	直接工资	制造费用	合计
本月发生费用	180	40			

要求：采用简化分批法计算填写以上成本计算单，保留两位小数。

项目四

分步法产品成本核算

职业能力目标

- **专业能力**
  - ➢ 理解分步成本法的特点和适用范围
  - ➢ 掌握逐步结转分步法的特点和成本计算程序
  - ➢ 掌握平行结转分步法的特点和成本计算程序
  - ➢ 能用加权平均法和先进先出法等方法计算在产品及完工产品的成本
  - ➢ 针对不同的情况选择适当的方法进行核算
- **教学能力**
  - ➢ 熟悉分步法的内容
  - ➢ 结合专业知识和学习情况对分步法进行教学设计
  - ➢ 营造良好的教学氛围、创设情境进行教学实施
  - ➢ 选择恰当的方式进行教学评价
- **社会能力**
  - ➢ 具备一定的沟通协调能力，处理好与企业内外相关部门的关系
  - ➢ 具有良好的职业素养和团队精神

工作任务分析

- ➢ 能按生产步骤或生产车间设置成本计算账户
- ➢ 熟练操作相关耗费的归集和分配
- ➢ 能用约当产量等方法核算在产品的费用
- ➢ 能用综合结转分步法计算产品成本

➢ 能用分项结转分步法计算产品成本
➢ 掌握平行结转分步法，并能在实务中进行应用

4.1 分步法在产品及其费用核算

引例

祥瑞公司生产多种产品，其中甲产品在两个车间分两个步骤进行生产，第一车间为第二车间提供半成品A，第二车间将半成品A加工成产成品甲。企业要求成本会计小王计算出本月完工的半成品A的成本和本月完工的产成品甲的成本。

成本会计小王应该采用什么样的核算程序和方法来完成这项任务？

知识准备

一、分步成本法的定义

分步法是产品成本计算分步法的简称，是以产品生产过程中的各步骤为成本计算对象，来归集和分配生产费用、计算产品成本的一种成本计算方法。这种方法一般适用于连续、大量、多步骤生产的工业企业，如冶金、水泥、纺织、酿酒、砖瓦等企业。此类企业，从原材料投入到产品完工，要经过若干连续的生产步骤，除最后一个步骤生产的是产成品外，其他步骤生产的都是完工程度不同的半成品。这些半成品，除少数可能出售外，都是下一步骤加工的对象。因此，应按步骤、产品品种设置产品成本明细账，分别成本项目归集生产费用。

二、分步成本法的特点及种类

（一）分步成本法的特点

（1）成本核算对象是各种产品的生产步骤，按每个加工步骤的各种或各类产品设置成本明细账进行成本核算。

（2）生产过程中所发生的生产费用，是按加工步骤进行归集的。

（3）月末为计算完工产品成本，还需要将归集在生产成本明细账中的生产成本在完工产品和在产品之间进行分配，存在在产品的计价问题。

（4）除了按品种计算和结转产品成本外，还需要计算和结转产品的各步骤成本，这就要求每月月底进行成本计算，所以其成本计算期是固定的，与产品的生产周期并不一致。

（二）分步成本法的种类

按是否计算并结转半成品成本，分步法可分为逐步结转分步法和平行结转分步法。

1. 逐步结转分步法

逐步结转分步法是计算并结转各步骤半成品成本的计算方法。按结转半成品成本时下一步骤生产成本明细账是否反映上一步骤半成品各成本项目的成本，逐步结转成本法又可分为综合结转分步法和分项结转分步法。

2. 平行结转分步法

平行结转分步法指半成品成本并不随半成品实物的转移而结转，而是在哪一步骤发生就留在该步骤的成本明细账内，直到最后加工成产成品，才将其成本从各步骤的成本明细账转出的方法。

三、适用范围

多步骤复杂生产的大批量生产企业可以运用逐步结转分步法，具体有下列企业。

（1）半成品可对外销售或半成品虽不对外销售但须进行比较考核的企业。如：纺织企业的棉纱、坯布，冶金企业的生铁、钢锭、铝锭，化肥企业的合成氨等半成品都属于这种情况。

（2）一种半成品同时转作几种产成品原料的企业。如：生产钢铸件、铜铸件的机械企业，生产纸浆的造纸企业。

（3）实行承包经营责任制的企业。对外承包必然在内部也要承包或逐级考核，需要计算各步骤的半成品成本。

业务操作

任务：用约当产量法计算在产品的成本

1. 任务描述

祥瑞公司本月分两个生产步骤生产甲产品，原材料在开始生产时一次性投入，第二步骤对第一步骤生产出来的半成品继续加工，生产出甲产品，各个生产步骤间不设半成品库，第一步骤直接转入下一个生产步骤，产品生产过程中除原材料外的其他费用在各个步骤陆续发生，月末各个生产步骤的在产品完工程度均为60%，有关产量资料和成本资料见表4－1至表4－3。

表4－1　产量资料

单位：件

项　目	第一生产步骤	第二生产步骤
月初在产品	30	40
本月投入产品	200	190
转下车间半成品或完工产成品	190	200
期末在产品	40	30

表4-2 第一车间成本

单位：元

期初在产品的成本	余额
直接材料	600
直接人工	200
制造费用	150
小　计	950
本月发生	
直接材料	4 000
直接人工	1 940
制造费用	1 562
小　计	7 502

表4-3 第二车间成本

单位：元

期初在产品的成本	余额
直接材料	370
直接人工	218
制造费用	208
小　计	796
本月发生	
直接材料	7 220
直接人工	2 180
制造费用	1 100
小　计	10 500

2. 任务要求

将归集在各步骤成本计算单中的生产费用，采用约当产量法在各步骤的本月完工产品和月末在产品之间进行分配，并计算出完工产品和月末在产品成本(用加权平均法)。

3. 任务分析

约当产量比例法属于按完工产品与月末在产品之间某一分配标准的比例同时计算完工产品成本和月末在产品成本的一种方法。它是将月末结存在产品的数量按其完工程度折算为相当于完工产品的数量，即约当产量，然后按照完工产品产量(也就是完工程度为100%的约当产量)与月末在产品约当产量的比例划分完工产品与月末在产品成本的一种方法。本月完工产品产量加上月末在产品约当产量，称为约当总产量，简称为约当产量。

月末在产品约当产量 = 月末在产品结存数量 × 在产品完工百分比

约当产量单位成本 =(月初在产品成本 + 本月发生的生产耗费) ÷ (完工产品产量 + 月末在产品约当产量)

$$完工产品总成本 = 约当产量单位成本 \times 完工产品产量$$

$$月末在产品成本 = 约当产量单位成本 \times 在产品约当产量$$

4. 任务操作

（1）编制第一车间和第二车间的约当产量计算单，见表4－4、表4－5。

表4－4　第一车间约当产量计算表

单位：件

直接材料	产量
转下车间半成品	190
期末在产品（40×100%）	40
小　计	230
直接人工和制造费用	
转下车间半成品	190
期末在产品（40×60%）	24
小　计	214

表4－5　第二车间约当产量计算表

单位：件

直接材料	产量
完工产成品	200
期末在产品（30×100%）	30
小　计	230
直接人工和制造费用	
完工产成品	200
期末在产品（30×60%）	18
小　计	218

（2）根据以上约当产量计算表，可以得出两个车间的生产明细账，见表4－6、表4－7。

表4－6　第一车间成本计算单

单位：元

项目	直接材料	直接人工	制造费用	合计
月初在产品成本	600	200	150	950
本月发生费用	4 000	1 940	1 562	7 502
合计	4 600	2 140	1 712	8 452
约当产量	230	214	214	
单位成本	20	10	8	
完工产品成本	3 800	1 900	1 520	7 220
月末在产品成本	800	240	192	1 232

表 4-7　第二车间成本计算单

单位：元

项目	直接材料	直接人工	制造费用	合计
月初在产品成本	370	218	208	796
本月发生费用	7 220	2 180	1 100	10 500
合计	7 590	2 398	1 308	11 296
约当产量	230	218	218	
单位成本	33	11	6	
完工产品成本	6 600	2 200	1 200	10 000
月末在产品成本	990	198	108	1 296

4.2　分步法的核算流程

引例

祥瑞公司生产 A 类产品，需要经过两个加工步骤，第一步骤为棉纱，第二步骤为棉布。(材料按 100%、人工和制造费用按 50% 计算)。按照约当产量比例法分配完工产品和在产品成本。

知识准备

一、逐步结转分步法的成本核算流程

逐步结转分步法是按照产品连续加工的先后顺序，分步骤计算半成品成本，并将各步骤半成品成本，逐步结转到下一步骤生产明细账，直至最后步骤计算出产成品成本，故称顺序结转分步法。其计算程序是：先计算第一步骤的半成品成本，随着半成品实物由第一步骤转到第二步骤，半成品成本亦由第一步骤转移到第二步骤，然后加上第二步骤的加工费用，计算出第二步骤的半成品成本。如此按步骤顺序结转，直到最后步骤计算出产成品成本为止。这种方法适用于大量大批连续式复杂生产的企业。这种类型的企业，有的不仅将产成品作为商品对外销售，而且生产步骤所产半成品也经常作为商品对外销售。例如，钢铁厂的生铁、钢锭，纺织厂的棉纱等，都需要计算半成品成本。这种方法的计算程序如图 4-1 所示。

此方法的优点：一是能提供各个生产步骤的半成品成本资料；二是为各生产步骤的在产品实物管理提供资料；三是能够全面地反映各生产步骤的生产耗费水平，更好地满足各生产步骤成本管理的要求。

此方法的缺点：成本结转工作量较大，各生产步骤的半成品成本采用逐步综合结转方法，还要进行成本还原，增加了核算的工作量。

二、平行结转分步法的成本核算流程

平行结转分步法也称不计算半成品成本分步法。它是指在计算各步骤成本时，不计算

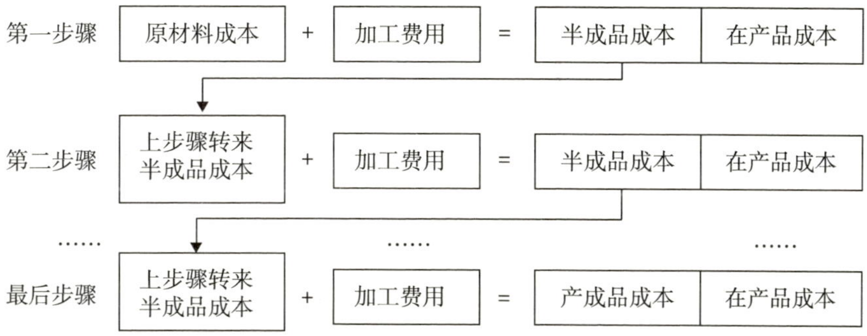

图 4－1　逐步结转分步法的成本计算程序

各步骤所产半成品的成本，也不计算各步骤所耗上一步骤的半成品成本，而只计算本步骤发生的各项其他成本，以及这些成本中应计入产成品的份额，将相同产品的各步骤成本明细账中的这些份额平行结转、汇总，即可计算出该种产品的产成品成本。各步骤所生产的半成品按生产加工顺序转移到下一步骤继续加工生产，但其成本却依然留在该步骤生产成本明细账上，并不随其实物结转至下一步骤的生产成本明细账。由于这种方法在成本明细账上不反映半成品成本的转移，所以，这种方法属于不计列半成品法。计算程序如图 4－2 所示。

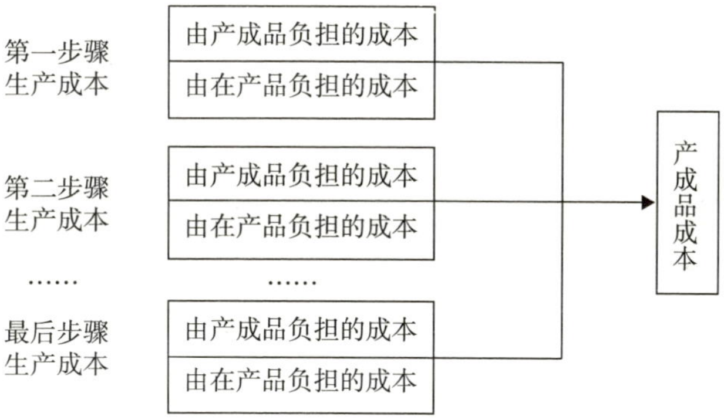

图 4－2　平行结转分步法的成本计算程序

此方法的优点：简化加速成本计算工作，不需进行成本还原。

此方法的缺点：不能提供各步骤半成品的成本资料，不便于进行在产品的实物管理和资金管理。

业务操作

任务：用逐步结转分步法计算在产品的成本（先进先出法）

1. 任务描述

祥瑞公司本月分两个生产步骤生产甲产品，原材料在开始生产时一次性投入，第二步骤对第一步骤生产出来的半成品继续加工，生产出甲产品，各个生产步骤间不设半成品库，第一步骤直接转入下一个生产步骤，产品生产过程中除原材料外的其他费用在各个步骤陆续发生，月末各个生产步骤的在产品完工程度均为60%，有关产量资料和成本资料见4.1中的业务操作题。

2. 任务要求

将归集在各步骤成本计算单中的生产费用，采用逐步结转分步法在各步骤的本月完工产品和月末在产品之间进行分配，并计算出完工产品和月末在产品成本(先进先出法)。

3. 任务分析

先进先出法是假定企业在进行生产时先对期初在产品进行加工，再对本月投入产品进行加工。所以，月初在产品应该先于本月投入产品完工，它的成本也就应该先于本月投入产品转出。这就要求在进行成本计算和完工半成品结转时，将上月结转本月完工的产品成本和本月投产本月完工的产品成本区别开来，以分别反映前、后两个月的成本水平。

本月约当量 = 全部约当产量 - 月初在产品约当量

4. 任务操作

(1) 两个车间的约当产量计算见表4-8、表4-9。

表4-8　第一车间约当产量计算表

单位：件

直接材料	
转下车间半成品	190
期末在产品(40×100%)	40
减：期初在产品本月约当产量	30
小　计	200
直接人工和制造费用	
转下车间半成品	190
期末在产品(40×60%)	24
减：期初在产品本月约当产量	30
小　计	184

表4-9　第二车间约当产量计算表

单位：件

直接材料	
完工产成品	200
期末在产品(30×100%)	30
减：期初在产品本月约当产量	40
小　计	190
直接人工和制造费用	
完工产成品	200
期末在产品(30×60%)	18
减：期初在产品本月约当产量	40
小　计	178

（2）根据以上约当产量计算单，可以编制两个车间的生产明细账，见表4－10、表4－11。

表4－10　第一车间成本计算单

单位：元

项目	直接材料	直接人工	制造费用	合计
月初在产品成本	600	200	150	950
本月发生费用	4 000	1 940	1 562	7 502
合计	4 600	2 140	1 712	8 452
约当产量	200	184	184	
单位成本	20	10.54	8.49	
完工产品成本	3 800	1 887.04	1 508.24	7 195.28
月末在产品成本	800	252.94	203.76	1 256.7

表4－11　第二车间成本计算单

单位：元

项目	直接材料	直接人工	制造费用	合计
月初在产品成本	370	218	208	796
本月发生费用	7 220	2 180	1 100	10 500
合计	7 590	2 398	1 308	11 296
约当产量	190	178	178	
单位成本	38	12.25	6.18	
完工产品成本	6 450	2 177.5	1 196.76	9 824.26
月末在产品成本	1 140	220.5	111.24	1 471.74

4.3　逐步结转分步法实务应用

引例

祥瑞公司生产甲产品，该产品经过三道步骤才能完成，第一步骤生产A半成品，第二步骤生产B半成品，第三步骤才加工出甲产品。如何采用逐步结转分步法计算产品成本？

知识准备

逐步结转分步法按照成本在下一步骤成本计算单中的反映方式，可以分为综合结转和分项结转两种方法。

一、综合结转分步法

综合结转分步法，是指上一步骤转入下一步骤的半成品成本，以“直接材料”或专设的“半成品”项目综合列入下一步骤的成本计算单中。

综合结转分步法的优点是：可以在各步骤的产品成本明细账中反映各该步骤完工产品所耗用半成品费用的水平和本步骤加工费用的水平，有利于各个步骤的成本管理。缺点是：为了从整个企业的角度反映产品成本的构成，加强企业综合的成本管理，必须进行成本还原，从而增加核算的工作量。

二、分项结转分步法

分项结转分步法是将各步骤耗用的上一步骤半成品成本，按照成本项目分项转入各该步骤产品成本明细账的各个成本项目中。若半成品通过半成品库收发，在自制半成品明细账中登记半成品成本时，也要按照成本项目分别登记。一般情况下，分项结转多采用按实际成本分项结转的方法。

三、分项结转分步法与综合结转分步法的区别

（1）结转方式不同。逐步分项结转分步法是将各步骤所耗用的上一步骤半成品成本，按照成本项目分项转入各该步骤产品成本明细账的各个成本项目中。而综合结转分步法是将各步骤所耗用的上一步骤半成品成本，按照成本项目综合转入各该步骤产品成本明细账的各个成本项目中。

（2）结转方法不同。逐步分项结转分步法由于工作量大而一般多采用按实际成本分项结转的方法。而综合结转分步法可以按照半成品的实际成本结转，也可以按照半成品的计划成本(或定额成本)结转。

（3）综合结转分步法一般需要将综合结转算出的产成品成本进行成本还原，以便从整个企业的角度分析和考核产品成本的构成。而分项结转已经反映成本的具体构成，因此不需要进行成本还原。

业务操作

任务一：用综合结转分步法计算产品成本

1. 任务描述

祥瑞公司生产甲产品，该产品顺序经过第一、二、三加工步骤，第一步骤投入原材料后生产A半成品，交第二步骤生产B半成品，再交第三步骤加工成甲产成品，原材料在第一步骤开始生产时一次投入，各步骤的加工程度逐步发生，各步骤月末在产品的完工程度均为50%，该企业采用综合逐步结转分步法计算产品成本，自制半成品通过半成品库收发，发出自制半成品的计价采用全月一次加权平均法。该企业2016年3月份有关成本计算资料见表4－12至表4－14。

表4－12　产量资料

单位：件

项目	月初在产品	本月投入	本月完工	月末在产品
第一步骤	50	300	240	110
第二步骤	30	250	200	80
第三步骤	80	190	250	20

表4－13　期初在产品成本资料

单位：元

项目	直接材料	自制半成品	直接人工	制造费用	合计
第一步骤	3 500		690	1 400	5 590
第二步骤		4 190	430	1 380	6 000
第三步骤		18 250	7 100	3 950	29 300
合计	3 500	22 440	8 220	6 730	40 890

表4－14　本月发生的生产费用资料

单位：元

项目	直接材料	直接人工	制造费用	合计
第一步骤	28 000	5 800	9 810	43 610
第二步骤		10 850	10 620	21 470
第三步骤		21 500	19 450	40 950
合计	28 000	38 150	39 880	106 030

期初库存：A半成品月初库存60件，实际成本为8 700元，B产品月初无库存。

2. 任务要求

（1）计算各步骤半成品成本或完工产品成本。

（2）登记各步骤生产成本明细分类账。

（3）进行成本还原。

3. 任务分析

如果半成品通过半成品库收发，由于各月所生产的半成品的单位成本不同，因而所耗半成品的单位成本可以如同材料核算一样，采用实际成本或计划成本计算。

1）半成品按实际成本综合结转

采用这种方法结转时，“自制半成品”综合项目，在半成品全部从上步骤直接转入下步骤的条件下，就按上步骤完工半成品总成本登记，在半成品从上步骤不全部直接转入下步骤或通过半成品仓库收发的条件下，就要根据所耗半成品的数量乘以半成品的单位成本计算。库存半成品单位成本可以采用先进先出法、后进先出法以及加权平均法等方法确定。

2）半成品按计划成本综合结转

采用这种结转方法，自制半成品日常收发的明细核算均按计划成本计价，在半成品实际成本计算出来后，再以实际成本与计划成本对比，计算半成品成本差异额和差异率，调整领用半成品的计划成本。采用这种方法，自制半成品明细账的“收入”“发出”和“结存”栏以及从第二步骤开始的产品成本计算单中的“自制半成品”项目都设置了“计划成本”“实际成本”和“成本差异”专栏，这里的半成品成本差异率、差异额的计算与原材料按计划成本核算条件下的材料成本差异额、差异率的计算完全相同。

按计划成本综合结转半成品成本与按实际成本综合结转半成品成本相比较，可以简化和加速半成品核算与产品成本的计算工作；在各步骤的产品成本明细账中，可反映半成品的成本差异，在分析各步骤制造成本时，还可剔除以前步骤半成品成本变动对本步骤产品成本的影响，有利于分清经济责任，也便于对各工艺环节的成本实施控制和考核。

4. 任务操作

1）计算各步骤半成品成本或完工产品成本

第一步骤：

（1）生产费用合计。

直接材料：3 500 + 28 000 = 31 500（元）

直接人工：690 + 5 800 = 6 490（元）

制造费用：1 400 + 9 810 = 11 210（元）

（2）分配率。

直接材料：31 500 ÷（240 + 110）= 90（元/件）

其他费用：（6 490 + 11 210）÷（240 + 110 × 50%）= 60（元/件）

（3）A 半成品应负担的成本费用：（90 + 60）× 240 = 36 000（元）

第二步骤：

（1）生产费用合计。

①自制半成品。

发出自制半成品平均成本：（8 700 + 36 000）÷（60 + 240）= 149（元/件）

发出自制半成品成本：149 × 250 = 37 250（元）

自制半成品成本合计：4 190 + 37 250 = 41 440（元）

②直接人工：430 + 10 850 = 11 280（元）

③制造费用：1 380 + 10 620 = 12 000（元）

（2）分配率。

自制半成品：41 440 ÷（200 + 80）= 148（元/件）

其他费用：（11 280 + 12 000）÷（200 + 80 × 50%）= 97（元/件）

（3）B 半成品应负担的成本费用：（148 + 97）× 200 = 49 000（元）

第三步骤：

（1）生产费用合计。

①自制半成品。

发出自制半成品成本：49 000 ÷ 200 × 190 = 46 550（元/件）

自制半成品成本合计：18 250 + 46 550 = 64 800（元）

②直接人工：7 100 + 21 500 = 28 600（元）

③制造费用：3 950 + 19 450 = 23 400（元）

（2）分配率。

自制半成品：64 800 ÷（250 + 20）= 240（元/件）

其他费用：（28 600 + 23 400）÷（250 + 20 × 50%）= 200（元/件）

（3）甲产成品应负担的成本费用：（240 + 200）× 250 = 110 000（元）

2）登记各步骤生产成本明细分类账

各步骤生产成本明细分类账见表 4 - 15 至表 4 - 17。

表 4 - 15　生产成本——A 半成品明细分类账

生产车间：第一步骤　　月初在产品：50 件　　本月投入：300 件　　本月完工：240 件

单位：元

月	日	证号	摘要	直接材料	直接人工	制造费用	余额
3	1		期初余额	3 500	690	1 400	5 590
	×		领用材料	28 000			33 590
	×		发生人工		5 800		39 390
	×		制造费用			9 810	49 200
	31		结转完工	21 600	5 280	9 120	13 200
3	31		期末余额	9 900	1 210	2 090	

表 4 - 16　生产成本——B 半成品明细分类账

生产车间：第二步骤　　月初在产品：30 件　　本月投入：250 件　　本月完工：200 件

单位：元

月	日	证号	摘要	自制半成品	直接人工	制造费用	余额
3	1		期初余额	4 190	430	1 380	6 000
	×		领用半成品	37 250			43 250
	×		发生人工		10 850		54 100
	×		制造费用			10 620	64 720
	×		结转完工	29 600	9 400	10 000	15 720
3	31		期末余额	11 840	1 880	2 000	

表 4 - 17　生产成本——甲产成品明细分类账

生产车间：第三步骤　　月初在产品：80 件　　本月投入：190 件　　本月完工：250 件

单位：元

月	日	证号	摘要	自制半成品	直接人工	制造费用	余额
3	1		期初余额	18 250	7 100	3 950	29 300
	×		领用半成品	46 550			75 850
	×		发生人工		21 500		97 350
	×		制造费用			19 450	116 800
3	31		结转完工	60 000	27 500	22 500	6 800
3	31		期末余额	4 800	1 100	900	

3）进行成本还原

成本还原见表4－18、表4－19。

表4－18 产成品成本还原计算表

产量：250件　　单位：元

项目	分配率	半成品	原材料	工资福利	制造费用	合计
还原前产品成本		60 000		27 500	22 500	110 000
本月产半成品成本			29 600	9 400	10 000	49 000
半成品成本还原	1. 224 49		36 245	11 510	12 245	60 000
还原后产品总成本			36 245	39 010	34 745	110 000
产品单位成本			144. 98	156. 04	138. 98	440

表4－19 半成品成本还原计算表

产量：200件　　单位：元

项目	分配率	半成品	原材料	工资福利	制造费用	合计
还原前产品成本		36 245		11 510	12 245	60 000
本月所产半成品成本			21 600	5 280	9 120	36 000
半成品成本还原	1. 006 8		21 747	5 316	9 182	36 245
还原后产品总成本			21 747	16 826	21 427	60 000
产品单位成本			108. 74	84. 13	107. 13	300

（1）还原前成本计算单，见表4－20。

表4－20 还原前计算单

单位：元

项目	自制半成品	直接材料	直接人工	制造费用	合计
一车间	—	21 600	5 280	9 120	36 000
二车间	29 600	—	9 400	10 000	49 000
三车间	60 000	—	27 500	22 500	110 000

第一次还原：

60 000 ÷ 49 000 = 1. 224 49

1. 224 49 × 29 600 = 36 244. 90（元）

1. 224 49 × 9 400 = 11 510. 20（元）

60 000 － 36 244. 90 － 11 510. 20 = 12 244. 90（元）

第二次还原：

36 244. 90 ÷ 36 000 = 1. 006 80

1. 006 80 × 21 600 = 21 746. 90（元）

1. 006 80 × 5 280 = 5 315. 90（元）

36 244. 90 － 21 746. 90 － 5 315. 90 = 9 182. 10（元）

（2）还原后成本计算单，见表4－21。

表 4－21　还原后成本计算单

单位：元

项目	直接材料	直接人工	制造费用	合计
一车间	21 746.90	5 315.90	9 182.10	36 244.90
二车间	—	11 510.20	12 244.90	23 755.10
三车间	—	27 500	22 500	50 000
合计	21 746.90	44 326.10	43 927	110 000

任务二：用分项结转分步法计算产品成本

1. 任务描述

祥瑞公司有三个基本生产车间，大量生产乙产品，其生产过程是：原材料在第一车间一次性投入，并将原材料加工成 A 半成品；第二车间将 A 半成品加工成 B 半成品；第三车间将 B 半成品加工成乙产品。各车间没有半成品库存。2016 年 6 月各车间的产量纪录和成本资料见表 4－22、表 4－23。

表 4－22　产量资料

单位：件

项目	第一车间	第二车间	第三车间
月初在产品	60	160	140
本月投产	1 040	980	1 020
本月完工	980	1 020	1 060
月末在产品	120	120	100
完工程度	60%	50%	40%

表 4－23　成本资料

单位：元

成本项目		直接材料	直接人工	制造费用	合　计
第一车间	月初在产品成本	11 160	1 440	1 700	14 300
	本月发生费用	148 340	23 808	24 600	196 748
第二车间	月初在产品成本	15 080	7 400	9 760	32 240
	本月发生费用		46 600	85 280	131 880
第三车间	月初在产品成本	12 040	5 600	7 000	24 640
	本月发生费用		24 100	24 900	49 000

2. 任务要求

（1）用分项结转分步法计算各步骤半成品成本或完工产品成本。

（2）登记各步骤生产成本明细分类账。

3. 任务分析

分项结转分步法的成本计算程序与综合结转分步法基本相同。区别在于将上一步骤半成品成本转入下一步骤时，需分别按上一步骤半成品的成本项目记入下一步骤的相应成本项目。采用分项结转分步法时，各步骤生产成本明细账中不设置“自制半成品”成本项目，故不必对最终完工产品的成本进行成本还原计算。

4. 任务操作

（1）第一车间基本生产成本计算为：

直接材料 = 159 500 ÷（980 + 120）= 145（元）

直接人工 = 25 248 ÷（980 + 120 × 60%）= 24（元）

制造费用 = 26 300 ÷（980 + 120 × 60%）= 25（元）

（2）第二车间基本生产成本计算为：

直接材料 = 157 180 ÷（1 020 + 120）= 137.88（元）

直接人工 = 77 520 ÷（1 020 + 120 × 50%）= 71.78（元）

制造费用 = 119 540 ÷（1 020 + 120 × 50%）= 110.69（元）

（3）第三车间基本生产成本的计算为：

直接材料 = 152 677.6 ÷（1 060 + 100）= 131.62（元）

直接人工 = 102 915.6 ÷（1 060 + 100 × 40%）= 93.56（元）

制造费用 = 144 803.8 ÷（1 060 + 100 × 40%）= 131.64（元）

企业本月发生生产费用已经归集在各车间基本生产成本明细账上，各车间基本生产成本明细账见表 4 - 24 至表 4 - 26。

表 4 - 24　第一车间基本生产成本明细账

车间名称：第一车间　　　　　　　　　　　　完工产量：980 件

产品名称：A 半成品　　　　2016 年 6 月　　　　单位：元

项　目	直接材料	直接人工	制造费用	合　计
月初在产品成本	11 160	1 440	1 700	14 300
本月生产费用	148 340	23 808	24 600	196 748
合计	159 500	25 248	26 300	211 048
单位产品成本	145	24	25	194
完工半成品成本	142 100	23 520	24 500	190 120
月末在产品成本	17 400	1 728	1 800	20 928

表 4 - 25　第二车间基本生产成本明细账

车间名称：第二车间　　　　　　　　　　　　完工产量：1 020 件

产品名称：B 半成品　　　　2016 年 6 月　　　　单位：元

项　目	直接材料	直接人工	制造费用	合　计
月初在产品成本	15 080	7 400	9 760	32 240
上步骤转入费用	142 100	23 520	24 500	190 120
本月生产费用		46 600	85 280	131 880

续表

项　目	直接材料	直接人工	制造费用	合　计
合计	157 180	77 520	119 540	354 240
单位产品成本	137.88	71.78	110.69	255.53
完工半成品成本	140 637.6	73 215.6	112 903.8	326 757
月末在产品成本	16 542.4	4 304.4	6 636.2	27 483

表 4－26　第三车间基本生产成本明细账

车间名称：第三车间　　　　　　　　　　　　　　　　　完工产量：1 060 件
产品名称：乙产品　　　　　　　2016 年 6 月　　　　　　单位：元

项　目	直接材料	直接人工	制造费用	合　计
月初在产品成本	12 040	5 600	7 000	24 640
上步骤转入费用	140 637.6	73 215.6	112 903.8	326 757
本月生产费用		24 100	24 900	49 000
合计	152 677.6	102 915.6	144 803.8	400 397
单位产品成本	131.62	93.56	131.64	356.82
完工半成品成本	139 517.2	99 173.6	139 538.4	378 229.2
月末在产品成本	13 160.4	3 742	5 265.4	22 167.8

4.4　平行结转分步法实务应用

引例

某企业是装配式复杂生产企业，每天都要大批量生产各种产品及零件，如果不要求计算各生产步骤中的零配件成本，用平行结转分步法如何计算产品成本？

知识准备

在平行结转分步法下，各生产步骤只归集计算本步骤直接发生的生产费用，不计算结转本步骤所耗用上一步骤的半成品成本；各生产步骤分别与完工产品直接联系，本步骤只提供在产品成本和加入最终产品成本的份额，平行独立、互不影响地进行成本计算，平行地把份额计入完工产品成本。

一、平行结转分步法的特点

（1）成本计算对象是最终完工产品。在平行结转分步法中，各生产步骤的半成品都不作为成本计算对象，各步骤的成本计算都是为了算出最终产品的成本。

（2）成本计算期是每月的会计报告期，这是大批量生产的组织特点所决定的。

（3）半成品实物流转与半成品成本的结转相分离。

二、平行结转分步法的适用范围

平行结转分步法适用于多步骤复杂生产，总体来说，只要不要求提供各步骤半成品成本，前文列举的运用逐步结转分步法的企业都可运用平行结转分步法。随着我国企业经济责任制的推行，企业普遍实行内部经济责任制和责任会计，尤其是在建立市场经济的进程中，大量的企业要按公司法的规定进行规范化改组，企业内部责权利的实施在很大程度上依赖于各车间的成本指标考核，必然要求各车间要计算半成品成本。所以，平行结转分步法的运用范围将大大缩小，更多采用逐步结转分步法。

平行结转分步法具体运用于下列企业。

（1）半成品无独立经济意义或虽有半成品但不要求单独计算半成品成本的企业，如：砖瓦厂、瓷厂等。

（2）一般不计算零配件成本的装配式复杂生产企业，如：大批量生产的机械制造企业。

三、平行结转分步法与逐步结转分步法的区别

（一）根本区别

逐步结转分步法要求各步骤计算出半成品成本，由最后一步计算出完工产品成本，所以又称为“半成品成本法”。平行结转分步法各步骤只计算本步骤生产费用应计入产成品成本的“份额”，最后将各步骤应计入产成品成本的份额平行汇总，计算出最终完工产品的成本。因此，又称为“不计算半成品成本法”。

（二）在产品概念不同

逐步结转分步法所指的在产品是指本步骤尚未完工，仍需要在本步骤继续加工的在产品，是狭义的在产品。平行结转分步法所指的在产品，是指本步骤尚未完工以及后面各步骤仍在加工，尚未最终完工的在产品，因此，是广义的在产品。

（三）完工产品的概念不同

逐步结转分步法所指的完工产品，是指各步骤的完工产品，通常是半成品，只有最后步骤的完工产品才是产成品，因此，是广义的完工产品。由于半成品成本随实物的转移而转移，所以，最后步骤完工产品成本就是产成品成本。平行结转分步法所指的完工产品，是指最后步骤的完工产品，因此，是狭义的完工产品。完工产品的成本由各步骤平行转出的“份额”汇总而成。

（四）成本费用的结转和计算方法不同

逐步结转分步法的成本费用，随半成品的转移而结转到下一步骤的生产成本费用中去，即成本费用随实物的转移而转移，因此，各步骤生产的成本费用既包括本步骤发生的费用，还包括上一步骤转来的费用。产品在最后步骤完工时计算出来的成本，就是完工产品成本。平行结转分步法的生产费用，并不随半成品的转移而转入下一步骤，因此，各步骤生产的成本费用仅是本步骤发生的成本费用。产品最终完工时，各步骤将产成品在本步骤应承担的成本费用“份额”转出，并由此汇总出完工产品成本。

业务操作

任务：用平行结转法计算产品成本

1. 任务描述

祥瑞公司生产的丁产品经过三个车间连续加工制成，第一车间生产 D 半成品，直接转入第二车间加工制成 H 半成品，H 半成品直接转入第三车间加工成丁产成品。其中，1 件丁产品耗用 1 件 H 半成品，1 件 H 半成品耗用 1 件 D 半成品。原材料于第一车间生产开始时一次性投入，第二车间和第三车间不再投入材料。各车间月末在产品完工率均为 50%。各车间生产费用在完工产品和在产品之间的分配采用约当产量法。

（1）本月各车间产量资料见表 4 – 27。

表 4 – 27 各车间产量资料表

单位：件

摘 要	第一车间	第二车间	第三车间
月初在产品数量	20	50	40
本月投产数量或上步转入	180	160	180
本月完工产品数量	160	180	200
月末在产品数量	40	30	20

（2）各车间月初及本月费用资料见表 4 – 28。

表 4 – 28 各车间月初及本月费用

单位：元

摘 要		直接材料	直接人工	制造费用	合计
第一车间	月初在产品成本	1 000	60	100	1 160
	本月的生产费用	18 400	2 200	2 400	23 000
第二车间	月初在产品成本		200	120	320
	本月的生产费用		3 200	4 800	8 000
第三车间	月初在产品成本		180	160	340
	本月的生产费用		3 450	2 550	6 000

2. 任务要求

用平行结转法计算产品成本。

3. 任务分析

在平行结转分步法中，各步骤所生产的半成品按生产加工顺序转移到下一步骤继续加工生产，并不随其实物结转至下一步骤的生产成本明细账。各步骤只计算本步骤发生的各项其他成本，以及这些成本中应计入产成品的份额，将相同产品的各步骤成本明细账中的这些份额平行结转、汇总，并计算出最终产成品的实际总成本。

4. 任务操作

(1) 编制各生产步骤的约当产量计算表，见表4-29。

表4-29 各生产步骤约当产量计算表

单位：元

摘 要	直接材料	直接人工	制造费用
第一车间步骤的约当产量	290 (200+40+30+20)	270 (200+40×50%+30+20)	270
第二车间步骤的约当产量	250 (200+20+30)	235 (200+30×50%+20)	235
第三车间步骤的约当产量	220 (200+20)	210 (200+20×50%)	210

(2) 编制各生产步骤的成本计算单，见表4-30至表4-32。

表4-30 产品成本计算单

车间：第一车间　　产品名称：丁(D半成品)　　单位：元

摘 要	直接材料	直接人工	制造费用	合计
月初在产品成本	1 000	60	100	1 160
本月发生费用	18 400	2 200	2 400	23 000
合计	19 400	2 260	2 500	24 160
第一步骤的约当产量	290	270	270	
分配率	66.90	8.37	9.26	
应计入产成品成本份额	13 380	1 674	1 852	16 906
月末在产品成本	6 020	586	648	7 254

表4-31 产品成本计算单

车间：第二车间　　产品名称：丁(H半成品)　　单位：元

摘 要	直接人工	制造费用	合计
月初在产品成本	200	120	320
本月发生费用	3 200	4 800	8 000
合计	3 400	4 920	8 320
第二步骤约当产量	235	235	
分配率	14.47	20.94	
应计入产成品成本份额	2 894	4 188	7 082
月末在产品成本	506	732	1 238

表 4-32 产品成本计算单

车间：第三车间 产品名称：丁产品 单位：元

摘 要	直接人工	制造费用	合计
月初在产品成本	180	160	340
本月发生费用	3 450	2 550	6 000
合计	3 630	2 710	6 340
第三步骤约当产量	210	210	
分配率	17.29	12.90	
应计入产成品成本份额	3 458	2 580	6 038
月末在产品成本	172	130	302

（3）编制产品成本汇总表，见表 4-33。

表 4-33 产品成本汇总计算表

产品名称：丁产品 单位：元

项目	数量	直接材料	直接人工	制造费用	总成本	单位成本
第一车间		13 380	1 674	1 852	16 906	84.53
第二车间			2 894	4 188	7 082	35.41
第三车间			3 458	2 580	6 038	30.19
合计	200	13 380	8 026	8 620	30 026	150.13

根据产品成本汇总计算表和产成品入库单，编制结转完工入库产品生产成本的会计分录。

借：库存商品——丁产品 30 026

　贷：基本生产成本——第一车间 16 906

　　　　　　　　——第二车间 7 082

　　　　　　　　——第三车间 6 038

知识拓展

分步法下废品的核算

在生产损失核算中已经介绍了废品分为可修复废品和不可修复废品两种。在对废品进行核算时，还需要区分正常废品与非正常废品。管理人员利用这些信息，可以改善产品质量和生产流程，从而同时达到计算、控制和减少产品成本的目的。

正常废品，是指在有效率的经营条件下产生的废品，它是一定的生产流程中不可避免的结果。在一个给定的生产流程中，管理人员首先必须决定其可以接受的正常废品比例。当废品伴随着合格产品的生产而产生时，正常废品的成本被视为完工合格产品成本的一部分。正常废品比例可以通过把总的完工的合格产品数量作为基数来进行衡量，而不是实际的总的投入单位。

非正常废品，是指在正常有效的生产条件下，不应该产生的废品，因此非正常废品不是特定的生产流程中的固有结果。大多数非正常废品都被视为可避免的和可控制的，一线工人或其他人员可以通过减少机器故障、意外事故等来减少非正常废品。非正常废品的成本在发现当期就作为损失而冲销。对于一个有效率的信息反馈系统而言，非正常废品损失账户应在详细的损益表中作为一个单独的项目出现，而不能混同在正常成本中。

一般情况下，是假定在产品全部加工完毕后再进行检验，因而，废品是在产品加工完毕后才发现的。实际上，许多制造公司为了加强产品质量控制，往往会在生产过程中进行产品质量的检验。下面将进一步介绍由于检验时间的不同对废品成本的计算产生的影响。

业务操作

任务一：核算正常废品与非正常废品的成本

1. 任务描述

祥瑞公司生产的A产品需经过两个生产车间加工，采用逐步结转分步法计算成本。直接材料在生产开始时一次性投入，生产过程中出现的废品只有在产成品检验时才能发现。废品率是合格产品的10%，采用加权平均法划分完工产品和在产品成本，2015年6月的有关数据见表4－34。

表4－34　产量记录

单位：件

项目	第一车间	第二车间
月初在产品	1 500(完工60%)	1 000(完工50%)
本月投入	8 500	7 000
本月完工	7 000	5 500
月末在产品	2 000(完工50%)	1 500(完工40%)

表4－35　成本资料

单位：元

项目	第一车间	第二车间
月初在产品成本：		
直接材料	12 000	
自制半成品		20 725
直接人工	5 000	16 250
制造费用	4 000	10 075
本月生产费用：		
直接材料	76 500	
直接人工	49 000	37 000
制造费用	40 100	17 615

2. 任务要求

计算第一车间和第二车间的正常与非正常废品成本。

3. 任务分析

(1) 确定正常废品与非正常废品的数量。

总废品数量 = 月初在产品数量 + 本月投入数量 - 完工合格品数量 - 月末在产品数量

非正常废品数 = 总废品数 - 正常废品数

(2) 计算约当产量。

(3) 编制成本计算单。

4. 任务操作

(1) 确定正常废品与非正常废品的数量。

第一车间:

总废品数 = 1 500 + 8 500 - 7 000 - 2 000 = 1 000(件)

正常废品数 = 7 000 × 10% = 700(件)

非正常废品数 = 1 000 - 700 = 300(件)

第二车间:

总废品数 = 1 000 + 7 000 - 5 500 - 1 500 = 1 000(件)

正常废品数 = 5 500 × 10% = 550(件)

非正常废品数 = 1 000 - 550 = 450(件)

(2) 计算约当产量。

第一车间:

直接材料约当产量 = 7 000 + 2 000 + 700 + 300 = 10 000(件)

工费的约当产量 = 7 000 + 2 000 × 50% + 700 + 300 = 9 000(件)

第二车间:

自制半成品约当产量 = 5 500 + 1 500 + 550 + 450 = 8 000(件)

工费的约当产量 = 5 500 + 1 500 × 50% + 550 + 450 = 7 100(件)

(3) 根据以上资料编制产品成本计算单，见表 4 - 36(假定在产品全部加工完毕后再进行检验，废品是在产品加工完毕后才发现的)。

表 4 - 36　第一车间产品成本计算单

A 半成品　　　　单位：元

项目	直接材料	直接人工	制造费用	正常废品损失	合计
月初在产品成本	12 000	5 000	4 000		21 000
本月生产费用	76 500	49 000	40 100		165 600
合计	88 500	54 000	44 100		186 600
约当总产量	10 000	9 000	9 000		
约当产量单位成本	8.85	6	4.9		19.75
结转正常废品成本	-6 195	-4 200	-3 430		-13 825

续表

项目	直接材料	直接人工	制造费用	正常废品损失	合计
转入正常废品净损失				13 825	13 825
完工产品成本	61 950	42 000	34 300	13 825	152 075
非正常废品成本	2 655	1 800	1 470		5 925
月末在产品成本	17 700	6 000	4 900		28 600

表 4－37　第二车间产品成本计算单

A 产成品　　　　单位：元

项目	自制半成品	直接人工	制造费用	正常废品损失	合计
月初在产品成本	20 725	16 250	10 075		47 050
本月生产费用	152 075	37 000	17 615		206 690
合计	172 800	53 250	27 690		253 740
约当总产量	8 000	7 100	7 100		
约当产量单位成本	21.60	7.50	3.9		33
结转正常废品成本	－11 880	－4 125	－2 145		－18 150
转入正常废品净损失				18 150	18 150
完工产品成本	118 800	41 250	21 450	18 150	199 650
非正常废品成本	9 720	3 375	1 755		14 850
月末在产品成本	32 400	4 500	2 340		39 240

任务二：分析检验时间的不同对废品成本的影响

1. 任务描述

祥瑞公司正常废品率为检验时合格产品数量的 5%，直接材料是生产开始时一次性投入，加工成本是随加工进度逐渐发生。第一车间 2015 年 7 月月初在产品 10 000 件，完工率为 35%，当月投入生产 84 000 件，月末在产品 15 000 件，完工率为 85%，每个阶段发现的废品均为 7 000 件。该车间对其生产的产品分别在完工率为 25%、60% 和 100% 时进行检验。

2. 任务要求

分析完工率分别为 25%、60% 和 100% 时，正常废品和非正常废品数量的变化情况。

3. 任务分析

注意检验时间的不同和产品的完工率之间的关系。

4. 任务完成

（1）以完工率 25% 为检验点

月初在产品的完工率为 35%，已经通过了检验，正常废品和非正常废品的数量计算如下：

正常废品数 =（投入生产数 － 废品数）× 正常废品率

=（84 000 －7 000）×5% =3 850（件）

非正常废品数 = 废品数 － 正常废品数 =7 000 －3 850 =3 150（件）

(2) 以完工率60%为检验点

月初在产品还没有通过检验，正常废品和非正常废品的数量计算如下：

正常废品数 =(月初在产品数 + 投入生产数 - 废品数) × 正常废品率

=(10 000 +84 000 -7 000) ×5% =4 350(件)

非正常废品数 = 废品数 - 正常废品数 =7 000 -4 350 =2 650(件)

(2) 以完工率100%为检验点

此时，只有月末完工产品通过了检验，正常废品和非正常废品的数量计算如下：

正常废品数 =(月初在产品数 + 投入生产数 - 废品数 - 月末在产品数) × 正常废品率

=(10 000 +84 000 -7 000 -15 000) ×5% =3 600(件)

非正常废品数 = 废品数 - 正常废品数 =7 000 -3 600 =3 400(件)

上面的计算结果显示，不同的质量检验时间对正常废品与非正常废品数量的计算是有影响的，这会进一步影响到产品成本的计算。在采用分步法计算成本时，合理选择产品质量的检验时间是分步成本计算法下进行废品管理的关键。

小　　结

一、教学内容

(1) 分步法的定义及适用范围。

(2) 分步法与分批法的区别与联系。

(3) 逐步结转分步法的核算流程。

(4) 平行结转分步法的核算流程。

二、教学重点

(1) 分步法的核算流程。

(2) 逐步结转分步法下产品成本的核算。

(3) 平行结转分步法下产品成本的核算。

三、教学难点

(1) 不同情况下用分步法对在产品及其费用的核算。

(2) 综合结转分步法中的成本还原。

四、教学建议

(1) 采用案例教学，收集和分析典型案例，培养学生成本核算的实践操作能力。

(2) 强调循序渐进，由易到难，使学生逐步掌握分步法下产品成本核算的方法。

(3) 在教学过程中引导学生独立思考。

训练题

一、单项选择题

1. 下列各种分步法中，半成品成本不随实物转移而结转的方法是(　　)。

A. 按计划成本综合结转分步法　　B. 按实际成本综合结转分步法

C. 逐步结转分步法　　D. 平行结转分步法

2. 下列各方法中，不属于计算产品成本方法的是(　　)。

A. 分批法　　B. 分步法

C. 品种法　　D. 约当产量法

3. 产品成本计算分步法的成本计算对象是(　　)。

A. 产品类型　　B. 产品的品种

C. 产品的批别　　D. 产品的生产步骤

4. 某种产品由三个生产步骤形成，采用逐步结转分步法计算成本。本月第一生产步骤转入第二生产步骤的生产费用为2 300元，第二生产步骤转入第三生产步骤的生产费用为4 100元。本月第三生产步骤发生的加工费用为2 500元，第三生产步骤月初在产品费用800元，月末在产品费用为600元。本月该种产品的完工产品成本为(　　)。

A. 9 100元　　B. 6 800元

C. 6 400元　　D. 2 700元

5. 采用平行结转分步法时，完工产品与在产品之间的费用分配，是(　　)。

A. 各生产步骤完工半成品与月末在产品之间的费用分配

B. 完工产品与月末狭义在产品之间的费用分配

C. 完工产品与月末广义在产品之间的费用分配

D. 完工产品与月末加工中在产品之间的费用分配

6. 成本还原分配率的计算公式是(　　)。

A. 本月所产半成品成本合计 ÷ 本月完工产品所耗该种半成品费用

B. 本月完工产品所耗上一步骤半成品费用 ÷ 本月所产该种半成品成本合计

C. 本月完工产品成本合计 ÷ 本月完工产品所耗半成品费用

D. 本月完工产品所耗半成品费用 ÷ 本月完工产品所耗半成品成本合计

7. 不计算半成品成本的分步法是(　　)。

A. 逐步分项结转分步法　　B. 平行结转分步法

C. 按实际成本综合结转分步法　　D. 按计划成本综合结转分步法

8. 下列方法中，要进行成本还原的分步法是(　　)。

A. 逐步结转分步法　　B. 平行结转分步法

C. 综合结转分步法　　D. 分项结转分步法

9. 平行结转分步法下，在完工产品与在产品之间分配费用，是指(　　)。

A. 产成品与广义在产品

B. 产成品与月末在产品

C. 完工半成品与月末加工中的在产品

D. 前面步骤完工半成品与加工中的在产品

10. 成本还原是从(　　)生产步骤的前一个生产步骤开始，将其耗用的上一步骤自制半成品综合成本，按照上一步骤完工半成品的成本构成，还原成原始成本项目的成本。

A. 最前　　B. 最后

C. 中间　　D. 任意

二、多项选择题

1. 下列属于产品成本计算基本方法的是(　　)。
   A. 分批成本法　　B. 分类法
   C. 分步成本法　　D. 标准成本法
2. 在分步法中，相互对称的结转方法有(　　)。
   A. 综合结转与平行结转　　B. 逐步结转与平行结转
   C. 逐步结转与分项结转　　D. 综合结转与分项结转
3. 广义在产品包括(　　)。
   A. 本步骤月末在产品　　B. 以后步骤月末在产品
   C. 本步骤月初在产品　　D. 半成品库中的半成品
4. 采用平行结转分步法，第二生产步骤的广义在产品包括(　　)。
   A. 第一生产步骤正在加工的在产品　　B. 第二生产步骤正在加工的在产品
   C. 第二生产步骤完工入库的半成品　　D. 第三生产步骤正在加工的在产品
5. 采用平行结转分步法不提供(　　)。
   A. 按原始成本项目反映的完工产品成本资料
   B. 所耗上一步骤半成品成本的资料
   C. 各步骤完工半成品成本的资料
   D. 本步骤应计入完工产品成本份额的资料
6. 平行结转分步法的特点是(　　)。
   A. 多步骤半成品成本要随着半成品实物的转移而转移
   B. 多步骤半成品成本不随着半成品实物的转移而转移
   C. 成本计算对象是完工产品成本份额
   D. 需要计算转出完工半成品成本
   E. 不需要计算转出完工半成品成本
7. 半成品综合结转可以采用的方法有(　　)。
   A. 按实际成本结转　　B. 按计划成本结转
   C. 按成本项目结转　　D. 按原材料成本结转
   E. 按固定成本结转
8. 采用分步法，作为成本计算对象的生产步骤，可以(　　)。
   A. 按实际生产步骤设立　　B. 按生产车间设立
   C. 按一个企业设立
   D. 按一个车间中的几个生产步骤分别设立
   E. 按几个车间合并成的一个生产步骤设立

三、判断题

1. 在逐步结转分步法下，不论综合结转还是分项结转，半成品成本都随着半成品实物的转移而结转。　　(　　)

2. 月末产品成本明细账中归集的生产费用就是当月完工产品的成本。（　　）

3. 平行结转分步法下，在产品的费用与在产品实物相分离，在产品费用留在其发生地。（　　）

4. 逐步结转分步法的主要缺陷在于成本计算不够及时和成本还原的工作量比较大。（　　）

5. 大量大批的多步骤生产企业都应按分步法计算成本。（　　）

6. 平行结转分步法各步骤间的成本不进行转移，因此只适用于装配式生产的企业。（　　）

7. 采用逐步结转分步法计算成本时，每一个步骤的成本计算都是一个品种法，实际上是品种法的多次连续应用。（　　）

8. 采用平行结转分步法计算产品成本时，半成品成本要随着实物的转移而结转到下一加工步骤。（　　）

9. 采用分步法时，不论是综合结转还是分项结转，第一个生产步骤的成本明细账的登记方法均相同。（　　）

10. 产品成本计算的分步法均应逐步结转半成品成本，最后计算出完工产品成本。（　　）

四、计算分析题

1. 某企业甲产品经过三个车间连续加工制成，一车间生产 A 半成品，直接转入二车间加工制成 B 半成品，B 半成品直接转入三车间加工成甲产成品。其中，1 件甲产品耗用 1 件 B 半成品，1 件 B 半成品耗用 1 件 A 半成品。原材料于生产开始时一次性投入，各车间月末在产品完工率均为 50%。各车间生产费用在完工产品和在产品之间的分配采用约当产量法。

本月各车间产量资料、各车间月初及本月费用资料分别见表 4－38、表 4－39。

表 4－38　本月各车间产量表

单位：件

摘　要	一车间	二车间	三车间
月初在产品数量	20	50	40
本月投产数量或上步转入	180	160	180
本月完工产品数量	160	180	200
月末在产品数量	40	30	20

表 4－39　各车间月初及本月费用表

单位：元

摘　要		直接材料	直接人工	制造费用	合计
一车间	月初在产品成本	1 000	60	100	1 160
	本月生产费用	18 400	2 200	2 400	23 000
二车间	月初在产品成本		200	120	320
	本月生产费用		3 200	4 800	8 000
三车间	月初在产品成本		180	160	340
	本月生产费用		3 450	2 550	6 000

要求：

（1）采用平行结转法计算产成品成本，编制各步骤成本计算单及产品成本汇总表。

（2）编制各步骤成本计算单，采用综合逐步结转法计算各步骤半成品成本及产成品成本，并进行成本还原。

（3）编制各步骤成本计算单，采用分项逐步结转法计算各步骤半成品成本及产成品成本。

2. 友谊工厂设有三个基本生产车间，第一车间生产甲半成品，第二车间将甲半成品加工成乙半成品，第三车间将乙半成品加工成丙产成品。原材料在生产开始时一次性投入。三个车间的产量记录见表4－40。

表4－40　产量记录表

单位：件

	第一车间	第二车间	第三车间
月初在产品	200	160	240
本月投入	1 000	900	1 000
本月完工	960	1 000	1 100
月末在产品	240(完工50%)	60(完工30%)	140(完工100%)

要求：

（1）根据上述资料，计算平行结转分步法下各车间分配料工费的约当总产量。

（2）假设第一车间月初和本月共发生材料费用32 000元，直接人工8 880元，制造费用11 840元，计算平行结转法下该车间当月应计入产成品成本份额。

3. 某企业生产的甲产成品需经两个步骤完成。第一步骤生产甲半成品，交第二步骤加工制造成甲产品，原材料在生产开始时一次性投入。10月份有关的成本资料见表4－41、表4－42。

表4－41　产量记录表

单位：吨

	第一步骤	第二步骤
月初在产品	20	20
本月投产	240	220
本月完工	220	180
月末在产品	40(完工50%)	60(完工60%)

表4－42　成本资料表

单位：元

	直接材料	直接人工	制造费用
月初在产品成本			
第一步骤	200 000	6 000	9 000

续表

	直接材料	直接人工	制造费用
第二步骤		5 120	800
本月费用			
第一步骤	1 200 000	46 000	69 000
第二步骤		98 560	53 200

要求：

按平行结转分步法计算甲产品总成本及单位成本，填列产品成本计算单及产成品成本汇总表，见表4－43、表4－44。

表4－43　产品成本计算单

年　　月

第　车间　　　　　　　　　　产品名称：　　　　　　　　　　单位：元

成本项目 项　目	直接材料	直接人工	制造费用	合计
月初在产品成本				
本月生产费用				
合计				
约当总产量				
单位成本				
转入产成品成本份额				
月末在产品成本				

表4－44　产成品成本汇总表

年　　月

单位：元

	产量(吨)	直接材料	直接人工	制造费用	合计
第一车间					
第二车间					
合计					
单位成本					

4. 某产品经过两道工序完工，完工产品工时定额40小时，每道工序在产品工时定额按本工序工时定额的50%计算。有关资料见表4－45。

表4－45　工时定额及在产品数量

工序	工时定额	在产品数量
1	30	2 000
2	10	1 000

要求列式计算下列数据见表 4－46。

（1）计算 1、2 道工序的在产品完工率。

（2）确定各道工序在产品的约当产量。

表 4－46　约当产量计算表

项目 / 工序	完工率	在产品数量	约当产量
1			
2			

5. 某企业甲产品需经过两个加工步骤，原材料在生产开始时一次性投入。第一步生产出甲半成品，第二步将甲半成品加工为甲产成品。企业设有“直接材料”“自制半成品”“直接人工”和“制造费用”四个成本项目。该企业 2007 年 10 月份有关成本资料见表 4－47至表 4－49。

表 4－47　产量记录

单位：件

	第一步骤	第二步骤
月初在产品	120	20
本月投入	480	500
本月完工	500	400
月末在产品	100（完工 40%）	120（完工 50%）

表 4－48　各步骤月初在产品成本资料

单位：元

	直接材料	自制半成品	直接人工	制造费用
第一步骤	5 340		480	1 000
第二步骤		1 950	82	184

表 4－49　本月各步骤发生的生产费用

单位：元

	直接材料	直接人工	制造费用
第一步骤	42 960	4 920	9 800
第二步骤		3 506	7 222

要求：采用逐步结转分步法计算完工产品成本，各步骤在产品成本按加权平均法计算，将计算结果填入产品成本计算单见表 4－50。

表4－50　产品成本计算单

年　　月

第　车间　　　　　　　　　　　　产品名称　　　　　　　　　　　　单位：元

成本项目 摘要	直接材料 （或自制半成品）	直接人工	制造费用	合计
月初在产品成本				
本月生产费用				
合计				
约当总产量				
单位成本				
完工产品成本				
月末在产品成本				

项目五

作业成本法

职业能力目标

- **专业能力**
  - 理解作业成本法产生的背景
  - 能区分作业成本法与传统成本法的不同
  - 能按不同作业动因进行多标准的间接费用分配
  - 引导学生思考成本分配创新思维
- **教学能力**
  - 结合专业知识和学习情况对作业成本分配进行教学设计
  - 能将作业成本法与传统成本计算的关键环节在教学中体现
  - 营造良好的教学氛围、创设情境进行教学实施
  - 选择恰当方式进行教学评价
- **社会能力**
  - 能根据企业生产情况进行作业动因的确定
  - 能结合企业间接费用具体情况进行作业成本分配
  - 结合企业情况进行增值作业和非增值作业的界定

工作任务分析

- 理解作业成本核算流程
- 能进行作业成本法下间接费用的分配
- 理解增值作业和非增值作业的区分

5.1 作业成本法认知

引例

祥瑞公司发现在成本核算过程中出现了一种奇怪的现象，甲、乙两种产品生产的设备不同，甲产品的生产设备先进，但生产耗用工时少，而乙产品的生产设备机械化程度低，但耗用的工时多。照理应该是甲产品承担的制造费用多，成本也应该高于乙产品。用传统的成本核算方法乙产品的成本大大高于甲产品。该公司的成本核算人员应该如何合理分配制造费用？

知识准备

“作业”（Activity），是指在一个组织内为完成某一目的而进行的耗费资源动作，它是作业成本计算系统中最小的成本归集单元。作业贯穿产品生产经营的全过程，从产品设计、原料采购、生产加工，直至产品的发运销售。在这一过程中，每个环节、每道工序都可以视为一项作业。

作业成本计算法（Activity－based Costing，ABC 法），该方法的产生，最早可以追溯到 20 世纪杰出的会计大师、美国人埃里克·科勒（Eric Kohler）教授。科勒教授在 1952 年编著的《会计师词典》中，首次提出了作业、作业账户、作业会计等概念。1971 年，乔治·斯托布斯（George Staubus）教授在《作业成本计算和投入产出会计》（Activity Costing and Input Output Accounting）中对作业、成本、作业会计、作业投入产出系统等概念作了全面、系统的讨论。但是，当时作业成本法却未能在理论界和实业界引起足够的重视。20 世纪 80 年代后期，随着 MRP、CAD、CAM、MIS 的广泛应用，以及 MRPII、FMS 和 CIMS 的兴起，使得美国实业界普遍感到产品成本处处与现实脱节，成本扭曲普遍存在，且扭曲程度令人吃惊。美国芝加哥大学的青年学者库伯（Robin Cooper）和哈佛大学教授卡普兰（Robert S Kaplan）注意到这种情况，在对美国公司调查研究之后，发展了斯托布斯的思想，于 1988 年，提出了以作业为基础的成本计算（Activity Based Costing）。

作业成本计算法不仅是一种成本计算方法，更是成本计算与成本管理的有机结合。

一、作业成本法产生背景

（1）适时制生产系统的实施，为作业成本会计的产生创造了重要的应用条件。适时制使传统的“交易基础成本计算”或“数量基础成本计算”受到强烈冲击，并直接导致作业成本会计的形成和发展。作业成本会计因适时制的产生而产生，又因适时制的发展而发展。

（2）由于变动成本法在实践中运用得不理想，所以企业家更注重的是完全成本法。实务工作者认为短期变动成本是产品成本的一种不充分的计量尺度。他们倾向于把固定成本分配到各产品之中，以全部成本作为产品的长期制造成本，实务工作者对完全成本法的这种浓厚兴趣，就成了作业成本会计产生的现实土壤。

（3）在高新科技条件下，传统的成本计算方法导致产品成本信息的严重失真。20 世纪 70 年代以后，西方许多制造企业的制造环境发生了重大变化。许多企业更加需要准确的产品成本信息，进而更加关注成本计算方法。过去看起来是合理的计算方法，在新的环境下，却出现了扭曲成本信息，不能满足决策及管理需要的现象。而传统的成本计算法要求将直接材料、直接人工和制造费用全都追溯到产品中去，直接成本由于归属对象明确，可以做到准确分配，而间接成本的发生动因却比较多，笼统以单位水平动因来分配，在制造费用较多的情况下，将严重扭曲产品成本。

时代的变革导致经营环境的变化，经营环境的变化要求企业在激烈的竞争中努力改进和完善管理技术和方法，降低成本，提高生产效率和效益。随着企业对成本计算的准确度提高要求，作业成本法慢慢地走入了企业成本管理者的视野中。

综上所述，作业成本法产生的背景有两条线索：科技进步和企业竞争。随着高新技术的蓬勃发展和全球性竞争的日益激烈，生产呈现出高度自动化和电脑化。在新的制造环境下，人工被机器取代，在产品生产成本中的表现即为直接人工比重大幅下降，制造费用比例上升。以工时或机时为基础的间接费用分配方法不能准确提供产品成本信息。如何合理分配间接费用便成为成本计算中一个重要课题。

二、作业成本法与传统成本计算法的区别

（一）传统成本计算方法的基本原理

传统成本计算方法的基本原理可以概括为根据不同的成本计算对象归集生产过程中所发生的费用。一般分为三部分，即直接材料、直接人工和制造费用。根据直接费用直接计入、间接费用分配计入的原则，对所发生的制造费用按一定的标准分配计入相应的成本对象中去。传统成本核算系统的主要局限性在于它运用了以数量为基础的成本动因，而企业以不同数量、规格和不同复杂程度生产多样化的产品组合时，这样的分配比率将导致不准确的产品成本。而如今，许多企业采用了高度自动化的生产技术，以满足客户多样化、小批量的需求，并能快速、高质量地生产出个性化强、品种多、批量小的产品。由前文可知，随着自动化技术的产生与发展，生产状态由“多人操作一台机器”转变为“一人操作多台机器”。因而，固定制造费用占有的产品制造成本比例大幅度上升。在这种情况下，要求企业管理者对制造费用的核算作革命性变革，要求把成本核算的重点从直接人工转移到制造费用的合理分配上，以便提高产品成本计算的正确性和提高成本控制的有效性。

（二）作业成本法（ABC）基本原理

作业成本法指以作业为核算对象，通过成本动因来确认和计量作业量，进而以作业量为基础分配间接费用的成本计算方法，基本思路是“作业消耗资源、产品消耗作业”。它把成本计算从以“产品”为中心转移到以“作业”为中心。间接成本与产品是通过作业联系在一起的，需要找出引起间接成本发生变动的作业，并把这些作业作为分配间接成本的基础。作业成本法计算要求首先根据作业对资源的消耗情况将资源成本分配到作业，其次依据成本动因跟踪到产品成本，即资源—作业—产品，如图 5 - 1 所示。

在 ABC 法下，作业成本可分为四个层次的产品单位成本。

图5-1　作业成本法基本原理

（1）与生产单位产品有关的直接耗费，包括原材料、直接人工等。该层次的作业成本与产量成正比例关系。

（2）生产批次成本，即与生产批别和包装批别有关的资源耗费，包括生产某批次所需要的生产准备成本、清洁成本、质量成本等。该层次的作业成本取决于生产批次的多少。

（3）产品维持成本，即与产品种类有关的资源耗费，包括获得某种产品的生产许可、包装设计等方面的成本。该层次的作业成本取决于产品的范围及复杂程度。

（4）工厂级成本，即与维持作业生产能力有关的资源耗费，包括折旧、安全检查成本、保险等。该层次的作业成本取决于组织规模和结构。

作业成本管理的基本思想是：企业是一个为最终满足顾客需求、实现投资者报酬价值最大化而运行的一系列有密切联系的作业集合体，企业生产商品或提供劳务消耗作业，作业消耗资源，而资源消耗的同时又是价值的积累过程，最终商品或劳务既是全部作业的集合，也是全部价值的集合。作业链同时又表现为价值链。

ABC 涉及两阶段的制造费用分配过程：第一阶段，把有关生产或服务的制造费用归集到作业中心，形成作业成本；第二阶段，通过作业动因把作业成本库归集的成本分配到产品或服务中去，最终得到产出成本。

（三）作业成本法与传统成本法的比较

1. 间接费用界限的差异

在传统成本法下，间接费用指制造成本，就经济内容来看，只包括与生产产品直接、间接有关的费用，而用于管理和组织全厂生产、销售产品和筹集生产资金的支出作为期间费用。在作业成本法下，产品成本则是完全成本，所有费用只要合理有效，都是对最终企业价值有益的支出，都应计入生产成本。它强调的是费用支出的合理有效，而不论其是否与生产直接、间接有关。在这种情况下，期间费用归集的是所有不合理的、无效的支出。

2. 信息准确性的差异

传统成本法计算成本的主要目的是把辅助部门归集的制造费用以一种平均线性方式分配到各产品，没有考虑实际生产中产品消耗与费用的配比问题，只能是一种“绝对不准确”（Absolute Inaccuracy）的信息。作业成本法计算出的产品成本信息可视为一种相对准确（Relative Accuracy）的信息。作业成本法分配间接费用时着眼于费用、成本的来源，将间接费用的分配与产生这些费用的原因联系起来。在分配间接费用时，选择多样化的分配标准（成本动因），使成本的可归属性大大提高，并将按人为标准分配间接费用的比重降到最低限度，提高了成本信息的准确性。如果把产品的成本视为靶心，作业成本法虽然不能每次都击中靶心，但是却能始终击中靶。

3. 生产管理和质量管理方式的差异

传统成本法下的管理生产系统是一种由前向后推的生产系统。即生产从原材料开始进入第一生产工序，第一工序完工后的半成品转入第二生产工序，依次类推按部就班，直至最终形成完工产品，因此传统的成本质量管理一般都将工作重点放在半成品和完工产品的质量检测上，出现问题，及时修补或剔除。

而作业成本法下的生产管理系统一般为适时生产系统，它与传统生产不同，是由后向前拉的一种逆推式的生产系统，企业的生产程序环环相扣，衔接非常紧密，提高了工作效率和收益，也使得企业减少了存货带来的费用。作业成本法下的质量管理是从“摇篮到坟墓”的全面质量管理(Total Quality Control，TQC)，要求各个生产环节的工人把好自我生产关口，实现自我质量监督，发现废次品，立刻在本生产工序中纠正。

4. 分配基准特性的差异

传统成本法主要采用单一的人工工时等财务变量为分配基准，而忽略了一套良好的非财务变量，因而丧失了一些改善公司管理的有利机会。作业成本法的分配基础是多元的，不但强调如人工工时、机械工时、生产批量、产品的零部件数量等财务变量，也强调如工艺变更指令、调整准备次数、运输距离等非财务变量。采用多元分配基准，提高了产品与其实际消耗费用的相关性，使管理深入到作业层次，以消除“不增值作业”，改进“增值作业”，增加“顾客价值”。

5. 适用条件的差异

传统成本法适用于产品结构单一、制造费用的数额相对较小，且其发生与直接人工成本有事实上相关的劳动密集型企业。作业成本法一般适用于间接费用所占比重较大、产品品种繁多、产品生产工艺复杂多变、生产经营活动十分复杂、较好地实施了适时生产系统和全面质量管理体系、管理当局对传统成本计算系统提供信息的准确度不满意的技术、资金密集型企业。

可见，作业成本法的产生与发展适应高新技术制造环境下正确计算产品成本的要求，它为改革间接费用的分配等问题提供了新的思路和方法。随着我国企业的国际化经营，拓宽了企业价值链的空间范围，亦要求现代成本管理扩展空间范围，为企业价值链优化提供有用信息，作业成本法正适应了这种世界经济发展的需要。另外，作业成本将成本分为增值作业和非增值作业，有利于企业树立顾客第一的经营思想。适时生产方式需要作业成本计算系统为其提供有效的相对准确的成本信息。

传统成本核算法、作业成本核算法分别如图 5－2、图 5－3 所示。

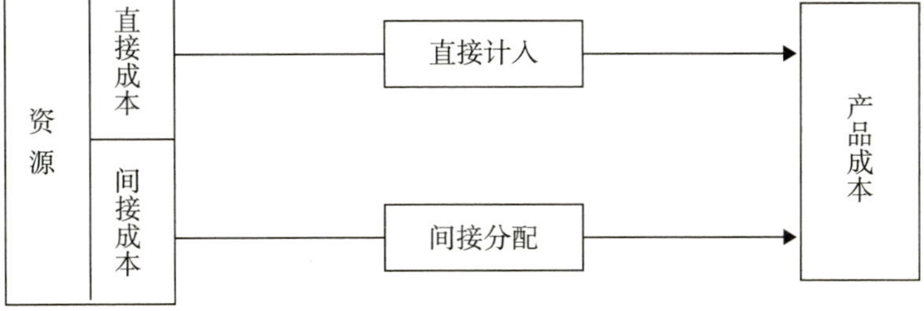

图 5－2 传统成本核算法

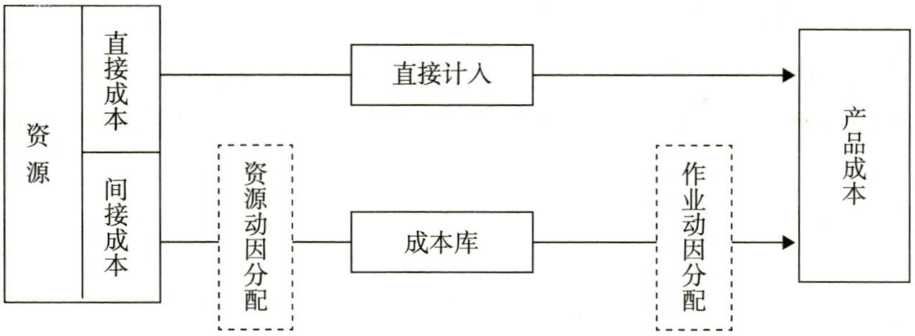

图5－3　作业成本核算法

业务操作

任务一：进行间接费用的作业动因确认

1. 任务描述

祥瑞公司第一基本生产车间的制造费用有机器设备折旧、检验人员工资、物料处理、设备维修、产品包装人员工资、管理人员工资及房屋照明费用等。产生这些费用的动因有机器小时、维修小时、包装次数等。

2. 任务要求

判断各项费用的作业标准。

3. 任务分析

作业标准应该考虑费用产生的动因，如设备维修的费用主要与维修小时数有关，则作业标准就可以选择维修小时；产品包装人员工资与包装次数相关，则作业标准可以选择产品包装次数。总之，各项费用的发生要找到产生费用的主要动因，费用的动因可能都不同，所以在作业成本法下间接费用的分配是多标准的分配。

4. 任务操作

各费用项目的作业标准见表5－1。

表5－1　各费用作业标准表

费用项目	作业标准
材料处理费	移动次数
材料采购费	订单件数
机器折旧	机器小时
设备维修费	维修小时
质量成本	质检次数
产品运输费	运输次数

任务二：进行间接费用的作业动因分配

1. 任务描述

祥瑞公司第二基本生产车间生产甲、乙两种机型产品，发生的间接费用由质量检验费用、订单处理费用、机器运行费用、设备调整费用等构成，经过分析，作业动因及作业量相关数据见表5－2。

表5－2　作业动因及作业量表

作业名称	成本动因	作业成本(元)	甲耗用作业量	乙耗用作业量
质量检验	检验次数	6 000	5	15
订单处理	生产订单份数	24 000	30	10
机器运行	机器小时数	40 000	200	800
设备调整	调整次数	10 000	6	4

2. 任务要求

按作业动因为分配标准分配第二基本生产车间的间接费用。

3. 任务分析

以作业动因为分配标准进行间接费用分配时，首先区分不同费用产生的作业动因，然后不同的间接费用按不同的分配标准进行分配。即改变传统间接费用分配中的单一标准为多标准。如祥瑞公司第二基本生产车间的间接费用，就要按四种标准进行分配。

4. 任务操作

质量检验作业成本分配率＝6 000÷(5＋15)＝300(元/次)
订单处理作业成本分配率＝24 000÷(30＋10)＝600(元/份)
机器运行作业成本分配率＝40 000÷(200＋800)＝40(元/小时)
设备调整作业成本分配率＝10 000÷(6＋4)＝1 000(元/次)
分配甲机型本月发生的作业成本＝300×5＋600×30＋40×200＋1 000×6＝33 500(元)
分配乙机型本月发生的作业成本＝300×15＋600×10＋40×800＋1 000×4＝46 500(元)或＝80 000－33 500＝46 500(元)

5.2　作业成本法的核算流程及应用

引例

假如祥瑞公司的第一基本生产车间要按作业成本法进行核算，该企业的成本核算员该如何设计该车间的作业成本核算步骤？同时应如何运用作业成本法对该车间生产的甲、乙两种产品进行作业成本分配及计算？

知识准备

一、作业成本计算法相关概念

作业成本法的指导思想是："成本对象消耗作业，作业消耗资源"。作业成本法把直接成本和间接成本(包括期间费用)作为产品(服务)消耗作业的成本同等地对待，拓宽了成本的计算范围，使计算出来的产品(服务)成本更准确真实。

作业是成本计算的核心和基本对象，产品成本或服务成本是全部作业的成本总和，是实际耗用企业资源成本的终结。作业成本计算法基于资源耗用的因果关系进行成本分配：根据作业活动耗用资源的情况，将资源耗费分配给作业；再依照成本对象消耗作业的情况，把作业成本分配给成本对象。在这种计算方法下，主要涉及以下相关概念。

1. 资源

资源是企业生产耗费的原始形态，是成本产生的源泉。企业作业活动系统所涉及的人力、物力、财力都属于资源。一个企业的资源包括直接人工、直接材料、间接制造费用等。

2. 作业

作业，是指在一个组织内为了某一目的而进行的耗费资源动作，它是作业成本计算系统中最小的成本归集单元。作业贯穿产品生产经营的全过程，从产品设计、原料采购、生产加工，直至产品的发运销售。在这一过程中，每个环节、每道工序都可以视为一项作业。

3. 成本动因

成本动因，亦称成本驱动因素，是指导致成本发生的因素，即成本的诱因。成本动因通常以作业活动耗费的资源来进行度量，如质量检查次数、用电度数等。在作业成本法下，成本动因是成本分配的依据。成本动因又分为资源动因和作业动因。

4. 作业中心

作业中心又称成本库，是指构成一个业务过程的相互联系的作业集合，用来汇集业务过程及其产出的成本。换而言之，按照统一的作业动因，将各种资源耗费项目归结在一起，便形成作业中心。作业中心有助于企业更明晰地分析一组相关的作业，以便进行作业管理以及企业组织机构和责任中心的设计与考核。

二、作业成本法的基本流程

(1) 确认和计量耗用企业资源的成本。将能够直观地确定为某特定产品或服务的资源成本划为直接成本，直接计入该特定产品或服务成本，其余部分则列为作业成本。

(2) 确认和计量耗用资源的作业。作业是指为提供服务或产品而耗用企业资源的相关生产经营管理活动。如订单处理、产品设计、员工培训、材料处理、机器调试、质量检查、包装、销售、一般管理等。

（3）计量作业成本。根据资源耗用方式的不同将间接资源成本分配给相关作业，计算出各项作业的成本，即作业成本。

（4）选择成本动因，即选择驱动成本发生的因素。一项作业的成本动因往往不止一个，应选择与实耗资源相关程度高且易于量化的成本动因作为分配作业成本，计算产品成本的依据有人工小时、机器小时、机器准备次数、产品批数、收料次数、物料搬运量、订单份数、检验次数、流程改变次数等。

（5）汇集成本库，即将相同成本动因的有关作业成本合并汇入“同质成本库”，如动力与维护费用可归入一个成本库。

（6）作业成本分配计算公式为：

分摊成本 = 某作业成本（库）分配率 ÷ 被某产品耗用成本动因数量

（7）计算产品成本。将分配某产品的各作业成本（库）分摊成本和直接成本（直接人工及直接材料）合并汇总，计算该产品的总成本，再将总成本与产品数量相比，计算该产品的单位成本。

作业成本核算流程如图 5－4 所示。

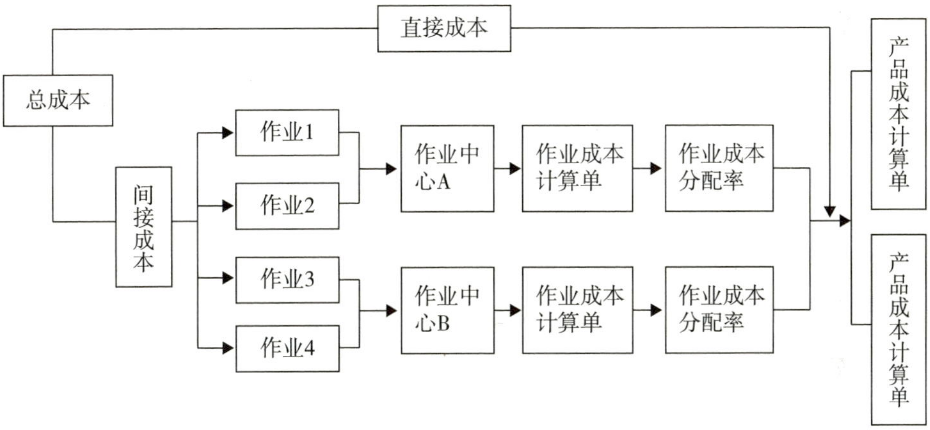

图 5－4　作业成本核算流程图

业务操作

任务一：作业成本基础管理分析

1. 任务描述

祥瑞公司生产的丙产品，近几年来逐渐成为业内知名产品。最近一个营业期，公司业绩欠佳，管理层经过市场调研，发现同类产品制造企业的产品价格较本公司低，但原材料、人工工资、动力费等，与本公司处于同一种水平，而如果按竞争企业的价格销售，企业就会发生亏损。管理层意识到，公司的成本管理出了问题。为此，公司特意安排财务部总会计师王强进行分析。

（1）王强首先调查了公司的供产销，将企业的各项作业分为增值作业和非增值作业，经查，增值作业的比重为80%，非增值作业的比重为20%。王强认为，企业应将成本控制的重点放在非增值作业上。而成本会计主管刘某则认为，增值作业的比重大，而且可调控、操作的空间大，将成本控制的重点放在增值作业上才有意义。

（2）经过调查，企业的资源消耗并非都是合理、有效的，应该提高资源的有效性，为此，王强认为有必要对本企业进行资源动因分析。特请刘某帮助设计一套资源动因分析程序。

（3）在进行资源动因分析的同时，王强也进行了作业动因分析，认为企业原来对增值作业、非增值作业的划分存在不正确之处，提出将企业原来划定的增值作业、非增值作业进行重新认定，并提出了增值作业应该满足的三大条件。

（4）通过上述系列的分析，王强向公司提出了改进作业的五个方法，圆满地帮助企业解决了问题。

2. 任务要求

（1）请分析任务描述第(1)条中哪种观点正确。

（2）假定你是刘会计主管，请帮助总会计师王强设计一套资源动因分析的程序。

（3）高级会计师王强提出的增值作业应该满足的三大条件分别是什么？

（4）简述改进作业的五个方法。

3. 任务分析

作业分为增值作业和非增值作业，增值作业的功能是明确的，能为最终产品或劳务提供价值，而且增值作业在企业的整个作业链中是必需的，不能随意去掉、合并或被替代。而非增值作业是并非企业生产经营所必需的，不能为顾客带来价值的作业。企业控制的重点应减少或消除非增值作业。作业动因分析程序参照上述作业成本核算流程解决。企业成本控制应从降低成本、提高成本效率，充分利用资源等方面考虑。

4. 任务操作

（1）总会计师王强的说法正确。增值作业的功能是明确的，能为最终产品或劳务提供价值，而且增值作业在企业的整个作业链中是必需的，不能随意去掉、合并或被替代。比如，在制造企业中，采购订单的获取、在产品的加工以及完工产品的包装均属于增值作业。而非增值作业是并非企业生产经营所必需的，不能为顾客带来价值的作业。比如，仓储、搬运、检验，以及供产销中任一环节的等待、延误等，都是非增值作业。由于非增值作业是并非企业生产经营所必需的，因此非增值作业是企业作业成本控制的重点。

（2）资源动因分析的程序包括三步。首先，调查产品从设计、试制、生产、储备、销售、运输直到客户使用的全过程，在熟悉产品生命周期的基础上识别、计量作业，并将作业适当合并，建立作业中心；其次，归集资源费用到各相应的作业；最后，分析执行作业消耗资源的情况，确定作业的有效性。

（3）一般来说，增值作业必须同时满足三个条件。

①该作业的功能是明确的。

②该作业能为最终产品或劳务提供价值。

③该作业在企业的整个作业链中是必需的，不能随意去掉、合并或被替代。

（4）改进作业的方法主要有五种：①消除不必要作业以降低成本；②在其他条件相同时选择成本最低的作业；③提高作业效率并减少作业消耗；④作业共享，利用规模经济提高必要作业的效率，降低作业动因的分配率；⑤利用作业成本信息编制资源使用计划并配置未使用资源。

任务二：完成作业成本法下产品成本计算

1. 任务描述

祥瑞公司第一基本生产车间生产甲、乙两种产品，其中甲产品 900 件，乙产品 300 件，其作业情况数据见表 5－3。

表 5－3　第一基本生产车间作业情况表

作业中心	资源耗用(元)	动因	动因量(甲产品)	动因量(乙产品)	合计
材料处理	18 000	移动次数	400	200	600
材料采购	25 000	订单件数	350	150	500
使用机器	35 000	机器小时	1 200	800	2 000
设备维修	22 000	维修小时	700	400	1 100
质量控制	20 000	质检次数	250	150	400
产品运输	16 000	运输次数	50	30	80
合计	136 000				

2. 任务要求

按作业成本法计算甲、乙两种产品的成本，并填制分配表，见表 5－4。

表 5－4　作业成本分配表

作业中心	成本库(元)	动因量	动因率	甲产品	乙产品
材料处理	18 000	600			
材料采购	25 000	500			
使用机器	35 000	2 000			
设备维修	22 000	1 100			
质量控制	20 000	400			
产品运输	16 000	80			
合计总成本	136 000				
单位成本					

3. 任务分析

作业成本法下关键点就是间接费用的多标准分配，对于每一项费用分析不同的作业动因，按动因进行分配。分配的基本思路与传统间接费用分配相似，只是将原来的单一分配标准用多标准来分配。

4. 任务操作

填制好的作业成本分配表见表 5－5。

表 5－5 作业成本分配表

作业中心	成本库(元)	动因量	动因率	甲产品	乙产品
材料处理	18 000	600	30	12 000	6 000
材料采购	25 000	500	50	17 500	7 500
使用机器	35 000	2 000	17.5	21 000	14 000
设备维修	22 000	1 100	20	14 000	8 000
质量控制	20 000	400	50	12 500	7 500
产品运输	16 000	80	200	10 000	6 000
合计总成本	136 000			87 000	49 000
单位成本				96.67	163.33

任务三：比较作业成本法与传统成本法下产品成本计算

1. 任务描述

某制造厂生产甲、乙两种产品，2015 年 1 月份有关成本资料见表 5－6。

表 5－6 2015 年 1 月成本资料表

产品名称	甲	乙
产量(件)	100	200
直接材料单位产品成本(元)	50	80
直接人工单位产品成本(元)	40	30

月初甲产品在产品制造费用(作业成本)为 3 600 元，乙产品在产品制造费用(作业成本)为 4 600 元；月末在产品数量甲为 40 件，乙为 60 件，总体完工率均为 50%；按照约当产量法在完工产品和在产品之间分配制造费用(作业成本)，本月发生之制造费用(作业成本)总额为 50 000 元，相关之作业有 4 个，有关资料见表 5－7。

表 5－7 作业成本资料表

作业名称	质量检验	订单处理	机器运行	设备调整准备
成本动因	检验次数	生产订单份数	机器小时数	调整准备次数
作业成本(元)	4 000	4 000	40 000	2 000
甲耗用作业量	5	30	200	6
乙耗用作业量	15	10	800	4

2. 任务要求

(1) 用作业成本法计算甲、乙两种产品的单位成本。

（2）以机器小时作为制造费用的分配标准，采用传统成本计算法计算甲、乙两种产品的单位成本。

（3）假设决策者计划让单位售价高于单位成本 10 元，根据上一步的计算结果确定甲和乙的销售单价，试分析可能造成的损失。

3. 任务分析

作业成本法与传统成本法的最主要区别在于分析标准的不同。作业成本法按不同动因设置多标准分配，而传统成本法使用单一标准进行间接费用的分配。

4. 任务操作

（1）质量检验作业成本分配率 = 4 000 ÷（5 + 15）= 200（元/次）

订单处理作业成本分配率 = 4 000 ÷（10 + 30）= 100（元/份）

机器运行作业成本分配率 = 40 000 ÷（200 + 800）= 40（元/小时）

调整准备作业成本分配率 = 2 000 ÷（6 + 4）= 200（元/次）

甲产品分配本月发生作业成本：200 × 5 + 100 × 30 + 40 × 200 + 200 × 6 = 13 200（元）

单位作业成本：（13 200 + 3 600）÷（100 + 40 × 50%）= 140（元/件）

单位成本：50 + 40 + 140 = 230（元/件）

乙产品分配本月发生作业成本：200 × 15 + 100 × 10 + 40 × 800 + 200 × 4 = 36 800（元）

单位作业成本：（36 800 + 4 600）÷（200 + 60 × 50%）= 180（元/件）

单位成本：80 + 30 + 180 = 290（元/件）

（2）本月发生制造费用分配率：

50 000 ÷（200 + 800）= 50（元/小时）

甲产品分配本月发生制造费用：50 × 200 = 10 000（元）

甲产品单位制造费用：（10 000 + 3 600）÷（100 + 40 × 50%）= 113.33（元/件）

甲产品单位成本：50 + 40 + 113.33 = 203.33（元/件）

乙产品分配本月发生制造费用：50 × 800 = 40 000（元）

乙产品单位制造费用：（40 000 + 4 600）÷（200 + 60 × 50%）= 193.91（元/件）

乙产品单位成本：80 + 30 + 193.91 = 303.91（元/件）

（3）与传统的成本计算方法相比，作业成本法能够提供更加真实、准确的成本信息。因此，本题中甲产品的真实单位成本应该是 230 元，而决策者制定的单位售价为 203.33 + 10 = 213.33（元），如果与传统的单位成本（203.33 元）比较，好像有利可图，实际上是在畅销的同时，每销售一件产品，就要亏损 230 − 213.33 = 16.67（元），如果按照作业成本法计算，则会避免这个决策失误；对于乙产品而言，真实单位成本应该是 290 元，显然 303.91 + 10 = 313.91（元）的定价偏高，会对销量产生负面影响，给企业造成损失。而如果按照作业成本法计算，把单位售价降低一些，则会避免这个损失的发生。

知识拓展

工业4.0与质量成本管理

一、工业4.0

在工业4.0背景下，对企业成本管理提出了更高的要求，也为作业成本法的应用提供了更广阔的空间。

工业4.0是德国政府提出的一个高科技战略计划。该项目由德国联邦教育及研究部和联邦经济技术部联合资助，投资预计达2亿欧元。旨在提升制造业的智能化水平，建立具有适应性、资源效率及人因工程学的智慧工厂，在商业流程及价值流程中整合客户及商业伙伴。其技术基础是网络实体系统及物联网。

（一）工业4.0背景

德国政府提出“工业4.0”战略，并在2013年4月的汉诺威工业博览会上正式推出，其目的是提高德国工业的竞争力，在新一轮工业革命中占领先机。该战略已经得到德国科研机构和产业界的广泛认同。弗劳恩霍夫协会将在其下属6－7个生产领域的研究所引入工业4.0概念，西门子公司已经开始将这一概念引入其工业软件开发和生产控制系统。

（二）工业4.0的三大主题

（1）“智能工厂”，重点研究智能化生产系统及过程，以及网络化分布式生产设施的实现。

（2）“智能生产”，主要涉及整个企业的生产物流管理、人机互动以及3D技术在工业生产过程中的应用等。该计划将特别注重吸引中小企业参与，力图使中小企业成为新一代智能化生产技术的使用者和受益者，同时也成为先进工业生产技术的创造者和供应者。

（3）“智能物流”，主要通过互联网、物联网、物流网，整合物流资源，充分发挥现有物流资源供应方的效率，而需求方则能够快速获得服务匹配，得到物流支持。

（三）工业1.0—工业4.0的发展历程

工业1.0—工业4.0的发展历程见表5－8。

表5－8　工业1.0—工业4.0发展历程

工业1.0	工业2.0	工业3.0	工业4.0
以水和蒸汽为动力，引进机械生产设施	以电能为动力，实现劳动分工和大批量生产	通过使用电子和信息技术（IT）系统，进一步实现自动化生产	使用信息物理系统
18世纪	18世纪末至19世纪中后期	19世纪后期至21世纪初	现在

（1）工业1.0：机械制造时代，即通过水力和蒸汽机实现工厂机械化，时间大概是18世纪60年代至19世纪中期。

（2）工业2.0：电气化与自动化时代，即在劳动分工基础上采用电力驱动产品的大规模生产，时间大概是19世纪后半期至20世纪初。

（3）工业3.0：电子信息化时代，即广泛应用电子与信息技术，使制造过程自动化控制程度进一步大幅度提高。从 20 世纪 70 年代开始并一直延续至今。

（4）工业 4.0：德国 2013 年确定的十大未来项目之一，已上升为国家战略。工业 4.0 是实体物理世界与虚拟网络世界融合的时代，产品全生命周期、全制造流程数字化以及基于信息通信技术的模块集成，将形成一种高度灵活、个性化、数字化的产品与服务新生产模式。

二、质量成本管理

美国质量管理专家朱兰(J. M. Juran)认为 20 世纪是以“生产率的世纪”载入史册，而 21 世纪将是一个质量的世纪。全球化的竞争由价格竞争转向质量竞争，质量已成为企业生存和发展的第一要素。世界上许多成功的公司如：美国的福特和克莱斯勒、日本的富士和丰田等都把全面质量管理（TQM）作为成功的主要因素，认为全面质量管理能够减少成本，并提高顾客的满意度。日本戴明质量奖、美国马尔科姆·波多里奇质量奖和欧洲质量奖都是为优异质量而设置的。

（一）质量成本的相关定义

从经营的角度来说，质量是指产品满足顾客的程度，包括设计质量和一致质量两个方面。设计质量衡量的是产品的功能符合顾客需求的程度。一致质量衡量的是产品的性能符合设计与生产规格的程度。

质量成本是指为了防止出现低质量产品而发生的成本以及由于出现了低质量产品而导致的成本。一般包括为确保与要求一致而做的所有工作，叫作一致成本，以及由于不符合要求而引起的全部工作，叫作不一致成本。这个定义说明质量成本与控制作业和失败作业这两类作业相关。

质量成本管理是指企业通过对质量成本的整体控制而达到产品质量和服务质量的保证体系。一般包括四个方面：①产品开发系统的质量成本管理；②生产过程的质量成本管理；③销售过程的质量成本管理；④质量成本的日常控制。

（二）质量成本管理的作用

1. 有利于控制和降低产品成本

随着产品结构日趋复杂，顾客对外观、精密度、可靠性要求越来越高，使产品质量成本在产品总成本中所占的比重不断增多。通过质量成本管理，在提升产品质量的同时降低产品成本。

2. 是寻求提高产品质量的一种途径

对质量成本进行分析与计算，有助于推进质量改进计划的实施，提高产品的可靠性，预防潜在不合格产品的发生。

3. 便于管理层能掌握质量管理中存在的问题

通过质量成本计算与分析，企业的管理层能看到各项费用所占的比例，能具体地了解产品质量和质量管理中存在的问题，以及对企业经济效益带来的影响。

4. 成本管理

传统的成本管理实际上只是成本的事后计算，没有管理到生产经营的全过程，因此目标成本没有有效的控制手段。引入质量成本后，对成本实施全过程的预防性控制，针对不同职能分别核算，从而扩大了成本管理的职能和工作范围，使成本管理进入一个新阶段。

（三）质量成本项目的构成

1. 预防成本

预防成本是为防止出现低质量产品而发生的成本，包括质量管理活动费和行政费、质量改进措施费、质量教育培训费、新产品评审费、质量情报费及工序控制费。当预防成本增加时，预期失败成本会减少。

2. 鉴定成本

鉴定成本是用于检验和试验，以评定产品是否符合所规定的要求所支付的费用，包括流程验收费用、产品验收费用、包装检验费用、检测设备费用、外部鉴定费用等。

3. 内部损失成本

内部损失成本是交货前因产品不能满足规定要求所造成的损失。如返工、复检、报废等。也就是指产品在出厂前由于发生质量缺陷而造成的损失，以及处理质量故障所发生的费用之和。

4. 外部损失成本

外部损失成本是指交货后因产品不能满足质量要求所造成的损失。如保修、保换、保退、索赔、诉讼费等，也就是指产品在用户使用中发现质量缺陷而产生的一切费用的总和。它和内部质量损失成本的区别，在于产品质量问题是发生在发货之后。

上述四类成本之间并不是彼此孤立和毫无联系的，而是相互影响制约的。当企业放松检查后，鉴定成本可能很少，但将造成大量不合格品出厂，一旦在使用中被用户发现，产生显著的外部损失成本，就导致质量总成本的上升。反之，如果在企业内部严格质量管理，加强质量检查，使鉴定成本和内部损失成本增加，外部损失成本减少，则质量总成本降低。因此增加预防成本，加强工序控制，则可能会使内部损失成本和外部损失成本，甚至连鉴定成本一起都大大降低，从而使质量成本大幅度下降，见表5－9。

表5－9　质量成本项目表

质量成本类别		成本项目
因质量问题而引起的成本	内部损失成本	废品损失、返修品损失、复检费（返修品再检费用）、由于质量原因而引起的停工损失、不合格产品降级损失、产量损失、事故分析处理费用
	外部损失成本	退货损失、保修费用、索赔及诉讼费用、折价损失
因保证和提高质量而引起的成本	鉴定成本	进料检验费用、工序检验费用、产品产量评审费用、检测设备折旧费、检测设备维修费、检测材料消耗及劳务费
	预防成本	质量计划工作费用、新产品评审费用、质量培训费用、质量情报费用、工序能力研究费用、质量审核费用、质量改进措施费用

（四）质量成本核算

企业质量成本的核算属于管理会计的范畴，应该以会计核算为主、统计核算为辅的原则进行。如果企业已经设置比较完善的质量成本科目，即“质量成本”一级科目和“预防成本”“鉴定成本”“内部损失成本”“外部损失成本”二级科目以及二级科目展开的三级科目，则也应同时设立相应的总分类台账和明细表，即：“质量成本”总分类台账“质量成本预提费用”明细账“质量成本鉴定费用”明细账“质量成本内部损失费用”明细账“质量成本外部损失费用”明细账。企业在进行质量成本核算时，既要利用现代会计制度，又不能干扰企业会计系统的正常运作，要按规定的工作程序对相关的科目进行分解、还原、归集。企业进行质量成本核算有两种常见的形式可供选择。

1. 非独立核算形式

所谓非独立核算形式就是将质量成本核算纳入现有的会计核算账户体系的一种核算形式。在这种形式下，企业在原有的会计科目表中增设“质量成本”一级科目，同时取消“废品”一级科目。“质量成本”一级科目下设“预防成本”“鉴定成本”“内部失败成本”“外部失败成本”四个二级科目，各二级科目还可按具体内容设置明细科目。

2. 独立核算形式

所谓独立核算形式就是把质量成本的核算和正常的会计核算分开，单独组织质量成本的核算，形成质量成本核算的独立体系。在这种情况下，可以采用统计台账的形式，由企业内部各责任单位设置“质量成本”账户，按照质量成本的各项构成内容、发生地点、责任主体、发生数额和主要原因，逐项予以登记。各内部责任单位可以根据核算结果定期编制质量成本报告，作为考评该责任单位质量成本管理业绩的依据。

（五）质量成本计量

质量成本根据其具体表现形式又可分为显性质量成本和隐性质量成本。前者指可从企业会计记录中获取成本数据，由预防成本、鉴定成本及内部缺陷成本构成；后者是由于提供的产品或服务质量低劣而导致的机会成本，几乎都是外部故障成本，通常不在会计记录中反映。如失去销售机会、顾客欠满意、市场占有率下降等。

1. 显性质量成本的计量

由于质量成本的计量与确认是属于管理会计范畴，因此与每个企业日常财务核算的口径并不一致，质量成本往往被掩盖于传统会计账簿中的各个科目里，如原材料、工资、折旧、管理费用、制造费用等。因此，要根据日常财务会计的记录追溯显性质量成本时，往往需要对与显性质量成本相关的财务会计科目当期发生额进行分析，找出其中可归属于显性质量成本的金额，再予以汇总，最后得出一定期间内显性质量成本的发生额及其明细。

2. 隐性质量成本的计量

由于隐性质量成本不能从财务数据中分析取得，且其数额较大，因而只能通过估计的方法进行计量。

1）乘数法

假设全部故障成本是所能计量到的故障成本的某一倍数。乘数法的计算公式为：

外部缺陷成本总和 = K × 已计量外部缺陷成本

其中 K 是根据经验确定的乘数效应。

如某公司的 K 值为 4 ~ 6，假定计量的外部缺陷成本为 300 000 元，则实际的外部缺陷成本为 1 200 000 ~ 1 800 000 元。

可见，将隐性成本计算到外部缺陷成本的估计数中，有助于管理部门更准确地确定用于防止缺陷及鉴定所耗用的支出。

2）市场研究法

市场研究法常用来判断不良质量对销售和市场份额的影响。通过对顾客的调查和对企业销售人员的访谈，可以对隐性质量成本的估计提供重要参考依据，可用于预计不良质量所带来的未来利润流失数。

3）塔古奇质量损失函数法

传统的计算质量成本的方法是依据不合格和返工产品的数量。这种评估质量的方法无法区别两个合格产品中哪一个质量更好。在塔古奇看来，现实世界中根本就没有绝对的分界线。事实上，产品功能表现随着设计参数偏离它的理想值而开始逐渐下降，后果就是损失增加。所以，塔古奇建议用损失函数(Loss Function)并从其与理想值的偏差来计量。当设计参数偏离理想或目标值时，产品功能表现下降，由其引起的(金钱)损失增加。损失函数可以表示为：$L(y)=k(k-T)^2$，其中：k 为企业外部缺陷成本结构的比例常数；y 为质量特性的实际值；T 为质量特性的目标值；L 为质量损失。计算质量成本的目标是消除外部缺陷成本，最小化鉴定成本和内部缺陷成本，有效投资于预防成本。

（六）质量成本分析和报告

通过质量成本数据的收集和核算，可以初步掌握不同产品由于质量未达到标准要求所造成的损失，但这不是开展质量成本管理的主要目的。开展质量成本管理的根本目的是通过质量成本分析，找出影响质量成本的关键因素，拟定解决办法，从而不断改进质量，降低成本，提高经济效益。因此，质量成本分析是质量成本管理的关键环节，抓好这一环节，对提高质量成本管理的有效性有着重大作用。

1. 质量成本分析方法

根据不同的情况，可使用不同的质量成本分析法。

1）排列图分析法

质量成本分析法与生产成本分析有一个显著的区别，就是要应用全面质量管理的工具及原理，特别是当质量成本类型在改进区域内工作重点放在改进产品质量和提高预防成本时，其效果更为显著。采用排列图分析，可以层层深入，追踪分析，以便找出质量存在的问题，提出改进措施，使企业求得经济效益。

2）质量成本指标分析法

根据质量成本指标体系，相应地有四种指标分析。

（1）质量成本目标指标分析。

（2）质量成本结构比例分析。

（3）质量成本相关比例分析。

（4）产品质量等级品率、质量损失率与同期对比分析。

通过以上各项指标分析，可以全面评价质量成本计划完成情况、质量成本所在的区域，质量成本优化的方向，为改进产品质量、健全质量体系、加强质量管理提供依据。

3）质量成本趋势分析法

质量成本趋势分析是指在较长一段时间内，对质量成本、质量成本各个项目、质量成本各种指标或质量缺陷数量的实际数据变动情况，进行系统分析、比较，以便从总体上直观地了解质量成本管理的效果。

趋势分析可以分为两类，即较短期分析（如一年中各月的趋势分析）和长期分析（如数年的分析），一般用趋势图表示。

2. 质量成本报告

质量成本报告是质量管理部门和财务部门对上期质量成本管理活动或某一典型事件进行调查、计算、分析、建议的书面材料，它为领导和有关部门制定质量政策、改进目标、采取措施提供准确依据。质量成本报告是质量成本管理活动一定阶段的总结性文件。

1）质量成本报告内容

质量成本报告虽格式不一、详简有异、报送对象不同，但报告内容一般应包括如下项目。

（1）质量成本计划执行情况以及基期的对比分析。

（2）质量成本四个构成项目以及构成变化的分析。

（3）质量成本与企业相关经济效益指标的分析。

（4）典型事件分析。

（5）简要质量成本效益评价和建议。

由于报送对象不同，使用报告的目的不同，则报告内容的详细程度也就不同。报送厂级领导的报告，应简明扼要，多采用图表说明质量计划的执行情况、存在问题、应采取的措施和建议等。报送部门或车间的报告，则要提供详细的质量分析数据，帮助部门或车间找到正确的改进措施。

2）质量成本报告形式

质量成本报告形式主要分为报表式、图表式和陈述式三种。报表式报告采用表格形式整理分析数据，这样便于读者简单明了地掌握质量成本的全貌；图表式报告采用排列图、折线图或其他图表整理分析数据，这样便于读者一目了然地抓住重点；陈述式报告通过文字表述来表达质量成本管理的现状、存在问题和改进措施。

相比之下，陈述式不如报表式和图表式报告简要，但它能较全面地反映情况。在撰写质量成本报告时，究竟采用那种报告形式为宜，要视报告内容和报送对象而定，一般以讲清问题为原则。有时为讲清复杂的典型事例，就要综合使用上述三种形式。

业务操作

任务一：练习运用塔古奇质量损失函数计算隐性质量成本

1. 任务描述

祥瑞公司生产 A 型特种钢零部件，该公司去年生产该种产品的外部缺陷成本结构比例常数 K 为 400 元，产品质量特性为产品的直径，目标直径 T 为 10 厘米，所生产的四件产品的质量特性的实际值分别为 9.9 厘米、10.1 厘米、10.2 厘米、9.8 厘米。

2. 任务要求

若产品产量为 1 000 件，用塔古奇损失函数法计算该种产品的全部隐性损失成本。

3. 任务分析

这四件产品的隐性质量成本计算见表 5－10。

表 5－10　隐性质量成本计算

编号	实际值(y)(厘米)	$y-T$	$(y-T)^2$	$k(y-T)^2$
1	9.9	-0.10	0.01	4
2	10.1	0.10	0.01	4
3	10.2	0.20	0.04	16
4	9.8	-0.20	0.04	16
合计			0.1	40
产量			÷4	÷4
平均			0.025	10

4. 任务操作

平均单位成本 = 0.025 × 400 = 10(元)

1 000 件产品的预计损失 = 10 × 1 000 = 10 000(元)

任务二：计算各种产品和劳务的质量成本

1. 任务描述

祥瑞公司生产 A 与 B 两种型号的产品，这两种型号产品的有关资料见表 5－11。

表 5－11　A、B 产品资料表

项目	A	B
生产销售的数量(个)	10 000	5 000
销售价格(元)	4 000	3 000
单位变动成本(元)	2 400	1 600

续表

项目	A	B
设计工时(小时)	6 000	1 000
单位检测和调试工时(小时)	1	0.5
返工产品比例	5%	10%
单位返工产品成本(元)	1 000	800
售后维修比例	4%	8%
单位维修成本(元)	1 200	900
预计缺陷产品所造成的销售损失	——	300

每种作业的单位人工成本为：设计 150 元/小时；检测和调试 80 元/小时。

2. 任务要求

（1）分别计算两种型号产品的预防成本、鉴定成本、内部缺陷成本和外部缺陷成本。并通过计算两种型号产品的质量成本占销售额的比例，比较和评价它们的质量成本。

（2）列举出祥瑞公司能够用来进行全面质量管理的两个非财务指标。

3. 任务分析

首先要对成本项目进行归类：设计成本属于预防成本；检验和调试成本属于鉴定成本；返工品属于内部损失成本；售后维修成本和预计的销售损失属于外部损失成本。然后再分别加以计算。

4. 任务操作

（1）将各项成本汇总，见表 5－12。

表 5－12 质量成本表

质量成本	A		B	
	金额(元)	占销售额的比重	金额(元)	占销售额的比重
预防成本： 设计成本	900 000	2.25%	150 000	1.00%
鉴定成本： 检验和调试成本	800 000	2.00%	20 000	1.33%
内部损失成本： 返工品成本	500 000	1.25%	40 000	2.67%
外部损失成本： 售后维修成本 预计的销售损失	4 800 000 ——	1.20%	360 000 420 000	2.40% 2.80%

通过两种产品质量成本项目的比较，可以发现：A 产品在设计成本方面是最高的，建议技术研发部门加强管理，降低产品的设计成本；B 产品在返工品成本和预计的销售损失方面没有 A 产品做得好，建议生产部门加强产品的质量控制，减少返工品和预计的销售损失。

（2）有关客户满意度的非财务指标有客户投诉次数和准时交货的比例等。有关企业内部绩效的非财务指标有每条生产线的缺陷产品数量和雇员的离职率等。

任务三：对企业的质量成本报告进行分析

1. 任务描述

祥瑞公司2016年2月至12月的质量成本统计见表5－13。

表5－13　质量成本统计表

月份		2	3	4	5	6	7	8	9	10	11	12
预防成本	总额	1 422	1 382	1 282	1 182	1 452	23 483	8 637	3 541.2	3 279.5	1 482	8 016
	占质量成本比例%	36.80%	36.29%	33.37%	37.04%	36.83%	88.31%	73.31%	55.37%	51.33%	31.58%	53.73%
鉴定成本	总额	1 018	1 028	1 012	1 118	1 013	1 123	1 218	1 353.62	1 313.62	1 570.22	5 638.23
	占质量成本比例%	26.35%	27.00%	26.34%	35.04%	25.69%	4.22%	10.34%	21.16%	20.56%	33.46%	37.79%
内部损失	总额	1 131.9	1 121.91	1 350.04	504.8	1 279.65	1 703.9	1 441.18	1 312.75	1 597.63	1 242.85	983.86
	占质量成本比例%	29.29%	29.46%	35.14%	15.82%	32.46%	6.41%	12.23%	20.53%	25.01%	26.48%	6.59%
外部损失	总额	292	276	198	386	198	282	486	188	198	398	282
	占质量成本比例%	7.56%	7.25%	5.15%	12.10%	5.02%	1.06%	4.12%	2.94%	3.10%	8.48%	1.89%
质量总成本		3 863.9	3 807.91	3 842.04	3 190.8	3 942.65	26 592	11 782.2	6 395.57	6 388.75	4 693.07	14 920.09
产值		160 541	187 215	179 257	151 684	210 147	139 164	228 963	228 858	209 832	196 215	149 714
销售收入		125 310	126 720	116 960	117 200	202 340	102 920	179 720	213 560	199 050	191 580	131 585

2. 任务要求

对祥瑞公司2016年2月至12月的各质量成本项目（预防成本、鉴定成本、内部损失成本和外部损失成本）进行分析，并提出相应的建议与对策。

3. 任务分析

首先将预防成本、定成本、内部损失成本和外部损失成本的总额及占总质量成本的趋势图绘制出来，然后再进行详细的分析。

4. 任务操作

1）预防成本分析

预防成本占质量总成本的比例变化趋势如图5－5所示。预防成本在2至12月份间基本上是占到质量总成本的34%左右，中间有几个月份出现了较大的波动。随着产品质量要求加严，对质量整改的措施力度也逐步加大，所以技术预防的措施也加大，由此引起的费用也加大。7月份的预防成本猛烈上涨的原因是交出额份较大的咨询费。2至6月份整个汽车业进行了调整，汽车零部件行业也跟着调整，产量萎缩，产值下降，但是各项企业支仍照常支付，所以出现了预防成本在质量总成本中比例的上升。

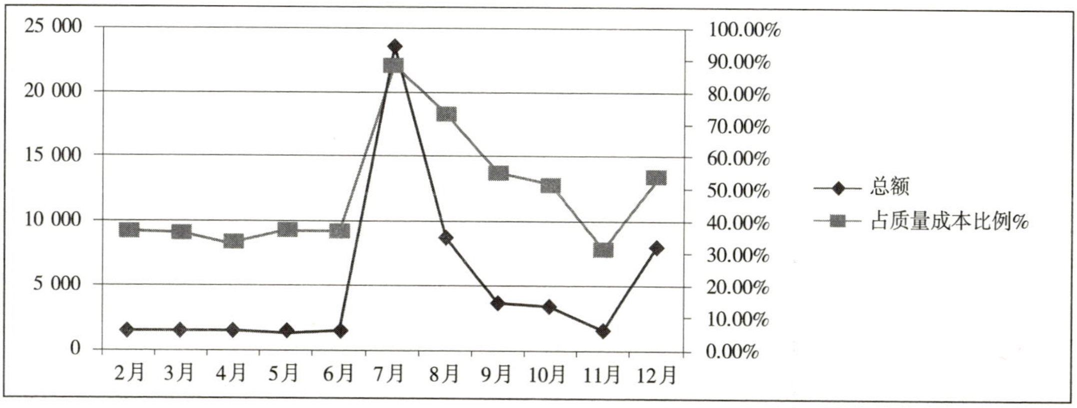

图5－5　预防成本在质量总成本的比例趋势图

2）鉴定成本分析

鉴定成本占质量总成本的比例变化趋势如图5－6所示。鉴定成本在2至12月间基本上占到质量总成本的26%左右，占当月产值的2.8%，基本上与预防成本持平。11至12月份的鉴定成本出现了一定幅度的上涨，主要的原因是10月份后新产品试制较多，导致了这两个月鉴定成本的上涨。

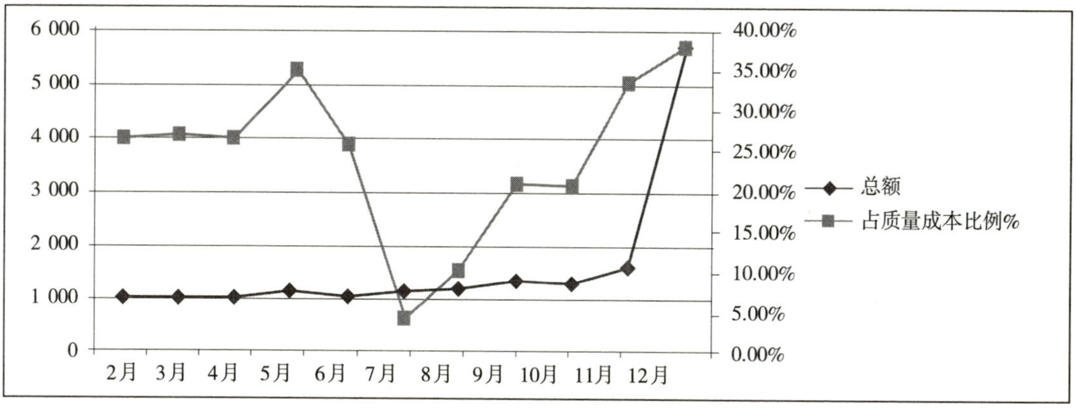

图5－6　鉴定成本在质量总成本的比例趋势图

3）内部损失成本分析

内部损失成本占质量总成本的比例变化趋势如图5－7所示。内部损失成本自4月份开始呈现下降的趋势，这是由于产品产量下降导致的。5月份、7月份和12月份这三个月的产值处于一个比较低的水平，相应的内部损失成本也维持在一个低水平，这并不是质量改进的结果，其实加工的质量问题仍然存在，许多问题并没有得到彻底地解决。

4）外部损失成本分析

外部损失成本占质量总成本的比例变化趋势如图5－8所示。6月份的外部损失成本基本处于正常状态。本月没有主机厂的索赔，只有正常的保修损失费、折价损失费、和无形损失费等；所以，外部损失成本基本上维持正常水平。但是，这并不反映祥瑞公司没有质量问题，产品失效的老毛病仍然存在，虽然发生的概率较低，仍需要抓紧解决。

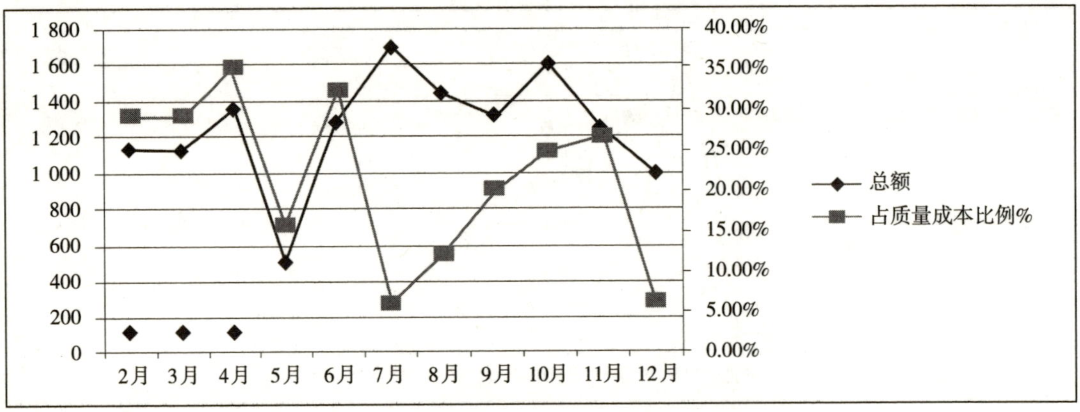

图5-7　内部损失成本在质量总成本的比例趋势图

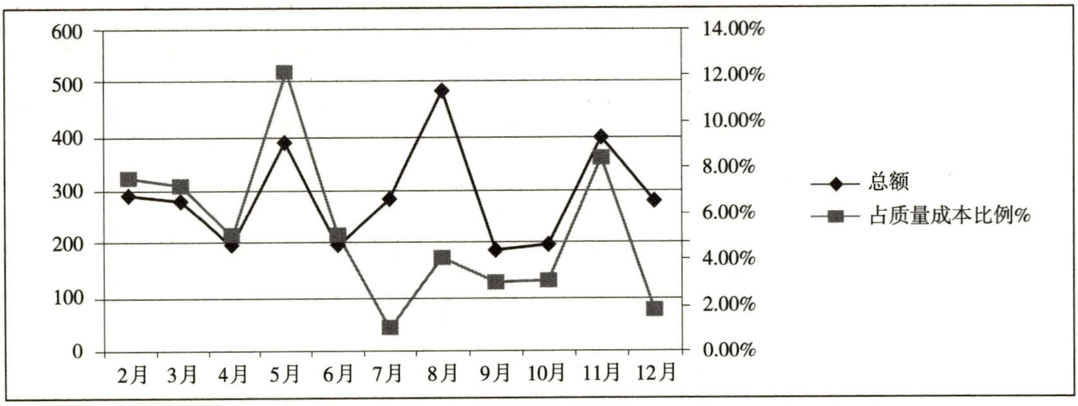

图5-8　外部损失成本在质量总成本的比例趋势图

小　　结

一、教学内容

(1) 作业成本法与传统成本法的区别。

(2) 作业成本法下相关概念的理解。

(3) 作业成本法下多标准费用分配的应用。

(4) 增值作业与非增值作业的区分。

二、教学重点

(1) 作业成本法的多标准分配特点。

(2) 作业成本法下制造费用的分配。

(3) 增值作业与非增值作业的区分。

三、教学难点

（1）作业动因的确定。

（2）增值作业与非增值作业的确定。

四、教学建议

（1）以实际成本核算例题来比较作业成本法与传统成本法的成本核算差异。

（2）讲清作业成本法的主要特点在于间接费用分配的标准选择。

训练题

一、单项选择题

1. 作业成本法的成本计算是以(　　)为中心。

A. 产品　　B. 作业

C. 费用　　D. 资源

2. 下列属于增值作业的是(　　)。

A. 印刷厂的装订工序　　B. 检验作业

C. 次品返工　　D. 半成品在车间的运输

3. (　　)是作业成本的核心内容。

A. 作业　　B. 产品

C. 资源　　D. 成本动因

4. 使用作业成本法计算技术含量较高、生产量较小的产品，其单位成本与使用传统成本法计算相比，要(　　)。

A. 高　　B. 低

C. 两者一样　　D. 无法确定

5. 传统成本计算法的计算对象为(　　)。

A. 资源　　B. 作业中心

C. 费用　　D. 最终产品

6. 在现代制造企业中(　　)的比重加大，结构也发生了很大的变化。

A. 直接人工　　B. 直接材料

C. 间接费用　　D. 期间费用

7. 作业成本法计算间接费用分配率时应该考虑(　　)。

A. 生产工时　　B. 作业目的

C. 总量标准　　D. 成本动因

8. 作业成本法最重要的优点在于(　　)。

A. 促进企业组织方式变革　　B. 作业的计量和分配较为客观

C. 促使管理人员加强成本控制　　D. 简化了成本计算程序

9. 以下不是作业特征的有(　　)。

A. 作业是一种资源的投入和另一种效果产出的过程
B. 作业活动贯穿于生产经营的全过程
C. 作业是可以量化的
D. 所有作业都是增加价值的

10. 作业成本计算法下首先要确认作业中心，将(　　)归集到各作业中心。
A. 资源耗费的价值　　B. 直接材料
C. 直接人工　　D. 价值管理工作

二、多项选择题

1. 作业按受益范围通常分为(　　)。
A. 单位作业　　B. 批制作业
C. 产品作业　　D. 过程作业

2. 成本动因选择主要考虑的因素有(　　)。
A. 成本计量　　B. 成本动因与所耗资源成本的相关程度
C. 成本库　　D. 成本中心

3. 下列说法正确的是(　　)。
A. 作业量决定资源的耗用量
B. 最终产品产出量决定着作业量
C. 资源耗用量与最终产品产出量有直接关系
D. 成本库的作业就是成本动因

4. 与作业成本法相比，关于传统成本计算方法下列说法错误的是(　　)。
A. 传统成本法低估了产量大而技术复杂程度低的产品成本
B. 传统成本法高估了产量大而技术复杂程度低的产品成本
C. 传统成本法低估了产量小而技术复杂程度高的产品成本
D. 传统成本法高估了产量小而技术复杂程度高的产品成本

5. 关于作业成本法以下说法正确的是(　　)。
A. 作业成本法完全克服传统成本分配主观因素影响
B. 作业成本法有利于分析成本升降的原因
C. 作业成本法有利于完善成本责任管理
D. 作业成本法有利于成本的预测和决策

三、判断题

1. 传统成本计算所采用的是单一数量分配基准，作业成本计算采用多种成本动因作为分配基准。(　　)

2. 作业成本法只能适用于制造企业。(　　)

3. 资源动因是指资源被各种作业消耗的方式和原因，是作业中心的成本分配到产品中的标准。(　　)

4. 产品质量检查属于增值作业。(　　)

5. 作业成本计算法是资源－作业－产品，传统成本计算法是资源－成本－产品。（　　）

6. 在作业成本法下，产品成本是指完全成本，包括与生产产品相关的、合理的、有效的费用，并按照作业类别设置成本项目。（　　）

7. 作业成本法能完全消除主观分配因素。（　　）

8. 产品生产过程由作业构成，产品生产过程中的消耗表现为作业消耗。（　　）

9. 按作业成本计算的产品生产成本与按传统成本方法计算的成本一样。（　　）

10. 作业成本法是一个二阶段分配过程。分别是资源向作业分配和作业向成本对象分配。（　　）

四、计算题

1. 资料：某企业本月生产甲、乙两种产品。本月发生制造费用45 000元，其中装配费12 000元(成本动因为工时)，质量检验费11 000元(成本动因为生产批次)。

本月发生费用资料见表5－14。

表5－14　产品费用资料表

项目	甲产品	乙产品
产品产量(件)	100	100
生产批次(次)	10	1
机器小时(小时)	1 200	800

要求：根据上述资料完成下列事项。

(1) 采用传统成本法分配制造费用(按机器工时比例分配)，见表5－15。

(2) 采用作业成本法分配制造费用，见表5－16。

表5－15　制造费用分配表(传统成本计算法)

项目	甲产品	乙产品	合计
直接人工工时(小时)			
分配率			
制造费用(元)			

表5－16　制造费用分配表(作业成本计算法)

项目	制作费用金额(元)	作业量总数	单位产品作业成本	甲产品		乙产品	
				作业量	作业成本	作业量	作业成本
装配费用							
质量检验费							
设备调试费							
合计							

2. 某企业生产A、B两种产品，A产品每年生产1 000件，B产品每年生产2 000件。企业全年制造费用总额为10 000元，制造费用发生的动因主要有5个，设5个成本中心。其他资料见表5－17、表5－18。

表 5－17　产品资料表

产品名称	单位直接人工小时	小时工资率	单位直接材料成本
A	20	2	20
B	20	2	20

表 5－18　成本动因素

成本动因	可追溯成本（元）	作业量			
		A 产品	B 产品	合计	分配率
生产订单次数	1 000	60	40	100	10
质量检验次数	1 000	50	50	100	10
机器调整次数	3 000	70	80	150	20
维修次数	3 000	90	60	150	20
原材料进货次数	2 000	2	8	10	200
合计	10 000				

要求：运用作业成本法计算 A、B 产品成本。

项目六

标准成本法

职业能力目标

- **专业能力**
  - ➢ 理解标准成本的制定
  - ➢ 能进行标准成本差异的计算
  - ➢ 理解标准成本差异期末会计处理原则
- **教学能力**
  - ➢ 能将标准成本控制这一先进理念体现在教学设计中
  - ➢ 把握标准成本差异计算中的价格因素和数量因素分析要点
  - ➢ 营造良好的教学氛围、创设情境进行教学实施
  - ➢ 选择恰当方式进行教学评价
- **社会能力**
  - ➢ 能根据标准成本资料进行标准成本差异的计算
  - ➢ 能结合企业实际情况进行标准成本差异的因素分析

工作任务分析

- ➢ 理解标准成本的项目构成
- ➢ 掌握标准成本总差异及因素差异的计算

6.1 标准成本的制定

引例

祥瑞公司为加强产品成本控制和管理，决定对甲产品进行标准成本的制定。生产甲产品需用A和B两种材料，由两道工序加工制成。该公司成本核算员应如何制定甲产品的材料标准成本和人工标准成本？

知识准备

一、标准成本的含义与分类

（一）标准成本含义

标准成本法，又称标准成本制度，是指以预先制定的标准成本为基础，用标准成本与实际成本进行比较，核算和分析成本差异的一种产品成本计算方法，也是加强成本控制、评价经济业绩的一种成本控制制度。它的核心是按标准成本记录和反映产品成本的形成过程和结果，并借以实现对成本的控制。

标准成本一词准确地讲有两种含义。一种是指“单位产品的标准成本”，是根据产品的标准消耗量和标准单价计算出来的，又被称为“成本标准”。计算公式如下：

单位产品标准成本 = 单位产品标准消耗量 × 标准单价

另一种含义是指“实际产量的标准成本”，是根据实际产品产量和成本标准计算出来的，计算公式如下：

标准成本 = 实际产量 × 单位产品标准成本

（二）标准成本与计划成本的比较

标准成本是目标成本的一种。目标成本是一种预计成本，是指产品、劳务、工程项目等在生产经营活动前，根据预定的目标所预先制定的成本。这种预计成本与目标管理的方法结合起来，就称为目标成本。目标成本一般指单位成本，包括计划成本、定额成本、标准成本和估计成本等，而标准成本相对来讲是一种较科学的目标成本。

计划成本是根据计划消耗定额计算的，表示计划期预定成本；定额成本是根据使用的定额计算的。企业应通过各项措施，有步骤地降低现行定额，以求达到计划中所规定的成本水平。

目标成本管理是目标管理的重要组成部分，而制定目标成本是实行目标成本管理必不可少的基础。推行目标成本管理可以促使企业加强成本管理，推动全体职工人人关心成本，形成民主管理，从而能够更好地贯彻经济责任制，进一步降低成本。

（三）标准成本的分类

标准成本按其制定所依据的生产技术和经营管理水平，分为理想标准成本和正常标准成本。在标准成本系统中广泛使用正常标准成本。

西方企业采用的标准成本有多种，按照制定标准成本所依据的生产技术和经营水平，分为理想标准成本、正常标准成本和现实标准成本。

标准成本按其适用期，分为现行标准成本和基本标准成本。由于基本标准成本不按各期实际修订，不宜用来直接评价工作效率和成本控制的有效性。

理想标准成本是现有生产条件所能达到的最优水平的成本，这种成本难于实际运用；正常标准成本是根据正常的工作效率，正常的生产能力利用程度和正常价格等条件制定的标准成本，它一般只用来估计未来的成本变动趋势；现实标准成本，是根据适用期合理的耗费量，合理的耗费价格和生产能力可能利用程度等条件制定的切合适用期实际情况的一种标准成本，标准成本法一般采用这种标准成本。

二、标准成本的内容

标准成本法的主要内容包括标准成本的制定、成本差异的计算和分析、成本差异的账务处理。其中标准成本的制定是采用标准成本法的前提和关键，据此可以达到成本事前控制的目的；成本差异计算和分析是标准成本法的重点，借此可以促成成本控制目标的实现，并据以进行经济业绩考评。

（一）标准成本的制定

产品成本一般由直接材料、直接人工和制造费用三大部分构成，标准成本也应由这三大部分分别确定。

直接材料成本是指直接用于产品生产的材料成本，它包括标准用量和标准单位成本两方面。材料标准用量，首先要根据产品的图纸等技术文件进行产品研究，列出所需的各种材料以及可能的代用材料，并要说明这些材料的种类、质量以及库存情况。其次，对过去用料经验的记录进行分析，采用其平均值，或最高与最低值的平均数，或最节省的数量，或通过实际测定、技术分析等得出的数据，科学地制定用量标准。

直接人工成本是指直接用于产品生产的人工成本。在制定产品直接人工成本标准时，首先要对产品生产过程加以研究，研究有哪些工艺，有哪些作业或操作、工序等。其次要对企业的工资支付形式、制度进行研究，以便结合实际情况来制定标准。

制造费用可以分为变动制造费用和固定制造费用两部分。这两部分制造费用都按标准用量和标准分配率的乘积计算，标准用量一般都采用工时表示。

（二）标准成本的计算公式

在制定时，其中每一个项目的标准成本均应分为用量标准和价格标准。其中，用量标准包括单位产品消耗量、单位产品人工小时等，价格标准包括原材料单价、小时工资率、小时制造费用分配率等。具体计算公式如下：

直接材料标准成本 = 单位产品的用量标准 × 材料的标准单价

直接工资标准成本 = 单位产品的标准工时 × 小时标准工资率

变动制造费用标准成本 = 单位产品直接人工标准工时 ×
每小时变动制造费用的标准分配率

其中，变动制造费用标准分配率 = 变动制造费用预算总数 ÷ 直接人工标准总工时。

固定制造费用标准成本 = 单位产品直接人工标准工时 × 每小时固定制造费用的标准分配率

其中，固定制造费用标准分配率 = 固定制造费用预算总数 ÷ 直接人工标准总工时。

业务操作

任务一：直接材料标准成本制定

1. 任务描述

祥瑞公司生产的甲产品，需要耗用 A、B 两种材料，现公司决定给甲产品制定标准成本，有关材料的资料见表 6－1。

6－1　甲产品耗用材料资料

标准	材料 A	材料 B
价格标准：		
发票单价(元)	1.00	4.00
装卸检验费(元)	0.07	0.28
每千克标准价格(元)	1.07	4.28
用量标准：		
图纸用量(千克)	3.0	2.0
允许损耗量(千克)	0.3	
单产标准用量(千克)	3.3	2.0

2. 任务要求

根据上述资料制定甲产品的直接材料标准成本。

3. 任务分析

直接材料的标准成本由标准消耗量和标准价格决定。标准消耗量由技术部门和生产部门根据统计方法、工业工程法或其他技术分析方法确定，包括必不可少的消耗以及各种难以避免的损失。直接材料的价格标准，由采购部门根据市场价格变化及供应商合作情况确定，是预计下一年度实际需要支付的进料单位成本，包括发票价格、运费、检验和正常损耗等成本，是取得材料的完全成本。

4. 任务操作

甲产品直接材料标准成本见表 6－2。

表 6－2　甲产品直接材料标准成本

标准	材料 A	材料 B
价格标准：		
发票单价(元)	1.00	4.00
装卸检验费(元)	0.07	0.28

续表

标准	材料 A	材料 B
每千克标准价格(元)	1.07	4.28
用量标准:		
图纸用量(千克)	3.0	2.0
允许损耗量(千克)	0.3	
单产标准用量(千克)	3.3	2.0
成本标准:		
材料 A(3.3×1.07)(元)	3.53	
材料 B(2.0×4.28)(元)		8.56
单位产品标准成本(元)	12.09	

任务二：直接人工标准成本制定

1. 任务描述

祥瑞公司生产的甲产品，需要经两道工序加工完成，现公司决定给甲产品制定标准成本，有关人工的资料见表 6－3。

表 6－3　甲产品直接人工资料

小时工资率	第一工序	第二工序
基本生产工人人数(人)	20	50
每人每月工时(25.5 天×8 小时)(小时)	204	204
出勤率	98%	98%
每人平均可用工时(小时)	200	200
每月总工时(小时)	4 000	10 000
每月工资总额(元)	3 600	12 600
每小时工资(元)	0.90	1.26
单位产品工时:		
理想作业时间(小时)	1.5	0.8
调整设备时间(小时)	0.3	
工间休息(小时)	0.1	0.1
其他(小时)	0.1	0.1
单位产品标准工时合计(小时)	2	1

2. 任务要求

根据上述资料，制定甲产品的直接人工标准成本。

3. 任务分析

直接人工标准成本由工时的用量标准和工资率标准确定。工时的用量标准是单位产品的标准工时，确定单位产品所需的直接生产工人工时，需要按产品的加工工序分别进行，然后加以汇总。标准工时是指在现有生产技术条件下，生产单位产品所需要的时间，包括直接加工操作必不可少的时间，以及必要的间歇和停工，如工间休息、调整设备时间、不可避免的废品耗用工时等。标准工时应以作业研究和工时研究为基础，参考有关统计资料来确定。

直接人工的价格标准是指标准工资率。它可能是预定的工资率，也可能是正常的工资率。如果采用计件工资制，标准工资率是预定的每件产品支付的工资除以标准工时，或者是预定的小时工资；如果采用月工资制，需要根据月工资总额和可用工时总量来计算标准工资率。

4. 任务操作

甲产品直接人工标准成本见表6－4。

表6－4　甲产品直接人工标准成本

小时工资率	第一工序	第二工序
基本生产工人人数(人)	20	50
每人每月工时(25.5天×8小时)(小时)	204	204
出勤率	98%	98%
每人平均可用工时(小时)	200	200
每月总工时(小时)	4 000	10 000
每月工资总额(元)	3 600	12 600
每小时工资(元)	0.90	1.26
单位产品工时：		
理想作业时间(小时)	1.5	0.8
调整设备时间(小时)	0.3	
工间休息(小时)	0.1	0.1
其他(小时)	0.1	0.1
单位产品标准工时合计(小时)	2	1
直接人工标准成本(元)	1.08	1.26
合计(元)	3.06	

6.2　标准成本差异的计算和分析

引例

祥瑞公司生产的甲产品，所用的A原材料标准价格为4元/千克，其用量标准为2千克/件。本期购进原材料800千克，实际价格5元/千克。本期实际生产甲产品400件，耗用原材料700千克。

如何计算本期原材料价格和耗用量的成本差异？

知识准备

一、直接材料成本差异计算及分析

（一）直接材料成本差异计算

直接材料实际成本与标准成本之间的差额，即直接材料成本差异。该项差异形成的基

本原因有两个：一是材料价格脱离标准（价差），二是材料用量脱离标准（量差）。有关计算公式如下：

材料价格差异 = 实际数量 ×（实际价格 − 标准价格）

材料数量差异 =（实际数量 − 标准数量）× 标准价格

直接材料成本差异 = 价格差异 + 数量差异

（二）直接材料成本差异原因分析

材料价格差异是在采购过程中形成的，采购部门未能按标准价格进货的原因主要有供应厂家价格变动、未按经济采购批量进货、未能及时订货造成的紧急订货、采购时舍近求远使运费和途耗增加、不必要的快速运输方式、违反合同被罚款、承接紧急订货造成额外采购等。

材料数量差异是在材料耗用过程中形成的，形成的具体原因有操作疏忽造成废品和废料增加、工人用料不精心、操作技术改进而节省材料、新工人上岗造成多用料、机器或工具不适用造成用料增加等。有时多用料并非生产部门责任，如购入材料质量低劣、规格不符也会使用料超过标准；又如加工工艺变更、检验过严也会使数量差异加大。

二、直接人工成本差异计算及分析

（一）直接人工成本差异计算

直接人工成本差异，是指直接人工实际成本与标准成本之间的差额。它也被区分为“价差”和“量差”两部分。价差是指实际工资率脱离标准工资率，其差额按实际工时计算确定的金额，又称为工资率差异。量差是指实际工时脱离标准工时，其差额按标准工资率计算确定的金额，又称人工效率差异。有关计算公式如下：

工资率差异 = 实际工时 ×（实际工资率 − 标准工资率）

人工效率差异 =（实际工时 − 标准工时）× 标准工资率

直接人工成本差异 = 工资率差异 + 人工效率差异

（二）直接人工成本差异原因分析

工资率差异形成的原因，包括直接生产工人升级或降级使用、奖励制度未产生实效、工资率调整、加班或使用临时工、出勤率变化等。直接人工效率差异形成的原因，包括工作环境不良、工人经验不足、劳动情绪不佳、新工人上岗太多、机器或工具选用不当、设备故障较多、作业计划安排不当、产量太少无法发挥批量节约优势等。

三、变动制造费用差异计算及分析

变动制造费用的差异，是指实际变动制造费用与标准变动制造费用之间的差额。它也可以分解为价差和量差两部分。价差是指变动制造费用的实际小时分配率脱离标准，按实际工时计算的金额，称为耗费差异；量差是指实际工时脱离标准工时，按标准的小时费用率计算确定的金额，称为变动费用效率差异。有关计算公式如下：

变动费用耗费差异 = 实际工时 ×（变动费用实际分配率 − 变动费用标准分配率）

变动费用效率差异 =（实际工时 – 标准工时）× 变动费用标准分配率

变动费用成本差异 = 变动费用耗费差异 + 变动费用效率差异

变动制造费用的耗费差异是部门经理的责任，他们有责任将变动费用控制在弹性预算限额之内。

变动制造费用效率差异形成原因与人工效率差异相同。

四、固定制造费用差异计算及原因分析

（一）二因素分析法

二因素分析法是将固定制造费用差异分为耗费差异和能量差异。计算公式如下：

固定制造费用耗费差异 = 固定制造费用实际数 – 固定制造费用预算数

固定制造费用能量差异 = 固定制造费用预算数 – 固定制造费用标准成本

=（生产能量 – 实际产量标准工时）× 固定制造费用标准分配率

（二）三因素分析法

三因素分析法是将固定制造费用的成本差异分为耗费差异、效率差异和闲置能量差异三部分。耗费差异的计算与二因素分析法相同。不同的是将二因素分析法中的能量差异进一步分解为两部分：一部分是实际工时未达到标准能量而形成的闲置能量差异；另一部分是实际工时脱离标准工时而形成的效率差异。有关计算公式如下：

耗费差异 = 固定制造费用实际数 – 固定制造费用预算数

= 固定制造费用实际数 – 固定制造费用标准分配率 × 生产能量

闲置能量差异 = 固定制造费用预算 – 实际工时 × 固定制造费用标准分配率

=（生产能量 – 实际工时）× 固定制造费用标准分配率

效率差异 =（实际工时 – 实际产量标准工时）× 固定制造费用标准分配率

业务操作

任务一：直接材料成本差异计算

1. 任务描述

祥瑞公司生产的甲产品，所用的 A 原材料标准价格为 4 元/千克，其用量标准为 2 千克/件。本期购进原材料 800 千克，实际价格 5 元/千克。本期实际生产甲产品 400 件，耗用原材料 700 千克。

2. 任务要求

计算甲产品直接材料成本总差异、用量差异及价格差异。

3. 任务分析

计算标准成本差异时主要理解价格和耗用量共同影响下的混合性差异的处理，一般企业能控制的是数量因素，价格因素因为受到政策或市场供求行为的影响企业可控性较弱。

故在差异分析时要注重数量差异的分析，保证数量因素影响的单一性。因而把混合差异归入价格因素，如图 6－1 所示。

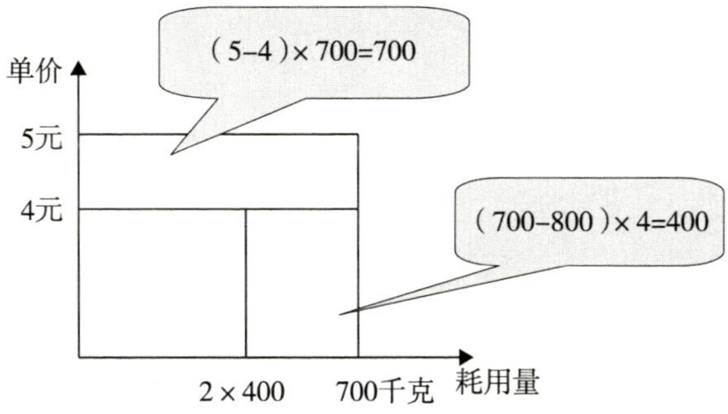

图 6－1　甲产品直接材料成本差异计算图

4. 任务操作

甲产品直接材料成本总差异＝实际成本－标准成本

＝(5×700)－(4×2×400)＝300(元)

甲产品直接材料价格差异＝(5－4)×700＝700(元)

甲产品直接材料用量差异＝(700－800)×4＝－400(元)

任务二：直接人工成本差异计算

1. 任务描述

某企业甲产品的直接人工标准成本为 20 元/件(2 小时×10 元/小时)，本期生产甲产品 400 件，实际耗时 890 小时，支付直接人工工资 9 078 元。试对直接人工成本差异进行分析。

2. 任务要求

计算甲产品直接人工成本总差异、直接人工效率差异和工资率差异。

3. 任务分析

直接人工成本差异的计算思路与直接材料成本差异计算相同，在人工工时因素和人工工资率因素中，企业对工资率因素的可控性较弱。因而保证工时耗用的单一性，而把混合差异并入工资率因素，如图 6－2 所示。

4. 任务操作

甲产品直接人工成本总差异＝实际成本－标准成本

＝9 078－(10×2×400)＝1 078(元)

甲产品直接人工效率差异＝(890－800)×10＝900(元)

甲产品直接人工工资率差异＝(10.2－10)×890＝178(元)

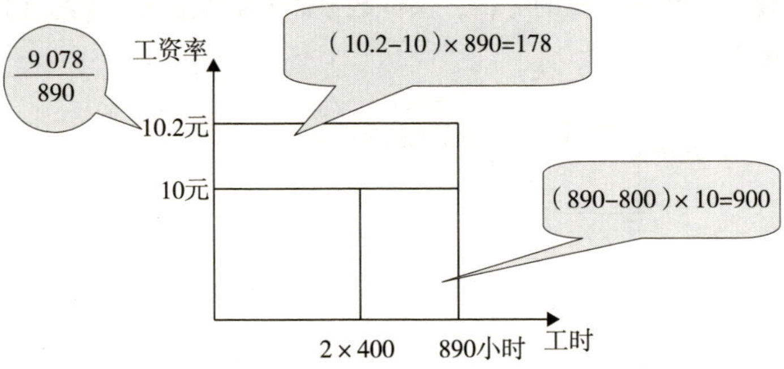

图6-2 甲产品直接人工成本差异计算图

6.3 标准成本差异账务处理

引例

祥瑞公司某月生产的甲产品各种差异表现为：直接材料价格差异和数量差异均为超支差异；直接人工效率差异为节约差异；工资率差异为超支差异；变动制造费用效率差异和耗用差异均为节约差异；固定制造费用预算差异为超支差异；能力和效率差异均为节约差异。该公司月末应如何处理这些差异？

知识准备

一、账户设置

为了同时提供标准成本、成本差异和实际成本三项成本资料，标准成本系统的账务处理具有以下特点。

（一）“原材料”“生产成本”和“库存商品”账户登记标准成本

无论是借方和贷方均登记实际数量的标准成本，其余额亦反映这些资产的标准成本。

（二）设置成本差异账户分别记录各种成本差异

在需要登记“原材料”“生产成本”和“库存商品”账户时，应将实际成本分离为标准成本和有关的成本差异，标准成本数据记录“原材料”“生产成本”和“库存商品”账户，而有关的差异分别记入各成本差异账户。各差异账户借方登记超支差异，贷方登记节约差异。

二、期末成本差异账务处理

各成本差异账户的累计发生额，反映了本期成本控制的业绩。在月末(或年末)对成本差异有两种处理方法。

（一）结转本期损益法

按照这种方法，在会计期末将所有差异转入“本年利润”账户，或者先将差异转入

"主营业务成本"账户，再随同已销产品的标准成本一起转至"本年利润"账户。采用这种方法的依据是确信标准成本是真正的正常成本，成本差异是不正常的低效率和浪费造成的，应当直接体现在本期损益之中，使利润能体现本期工作成绩的好坏。此外，这种方法的账务处理比较简便。但是，如果差异数额较大或者标准成本制定得不符合实际的正常水平，则不仅使存货成本严重脱离实际成本，而且会歪曲本期经营成果，因此，在成本差异数额不大时采用此种方法为宜。

（二）调整销货成本与存货法

按照这种方法，在会计期末将成本差异按比例分配至已销产品成本和存货成本。

采用这种方法的依据是税法和会计制度均要求以实际成本反映存货成本和销货成本。本期发生的成本差异，应由存货和销货成本共同负担。当然，这种做法会增加一些计算分配的工作量。此外，有些费用计入存货成本不一定合理，例如闲置能量差异是一种损失，并不能在未来换取收益，作为资产计入存货成本明显不合理，不如作为期间费用在当期参加损益汇总。

成本差异的处理方法选择要考虑许多因素，包括差异的类型(材料、人工，或制造费用)、差异的大小、差异的原因、差异的时间(如季节性变动引起的非常性差异)等。因此，可以对各种成本差异采用不同的处理方法，如材料价格差异多采用调整销货成本与存货法，闲置能量差异多采用结转本期损益法，其他差异则可因企业具体情况而定。要注意的是，差异处理的方法要保持历史的一致性，以便使成本数据保持可比性，并防止信息使用人发生误解。

业务操作

任务：进行标准成本差异的账务处理

1. 任务描述

祥瑞公司甲产品本月发生的标准成本为：直接材料 168 000 元，直接人工 117 000 元，变动制造费用 27 300 元，固定制造费用 31 200 元；本月完成产品标准成本 330 000 元，当月全部销售。本月发生的各项标准成本差异汇总见表 6－5。

表 6－5　成本差异汇总表

单位：元

项目	节约	超支	总差异
直接材料： 数量差异 价格差异		 1 600 6 700	 8 300(超支)
直接人工： 效率差异 工资率差异	 1 500	 7 700	 6 200(超支)

续表

项目	节约	超支	总差异
变动制造费用： 效率差异 耗用差异	 350 1 925		 2 275(节约)
固定制造费用： 预算差异 能力差异 效率差异	 2 960 400	 4 500	 1 140(超支)
合计	7 135	20 500	13 365(超支)

2. 任务要求

根据上述差异进行本月标准成本法下的账务处理，全部差异由本月销售的产品成本负担。

3. 任务分析

标准成本法下“原材料”“生产成本”和“库存商品”账户按标准成本登记；各差异账户的登记与财务会计中所学的“材料成本差异”账户登记方法相同，借方登记超支差异，贷方登记节约差异。

4. 任务操作

（1）借：生产成本——直接材料	168 000	
直接材料用量差异	1 600	
直接材料价格差异	6 700	
贷：原材料		176 300
（2）借：生产成本——直接人工	117 000	
直接人工工资率差异	7 700	
贷：应付职工薪酬		123 200
直接人工效率差异		1 500
（3）借：生产成本——变动制造费用	27 300	
贷：制造费用——变动制造费用		25 025
变动制造费用耗用差异		1 925
变动制造费用效率差异		350
（4）借：生产成本——固定制造费用	31 200	
固定制造费用预算差异	4 500	
贷：制造费用——固定制造费用		32 340
固定制造费用能力差异		2 960
固定制造费用效率差异		400
（5）借：库存商品	330 000	

贷：生产成本		330 000
（6）借：主营业务成本	343 365	
直接人工效率差异	1 500	
变动制造费用效率差异	350	
变动制造费用耗用差异	1 925	
固定制造费用能力差异	2 960	
固定制造费用效率差异	400	
贷：库存商品		330 000
直接材料用量差异		1 600
直接材料价格差异		6 700
直接人工工资率差异		7 700
固定制造费用预算差异		4 500

知识拓展

泰罗制及定额法

一、泰罗制

标准成本是早期管理会计的主要支柱之一，标准成本与泰罗制有着密切联系。泰罗在20世纪初创建了科学管理理论体系，这套体系被人称为“泰罗制”。泰罗认为企业管理的根本目的在于提高劳动生产率，他在《科学管理》一书中提出：“科学管理如同节省劳动的机器一样，其目的在于提高每一单位劳动的产量”，而提高劳动生产率的目的是增加企业的利润或实现利润最大化的目标。当时，美国经济发展很快，企业规模迅速扩大，但由于生产混乱，工人“磨洋工”现象大量存在，导致企业生产效率低下。泰罗认为，企业效率低的主要原因是管理部门缺乏合理的工作定额，工人缺乏科学指导。因此，必须把科学知识和科学研究系统运用于管理实践，科学地挑选和培训工人，科学地研究工人的生产过程和工作环境，并据此制定出严格的规章制度和合理的日工作量，采用差别计件工资调动工人的积极性，实行管理的例外原则。泰罗创建了科学管理理论体系，1898 年到 1901 年期间，泰罗在伯利恒钢铁公司将他的理论进行试验，并且大获成功。泰罗科学管理的特点是从每一个工人、每一件工具、每一道工序抓起，在科学实验的基础上，设计出最佳的工位设置、最合理的劳动定额、标准化的操作方法、最适合的劳动工具。例如他在某钢铁公司进行的搬运生铁和铲铁试验中，就具体规定了工人所铲物资的轻重不同，所用的铲子大小也应该不同。为此，他专门设立了一个工具室，存有 10 种不同的铲子，供工人们在完成不同作业时使用。泰罗的科学管理系统将工人的潜能发挥到无以复加的程度。有人形容，在实行泰罗制的工厂里，找不出一个多余的工人，每个工人都像机器一样一刻不停地工作。这为后来的标准成本制度奠定了基础。

标准成本以预先设定的科学标准为基础，发展奖励计件工资制度，采用标准人工成本的概念。在此之后，又把标准人工成本概念引申到标准材料成本和标准制造费用等。最初的标准成本是独立于会计系统之外的一种计算工作。1919 年美国全国成本会计师协会成立，对推广标准成本曾起了很大的作用。1920—1930 年，美国会计学界经过长期争论，才把标准成本纳入了会计系统，从此出现了真正的标准成本会计制度。

二、定额法

定额法是以事先制定的产品定额成本为标准，在生产费用发生时，就及时提供实际发生的费用脱离定额耗费的差异额，让管理者及时采取措施，控制生产费用的发生额，并且根据定额和差异额计算产品实际成本的一种成本计算和控制的方法。

（一）定额法的特点

（1）成本计算对象是企业的完工产品或半成品。根据企业管理的要求，只计算完工产品成本或者同时计算半成品成本与完工产品成本。

（2）成本计算期间是每月的会计报告期。定额法一般用于大批大量生产企业，只能按月进行成本计算。

（3）产品实际成本是以定额成本为基础，由定额成本、定额差异和定额变动三部分相加而组成。

（4）每月的生产费用应分别按定额成本、定额差异和定额变动三个方面分配于完工产品和在产品。由于定额法的成本计算对象既可以是最终完工产品，也可以是半成品，所以定额法既可以在整个企业运用，又可以只运用于企业中的某些车间。

（二）定额法下产品成本核算

定额法下产品的实际成本是在定额成本基础上，考虑脱离定额差异、材料成本差异和定额变动差异三个差异因素组成。

产品实际成本 = 产品定额成本 +／－脱离定额差异 +／－材料成本差异 +／－定额变动差异

1. 差异的计算

1）脱离定额差异的计算

（1）脱离定额的差异包括原材料脱离定额的差异、生产工时和生产工资脱离定额的差异、制造费用脱离定额的差异。

（2）原材料脱离定额的差异是按原材料的计划单价计算的，不包括价格差异和成本差异，特指数量差异。

（3）产品成本 = 产品定额成本 +／－脱离定额差异

2）材料成本差异的分配

（1）采用定额法计算成本，为了便于产品的分析和考核，原材料的日常核算必须按计划成本进行。

（2）某产品应分配的原材料成本差异 =（该产品原材料定额费用 +／－原材料脱离定额差异）× 原材料成本差异率

（3）产品成本 = 产品定额成本 +／－脱离定额差异 +／－原材料或半成品成本差异

3）定额变动差异的计算

（1）定额变动差异，是指由于修订定额或生产耗费的计划价格而产生的新旧定额之间的差额。在消耗定额计划价格修订之后，定额成本也应随之及时修订。在定额变动的月份，月初在产品的定额成本并未修订，它仍然是按照旧的定额计算的。

（2）将按旧定额计算的月初在产品定额成本和按新定额计算的本月投入产品定额成本置于统一基础上，需要按新定额计算月初在产品的定额变动差异，用以调整月初在产品的定额成本。

（3）定额变动系数 = 按新定额计算的单位产品费用 ÷ 按旧定额计算的单位产品费用

月初在产品定额变动差异 = 按旧定额计算的月初在产品费用 ×（1 − 定额变动系数）

（4）月初在产品定额变动差异，通常表现为月初在产品价值的降低，即贬值。应从月初在产品定额费用中扣除该项差异，加入本月产品成本中。如果消耗定额不是降低，而是提高，月初在产品增值的差异则应加入月初在产品定额费用中，同时，从本月产品成本中将之扣除。定额降低时，减少了定额成本，增加了定额变动差异，定额提高时，情况则相反。

（5）产品实际成本 = 按现行定额计算的产品定额成本 +/− 脱离现行定额差异 +/− 原材料或半成品成本差异 +/− 月初在产品定额变动差异

2. 定额法应用实例

假设祥瑞公司甲产品采用定额法计算成本。本月份有关甲产品原材料的费用有如下资料。

（1）月初在产品定额费用为 5 000 元，月初在产品脱离定额的差异为节约 145 元，月初在产品定额费用调整为降低 100 元。定额变动差异全部由完工产品负担。

（2）本月定额费用为 100 000 元，本月脱离定额差异为节约 5 100 元。

（3）本月原材料成本差异率为超支 1%，材料成本差异全部由完工产品成本负担。

（4）本月完工产品的产量 500 件。甲产品单位产品原材料费用定额为 220 元，定额变动系数为 0.9。

要求：

（1）计算本月完工产品的原材料定额费用。

（2）计算月末在产品的原材料定额费用。

（3）计算完工产品和月末在产品的原材料实际费用（脱离定额差异，按定额费用比例在完工产品和月末在产品之间分配）。

解：

（1）本月完工产品的原材料定额费用。

单位产品原材料费用定额 = 220 × 0.9 = 198（元）

完工产品原材料定额费用 = 500 × 198 = 99 000（元）

（2）月末在产品的原材料定额费用 = 5 000 − 100 + 100 000 − 99 000 = 5 900（元）

（3）原材料脱离定额差异率 =（−145 − 5 100）÷（99 000 + 5 900）= −5%

本月应负担的原材料成本差异 =（100 000 − 5 100）× 1% = 949（元）

本月完工产品原材料实际费用 = 99 000 + 99 000 ×（−5%）+ 949 + 100 = 95 099（元）

月末在产品原材料实际费用 = 5 900 + 5 900 ×（−5%）= 5 605（元）

三、定额法的优、缺点

（一）优点

（1）由于采用定额成本计算法可以计算出定额与实际费用之间的差异额，并采取措施加以改进，所以，采用这种方法有利于加强成本的日常控制。

（2）由于采用定额成本计算法可计算出定额成本、定额差异、定额变动差异等项指标，有利于进行产品成本的定期分析。

（3）通过对定额差异的分析，可以对定额进行修改，从而提高定额的管理和计划管理水平。

（4）由于有了现成的定额成本资料，可采用定额资料对定额差异和定额变动差异在完工产品和在产品之间进行分配。

（二）缺点

（1）因要分别核算定额成本、定额差异和定额变动差异，工作量较大，推行起来比较困难。

（2）不便于对各个责任部门的工作情况进行考核和分析。

（3）定额资料若不准确，会影响成本计算的准确性。

定额法与标准成本法都属于成本计算方法，两者有基本相同的功能和实施环节，都要事先制订产品的目标成本(即定额成本和标准成本)作为产品应该发生的成本，并以此作为成本控制的依据。在此基础上，将实际消耗水平与定额成本或标准成本进行比较，计算脱离目标成本的差异，分析发生差异的原因，采取措施，挖掘潜力，降低成本。

小　　结

一、教学内容

（1）标准成本的作用与特点。

（2）标准成本的制定。

（3）成本差异的计算分析。

（4）成本差异的账务处理。

二、教学重点

（1）标准成本下产品成本项目设置。

（2）各成本项目标准成本差异分解及计算。

（3）差异原因分析。

三、教学难点

标准成本法下固定制造费用差异的计算与分析。

四、教学建议

（1）创设任务驱动加案例引导的情境引例，引导学生理解和掌握标准成本法下产品成本核算的特点。

（2）对于各项成本项目的标准成本差异计算总结出规律性的计算思路。

训练题

一、单项选择题

1. 标准成本制度的前提和关键是(　　)。

A. 标准成本的制定　　B. 成本差异的计算

C. 成本差异的分析　　D. 成本差异的账务处理

2. 标准成本制度的重点是(　　)。

A. 标准成本的制定　　B. 成本差异的计算分析

C. 成本差异的账务处理　　D. 成本控制

3. 以资源无浪费、设备无故障、产出无废品、工时都有效的假设前提为依据而制定的标准成本是(　　)。

A. 基本标准成本　　B. 理想标准成本

C. 正常标准成本　　D. 现行标准成本

4. 标准成本差异是指产品的(　　)之间的差额。

A. 预估成本与产品的标准成本　　B. 预估成本与直接材料的标准成本

C. 实际成本与直接材料的标准成本　　D. 实际成本与产品的标准成本

5. 计算数量差异要以(　　)为基础。

A. 标准价格　　B. 实际价格

C. 标准成本　　D. 实际成本

6. 本月生产甲产品 5 000 件，实际耗用 A 材料 1 200 千克，其实际价格为每千克 4 元。该产品 A 材料的用量标准为 2 千克，标准价格为 5 元，其直接材料用量差异为(　　)元。

A. 1 000　　B. 800

C. －1 000　　D. －800

7. 直接人工效率差异是指单位(　　)耗用量脱离单位标准人工工时耗用量所产生的差异。

A. 实际人工工时　　B. 定额人工工时

C. 预算人工工时　　D. 正常人工工时

8. 实际变动制造费用支出与按实际工时和变动制造费用标准分配率相乘得的预算数之间的差额是(　　)。

A. 变动制造费用分配率差异(耗费差异)　　B. 变动制造费用效率差异

C. 变动制造费用总差异　　D. 变动制造费用能量差异

9. 固定制造费用的实际金额与固定制造费用的预算金额之间的差额称为(　　)。

A. 开支差异(耗费差异、预算差异)　　B. 效率差异

C. 闲置能量差异　　D. 能量差异

10. 通常应对不利的材料价格差异负责的部门是(　　)。

A. 质量控制部门　　B. 采购部门

C. 工程设计部门　　D. 生产部门

11. 在标准成本管理中，成本总差异是成本控制的重要内容。其计算公式是(　　)。

A. 实际产量下实际成本－实际产量下标准成本

B. 实际产量下标准成本－预算产量下实际成本

C. 实际产量下实际成本－预算产量下标准成本

D. 实际产量下实际成本－标准产量下的标准成本

12. 在标准成本差异分析中，材料价格差异是根据实际数量与价格脱离标准的差额计算的，其中实际数量是指材料的(　　)。

A. 采购数量　　B. 入库数量

C. 领用数量　　D. 耗用数量

13. 标准成本是一种(　　)。

A. 机会成本　　B. 历史成本

C. 重置成本　　D. 预计成本

14. 直接人工工时耗用量差异一般又称为(　　)。

A. 价格差异　　B. 耗用差异

C. 效率差异　　D. 分配率差异

15. 标准成本是分成本项目制定的，每个成本项目的标准成本可按(　　)计算得到。

A. 价格标准×实际用量　　B. 实际价格×用量标准

C. 实际价格×实际用量　　D. 价格标准×用量标准

二、多项选择题

1. 导致直接人工成本差异的因素有(　　)。

A. 使用工资级别较高的工人从事要求较低的工作

B. 材料市场价格的变动

C. 材料的质量不符合要求致使工时消耗过多

D. 生产工人技术水平不过关

2. 直接人工成本差异计算包括(　　)。

A.（实际工时－标准工时）×实际工资率

B.（实际工时－标准工时）×标准工资率

C.（实际工资率－标准工资率）×实际工时

D.（实际工资率－标准工资率）×标准工时

3.(　　)是由实际工时与标准工时之间的差异而造成的。

A. 变动制造费用效率差异　　B. 固定制造费用效率差异

C. 直接人工工时耗用量差异　　D. 固定制造费用能力差异

4. 下列标准成本差异中，通常应由生产部门负责的有(　　)。

A. 直接材料的价格差异　　B. 直接人工的效率差异

C. 直接人工的工资率差异　　D. 变动制造费用的效率差异

E. 变动制造费用的分配率差异

5. 在材料成本差异分析中，正确的有(　　)。

A. 价格差异的大小是由价格脱离标准的程度以及实际耗用量高低所决定的

B. 价格差异的大小是由价格脱离标准的程度以及标准用量高低所决定的

C. 数量差异的大小是由实际用量脱离标准的程度以及标准价格高低所决定的

D. 数量差异的大小是由实际用量脱离标准的程度以及实际价格高低所决定的

E. 价格差异的大小是由价格脱离标准的程度以及实际采购量高低所决定的

三、判断题

1. 对于标准成本差异而言，节约差异越大越好。(　　)

2. 在成本差异分析中，数量差异的大小是由用量脱离标准的程度以及实际价格高低决定的。(　　)

3. 效率差异，是实际固定性制造费用与预算的固定性制造费用之间的差额。(　　)

4. 标准成本法应在成本发生时将实际成本划分为标准成本与成本差异两部分。(　　)

5. 理想标准成本是以现有生产经营条件处于最佳状态为基础确定的最低水平的成本，在实际工作中被广为采用。(　　)

四、计算题

1. 某企业使用A材料生产甲产品，其直接材料和直接人工的标准成本有如下资料。

(1) 本月实际耗用材料4 600千克，材料实际成本19 320元。

(2) 本月实际用工6 400小时，人工成本33 600元。

(3) 本期购进的材料全部用于生产，共生产甲产品2 000件。

(4) 标准成本资料见表6－6。

表6－6　标准成本资料表

成本项目	价格标准	数量标准	标准成本
直接材料	4元/千克	2千克	8元
直接人工	5元/小时	3小时	15元

要求：

(1) 计算本月份的材料数量差异与材料价格差异，并注明差异性质。

(2) 计算本月份的人工工资率差异与人工效率差异。

2. 某企业生产B产品，实际产量4 000件，使用工时8 400小时，实际发生变动制造费用5 208元，单位产品标准工时为2小时/件，标准变动制造费用分配率为0.6元/小时。

要求：

(1) 计算B产品变动制造费用的总差异。

(2) 计算B产品的变动制造费用开支差异和效率差异。

3. 某企业固定制造费用预算总额为15 000元。该企业正常生产应完成机器小时为10 000小时，固定制造费用标准分配率为1.5元/小时。固定制造费用实际发生额为15 500元，其他有关资料见上述第2题。

要求：

（1）用二因素法计算固定制造费用的预算差异与能量差异。

（2）用三因素法计算固定制造费用的耗费差异、能力差异和效率差异。

参考文献

[1] 刘红霞．企业成本管理前沿问题研究[M]．北京：中国工商出版社，2008.

[2] 程林．企业成本核算方法与实务[M]．北京：中国时代经济出版社，2014.

[3] [美]查尔斯·T. 亨格瑞，斯里坎特·M. 达塔尔．成本与管理会计[M]．13 版．王立彦，译．北京：中国人民大学出版社，2010.

[4] 陈玉洁．图解成本核算[M]．北京：中华工商联合出版社，2014.

[5] [美]汉森．成本管理会计和控制[M]．4 版．北京：北京大学出版社，2003.

[6] 中国注册会计师协会．财务成本管理[M]．北京：中国财政经济出版社，2016.

[7] 张传湘．制造业企业成本会计实务[M]．北京：经济管理出版社，2009.

[8] [日]今井正明．现场改善：低成本管理方法[M]．华经，译．北京：机械工业出版社，2010.

[9] 穆林娟．价值链管理：理论、案例与实验[M]．北京：经济科学出版社，2010.

[10] 李践．砍掉成本：企业家的 12 把财务砍刀[M]．北京：机械工业出版社，2012.

[11] [美]罗伯特·S. 卡普兰，罗宾·库珀．管理者终身学习：成本与效益[M]．刘俊勇，译．北京：中国人民大学出版社，2014.

[12] 张胜．做顶尖成本会计应知应会 150 问[M]．北京：中国海关出版社，2011.

[13] 鲁爱民．真账实操学成本核算[M]．北京：机械工业出版社，2012.

[14] 陈玉洁．企业成本核算与费用控制全书[M]．北京：经济科学出版社，2013.

[15] [日]长坂悦敬．用 Excel 学成本核算[M]．韩娟，译．北京：科学出版社，2013.

[16] 于富生．成本会计学[M]．6 版．北京：人民大学出版社，2014.

[17] 绮敏．成本会计实操从新手到高手(图解案例版)[M]．北京：中国铁道出版社，2014.

[18] 赵钢，周凌云．物流成本分析与控制[M]．2 版．北京：北京交通大学出版社，2014.

[19] 徐丰利．企业成本核算、管理和分析[M]．北京：石油工业出版社，2005.

[20] 周宁．现代企业成本控制与优化[M]．北京：机械工业出版社，2012.

[21] 张灿松．成本精细化管理[M]．北京：科学出版社，2011.

[22] 王德敏．成本费用控制精细化管理全案[M]．北京：人民邮电出版社，2012.

[23] 王淑敏．工厂成本费用控制精细化管理手册[M]．2 版．北京：人民邮电出版社，2013.

[24] [日]堀口区．精益制造 013：成本管理[M]．王占平，译．北京：东方出版社，2013.

[25] 冯永华．丰田精益管理：成本控制与管理[M]．北京：人民邮电出版社，2015.

[26] 杨公遂，何敏，高玉荣．战略成本管理会计理论与实务[M]．大连：东北财经大学出版社，2013.

[27] 胡国强，吴树畅．成本管理会计[M]．成都：西南财经大学出版社，2006.

[28] 林万祥．现代成本管理会计研究[M]．成都：西南财经大学出版社，2005.

[29] 周建龙．手把手教你成本核算会计业务(实战强化版)[M]．北京：人民邮电出版社，2014.

[30] 冉秋红，王颖．成本与管理会计[M]．武汉：武汉大学出版社，2014.

[31] 陈远吉．建筑施工企业会计核算方法与实例[M]．北京：化学工业出版社，2014.

[32] [美]美国管理会计师协会．管理会计公告[M]．刘霄仑，译．北京：人民邮电出版社，2013.

[33] 李艳．生产企业成本核算[M]．北京：首都经济贸易大学出版社，2013.

[34] 胡元木．成本与管理会计研究[M]．北京：经济科学出版社，2010.

[35] 任立森．成本会计核算禁忌 100 例[M]．北京：经济科学出版社，2012.

[36] 胡国强，袁桂萍．成本管理会计学习指导[M]．成都：西南财经大学出版社，2012.
[37] 陈云．成本会计学案例分析[M]．上海：立信会计出版社，2015.
[38] 沈艾林．成本核算与管理[M]．北京：清华大学出版社，2011.
[39] 成本管控网 http：//www. cost88. com/home. html
[40] 中国成本与管理会计网 http：//www. cma-china. org
[41] 中国会计网 http：//www. canet. com. cn/caiguan/cbgl/
[42] 中华会计网校 http：//www. chinaacc. com/kuaijishiwu/cbkj/